知识产权
法律制度研究
2022

国家知识产权局条法司◎编

知识产权出版社
全国百佳图书出版单位
—北京—

图书在版编目（CIP）数据

知识产权法律制度研究．2022/国家知识产权局条法司编．—北京：知识产权出版社，2022.12

ISBN 978-7-5130-8428-4

Ⅰ.①知…　Ⅱ.①国…　Ⅲ.①知识产权法—中国—文集　Ⅳ.①D923.4-53

中国版本图书馆 CIP 数据核字（2022）第 199431 号

内容提要

本书分为知识产权制度、专利、商标、其他 4 个专题，汇集 14 篇文章，围绕近年来的知识产权领域热点问题展开研究。相关文章是知识产权相关领域的最新研究成果，可以为从事知识产权研究的人员提供借鉴和参考。

责任编辑：王祝兰　　**责任校对：**谷　洋

封面设计：杨杨工作室·张　冀　　**责任印制：**刘译文

执行编辑：周　也

知识产权法律制度研究 2022

国家知识产权局条法司　编

出版发行：知识产权出版社有限责任公司	**网　　址：**http：//www.ipph.cn
社　　址：北京市海淀区气象路 50 号院	**邮　　编：**100081
责编电话：010-82000860 转 8555	**责编邮箱：**wzl_ipph@163.com
发行电话：010-82000860 转 8101/8102	**发行传真：**010-82000893/82005070/82000270
印　　刷：三河市国英印务有限公司	**经　　销：**新华书店、各大网上书店及相关专业书店
开　　本：720mm×960mm　1/16	**印　　张：**14.75
版　　次：2022 年 12 月第 1 版	**印　　次：**2022 年 12 月第 1 次印刷
字　　数：225 千字	**定　　价：**88.00 元

ISBN 978-7-5130-8428-4

前　言

2021年，党中央、国务院相继印发《知识产权强国建设纲要（2021—2035年）》和《"十四五"国家知识产权保护和运用规划》，对未来十五年知识产权事业的发展作出重大顶层设计，这充分体现了以习近平同志为核心的党中央对知识产权工作的高度重视，是我国知识产权事业发展史上的重大里程碑。党的十九届六中全会将强化知识产权创造、保护、运用写入《中共中央关于党的百年奋斗重大成就和历史经验的决议》，这是知识产权首次写入党的重大历史决议，充分肯定了知识产权在党和国家事业发展中的重要地位和作用，具有历史性意义。

《知识产权法律制度研究》是国家知识产权局出版的学术性年刊，其前身为《专利法研究》，首期发行于1991年9月，由国家知识产权局条法司负责编辑。随着知识产权事业的发展，本刊也进一步增加了商标、地理标志等领域的内容，故2022年更名为《知识产权法律制度研究》。本刊以习近平新时代中国特色社会主义思想为指导，以实事求是、理论联系实际为办刊宗旨，重点围绕《知识产权强国建设纲要（2021—2035年）》相关内容，向全国知识产权理论和实务工作者提供一个思想和观点交流的平台。

本刊汇集了各位专家学者、同仁的研究成果和实践心得，分为知识产权制度、专利、商标及其他4个专题14篇文章，围绕近年来的知识产权领域热点问题展开研究，希望能为从事知识产权法律制度研究的人员提供借鉴和参考。

目　录

知识产权制度

专　利

商　标

其　他

我国知识产权基本法与相关法律协调衔接问题研究

詹　映[1]　刘云开[2]　姚　叶[3]

摘　要

制定知识产权基本法是当前我国知识产权领域的重点立法任务之一。作为知识产权领域的基本法，应将其定位于“以公法为主旨的综合性法律规范”，除规定战略推进制度外，还应在具体内容上与知识产权领域相关法律实现协调衔接。知识产权基本法与《民法典》均属基本法律，二者处于同一位阶，共同统领知识产权单行法；应当对《民法典》和知识产权单行法中的知识产权民事法律关系和行政法律关系予以重点提炼并纳入知识产权基本法，以增强知识产权相关规则间的内聚性和一致性；知识产权法与反不正当竞争法、反垄断法、对外贸易法在制度内容上具有交叉性，有必要在知识产权基本法中对相关法律适用关系和重要制度举措作出规定。上述路径是保证知识产权基本法立法科学化的应然要求，也是向世界贡献具有中国范式制度产品的可行方案。

[1][2][3] 作者单位：中南财经政法大学知识产权学院。

关键词

知识产权基本法　《民法典》　知识产权单行法　反不正当竞争法　反垄断法　对外贸易法

引　言

制定知识产权基础性法律是完善中国特色社会主义法治体系的重要内容。2008 年，《国家知识产权战略纲要》提出要研究制定知识产权基础性法律的必要性和可行性；2019 年，《关于强化知识产权保护的意见》再次提出这一要求；2021 年 9 月，中共中央、国务院印发的《知识产权强国建设纲要（2021—2035 年）》强调，要"开展知识产权基础性法律研究，做好专门法律法规之间的衔接，增强法律法规的适用性和统一性。"从《国家知识产权战略纲要》中的"研究制定知识产权基础性法律的必要性和可行性"，到《知识产权强国建设纲要（2021—2035 年）》中的"做好专门法律法规之间的衔接，增强法律法规的适用性和统一性"，表明我国对知识产权基础性法律的立法必要性已形成共识，制定一部贯通知识产权各领域、各环节、各主体的知识产权基本法成为我国知识产权领域愈加突出的立法任务。从国内层面看，制定知识产权基本法的必要性主要体现在以下方面：一是固化知识产权领域的公共政策，通过国家强制力保证政策执行实施；❶ 二是推动我国知识产权事务的综合协同管理，整体化发挥知识产权效用；❷ 三是向全球贡献知识产权法律范本和制度产品，深入参与知识产权全球治理。法律制定是一个科学化的过程，知识产权基本法作为我国知识产权领域今后一段时期的重点立法任务之一，其应当满足

❶ 吴汉东．试论"民法典时代"的中国知识产权基本法［J］．知识产权，2021（4）：7.

❷ 董涛，马一德．论统一《知识产权基本法》制定的构想［J］．江海学刊，2020（2）：165.

“合规律性”与“合目的性”两个条件。❶ 随着《知识产权强国建设纲要（2021—2035 年）》的实施，知识产权基本法的立法进程将会加快，知识产权基本法与相关法律制度的协调或衔接成为影响立法科学化的关键问题。尤其是在《民法典》时代，知识产权基本法与《民法典》、知识产权单行法以及反不正当竞争法、反垄断法、对外贸易法等相关平行法律之间如何衔接协调，是知识产权基本法制定过程中不可回避的问题，也是影响法律科学性的重要因素。基于此，本文就知识产权基本法与相关法律的协调衔接问题予以论述，并提出具有针对性的立法建议。

一、知识产权基本法与相关法律间的关系与立法模式选择

我国多数学者认为，知识产权基本法应属“混合法”模式，是以公法为主旨的综合性法律规范，❷ 统领知识产权各领域的基本事务。知识产权基本法与相关法律间的关系可表现为三种模式：一是“一法统括”，即以“法典”形式对知识产权领域的主要法律进行整合而形成知识产权法典，这以《法国知识产权法典》为代表；二是“二元分立”，即知识产权基本法主要用以调控知识产权这类国家战略资源，与其他相关法律的调整对象、制度规则、立法目标差异巨大，彼此之间不存在具体衔接问题，这以《日本知识产权基本法》为代表；❸ 三是“多点链接”，即作为知识产权领域的基本法，对知识产权事务中的全局性、长远性、根本性问题作出规定，构造各法域共同适用的“一般规定”，以实现不同法律间的协调衔接。❹

❶ 裴洪辉．合规律性与合目的性：科学立法原则的法理基础［J］．政治与法律，2018（10）：57-70.

❷ 吴汉东．试论“民法典时代”的中国知识产权基本法［J］．知识产权，2021（4）：3-16.

❸ 中村真帆．日本知识产权基本法［M］//张平．网络法律评论：第 1 卷．北京：北京大学出版社，2004：314-320.

❹ 吴汉东．试论“民法典时代”的中国知识产权基本法［J］．知识产权，2021（4）：11.

综合来看，上述第三种模式是最为理想的关系模式，原因有三。一是“法典模式”制定困难。尽管《民法典》在总则和各分编相应设置了知识产权规则，有利于原则性调整知识产权使用、流转和救济法律关系，但囿于不同类型知识产权的历史发展脉络不同、内部体系构造不一、制度稳定程度较弱、基础理论铺垫不足等因素，知识产权未能在《民法典》中独立成编。[1] 事实上，我国也难以在短期内编纂一部结构坚实、体系完备的知识产权法典。而《法国知识产权法典》虽为“法典”法例，但内容上更似知识产权单行法的汇编，没有展现出知识产权的权利共性。[2] 二是“二元分立”模式效果有限。《日本知识产权基本法》旨在确立“知识产权立国战略”，以推动知识产权战略实施，[3] 在内容上并不调整知识产权民事法律关系，与其他相关法律之间出现“相互脱离”的状态；《韩国知识产权基本法》仅在第 5 条简单规定了“与其他法律之间的关系”，但该条款的实施影响较小。[4] 日韩知识产权基本法本质上均属战略推进法，在调控知识产权资源时，脱离了知识产权为私权的法律语境，没有在法律适用层面深入私人领域，对知识产权市场的影响相对较小。我国已经确立了知识产权强国战略，建立起相对完备的知识产权战略推进政策及实施和运行机制，若依日韩模式制定中国的知识产权基础性法律，那么该法仅起到政策固化功能，无法满足我国知识产权多元治理需求。三是“多点链接”模式的法律效益最优。将《民法典》中不应规定、缺乏规定、未

---

[1] 相关论述可具体参见：崔建远．知识产权法之于民法典［J］．交大法学，2016（1）：87-96；李扬．论民法典编纂中知识产权不宜独立成编［J］．陕西师范大学学报（哲学社会科学版），2017（2）：32-41.

[2] 《法国知识产权法典》缺乏各项知识产权共同适用的“总则”。其原因在于：一是沿袭《法国民法典》的传统，其专门法典没有规定“总则”，甚至没有保留《法国民法典》那样的“序编”；二是秉持一个开放的体系，将各分则置于平行的位置，避免“总则”对新型权利的进入造成妨碍。参见：吴汉东．民法法典化运动中的知识产权法［J］．中国法学，2016（4）：30.

[3] 顾昕．日本《知识产权基本法》的立法背景及其实施效果［J］．科技中国，2020（5）：30-33.

[4] 《韩国知识产权基本法》第 5 条规定：“制定、修订其他有关知识产权的法律，应符合本法的目的和基本理念；除法律另有规定，知识产权政策应遵从本法规定实施。”

能规定但又与知识产权密切相关的内容，以及知识产权单行法和相关平行法中稳定性、一般性、共通性原则、规则或制度提炼纳入到知识产权基本法中，将为知识产权法律体系寻找“总纲”，既能增强知识产权制度的体系性，又能保持知识产权单行法、相关平行法的灵活性。我国在该领域的相关理论准备已较为充分。综合来看，这是一种既节省立法成本，又能保证可实施性、最大限度发挥知识产权效用的立法模式。

二、知识产权基本法与《民法典》的协调与衔接

（一）知识产权基本法与《民法典》关系之厘清

1.《民法典》与知识产权基本法均为基本法，法律位阶相同

《立法法》第 7 条第 2 款规定，全国人民代表大会制定和修改刑事、民事、国家机构的和其他的基本法律。可见，凡是被称为“基本法律”的法律，都是对国家政治、经济和社会生活中某一领域的重大和事关全局的问题进行规范的法律。[1] 基本法律或称基本法主要分为三个种类。一是国家的基本法律。例如陈丕显同志在向第六届全国人大第四次会议作工作报告时说：“民法是国家的基本法律之一。”二是某个领域的基本法律。如有学者认为，2006 年通过的新《破产法》是一部市场经济的基本法。[2] 三是不具体指明属于国家或者属于某一领域，但具有该领域“基本法律”的属性。例如行政诉讼法应当属于诉讼制度和司法制度领域的“基本法律”。

国家的“基本法律”只有一个，即宪法。而宪法之下的“基本法律”则可以根据不同领域划分为多种样态。在宪法框架内，国家政治、经济和社会生活的每一领域都有属于母法性质的“基本法律”。随着经济全球化和经贸一体化趋势的不断加深，当前的国际竞争正在向知识产权领域转移，知识产权的国家战略资源属性和国家安全属性

---

[1] 韩大元，刘松山．宪法文本中“基本法律”的实证分析［J］．法学，2003（4）：3-15.

[2] 李曙光．新破产法：一部市场经济的基本法［N］．法制日报，2006-08-31（3）.

日益提升，其既是产业主体提升创新能力、参与国际竞争的重要武器，也是大国间进行利益博弈和参与全球治理的关键领域。从这一意义上说，知识产权基本法的重要使命在于通过激励创新、保护创新、发挥创新作为发展的第一动力的作用，保护私人产权，提升企业竞争能力，激发社会创新活力，提升国家综合实力，推动国家参与知识产权全球治理，因而无论在法律形式上还是实质内容上，其都具备“基本法”的地位。知识产权基本法在知识产权领域的基本法地位与民法作为民事领域的基本法的地位并不冲突。知识产权基本法与《民法典》所调整的对象不完全一致，二者平行但有交叉。《民法典》是民事基本法，规范调整以私权为基础的知识产权法律关系，是对“知识产权为私权”的确认；知识产权基本法是知识产权领域的基本法，对知识产权单行法具有统领意义，其所调整的知识产权法律关系相较于《民法典》而言更为广泛。尽管知识产权基本法中的民事规则不得与《民法典》相冲突，但二者在法律位阶上的相同地位却不可否认。

2.《民法典》中的知识产权规则、知识产权各单行法应与知识产权基本法一致

我国知识产权基本法是一部混合法，相关具体制度既包括国家和政府的促进措施、资源配置等公共政策措施，又包括普遍适用于所有知识产权类型、有必要作出统一规定的私法规范。❶ 知识产权基本法作为知识产权领域的基本法，在知识产权领域法律制定、解释和适用方面具有基础地位，也是各类主体从事知识产权活动的基本遵循。这种一致性体现在两个方面：其一，知识产权基本法优先于其他与知识产权有关的法律、法规、规章；其二，制定或修改知识产权各单行法，必须符合知识产权基本法。❷ 但是，知识产权各单行法仍然是民法的组成部分。一方面，知识产权基本法在适用上是《民法典》中的链接

❶ 参见《国家知识产权局关于政协十三届全国委员会第一次会议第 3361 号（科学技术类 052 号）提案答复的函》（国知发法函字〔2018〕152 号）。

❷ 《韩国知识产权框架法》立法草案提出之时对《韩国知识产权框架法》与其他法律的法律地位的描述，参见 https://www.daraelaw.co.kr/kr/news/forum.do?SQ=147&CODE=060301&PG=10&pageSize=10&pageNo=11。

性规定与知识产权各单行法的上位法。另一方面，《民法典》中的链接性规定与知识产权各单行法在制定、解释、适用和修改等方面均须与知识产权基本法保持一致。

3.《民法典》与知识产权基本法调整主体之关联

《民法典》调整平等主体在知识产权市场交易中的权利与义务关系。而知识产权基本法包含三类主体：政府、单位、自然人。政府能够对国家知识产权战略进行具体落实，而单位、自然人则需要对政府的政策予以遵守，即知识产权基本法中的主体具有服从关系。换言之，知识产权基本法调整之主体更广泛，包含《民法典》所调整的主体范围。

（二）知识产权基本法与《民法典》的具体衔接

1.《民法典》不应规定之内容：公法内容

知识产权基本法包含权力机关对某些主体的规制与限制，这完全超出了《民法典》的涵盖范畴。知识产权基本法可规定国家以及各级政府的统领、引导职责，知识产权主管部门的行政职责，其他部门对知识产权主管机构的支持职责等。

2.《民法典》缺乏规定之内容：各知识产权共同适用的私法规范

《民法典》中与知识产权相关的内容有约52条，其中包括知识产权专有权利类型、知识产权合同的适用规则、婚姻中知识产权财产的分割、知识产权侵权的归责原则等，但是对于各知识产权法普遍适用的私法规范则缺乏规定。应将各知识产权的相关规则进行总结及提炼，对《民法典》与单行法中缺乏的规定进行补充。例如，划定专利权、著作权、商标权等的权利主管部门的职责，明确各部门的分歧解决方式等。

3.《民法典》未能规定之内容：涉外知识产权规则

《民法典》对涉外法律适用问题进行规定有越俎代庖之意，因而最终未予规定。但涉外知识产权规则一直是知识产权领域较为关注的焦点，为保证基本法的完备性，知识产权领域的涉外规则在知识产权基本法中应有所涉及。其主要内容包括以下方面：其一，知识产权诉讼的相关规定，如管辖权、法律适用、诉讼保全、判决的承认与执行等相关内容；其二，不公平贸易调查条款；其三，涉外知识产权的合作，如《韩国知识产权基本法》在其第 36 条“知识财产制度的国际化”中规定政府应使国内的知识财产制度与国际协议内容和规范相协调；其四，知识产权国家援助；其五，对跨境电商的知识产权监督与管理。

4.《民法典》已经规定之内容：应设立“准用性规范”

知识产权基本法中虽然含有部分私法规范，但是不宜将所有知识产权适用的民事规则全部纳入。首先，《民法典》是从事知识产权活动的基本依据，知识产权基本法可以考虑采取“准用性规范”❶ 的立法手段，指引当事人依照《民法典》从事相关活动。例如，在知识产权基本法中对知识产权转移、运用的相关规则进行制定时，可直接准用《民法典》中技术合同、买卖合同的相关规范，以节约立法成本。其次，对于各单行法均未明确规定或均作出了规定但规定不统一的，笔者建议应由知识产权基本法作出相关规定。最后，对于《民法典》已经规定但知识产权基本法与之并不一致的内容，可予以适当调整。

第一，针对知识产权基本法与《民法典》不一致的内容，应当进行调适。一是平等保护原则。《民法典》规定民事主体的财产权利受法律平等保护，这是平等原则的体现。知识产权基本法调整的主体间包含“服从关系”，政府与社会主体并非平等关系，而是政策制定者与服从者、市场调整主体与被调整主体的关系，因此应当将平等原则修改为“平等保护原则”，即政府对所有知识产权客体采取平等保护的态度。二是诚实信用与信赖保护原则。《民法典》中的诚信原则仅适用于意定性民事关系，即平等民事主体之间的意思表示必须真实且必须认真履行。尽管有学者认为可将诚实信用原则的含义扩展，使其涵盖传统民法的诚实信用原则和行政法的信赖保护原则，成为知识产权基本法的基本原则，❷ 但是，“信赖保护原则”与《民法典》中的“诚实信用原则”本质上属于民事领域与行政领域的不同原则，不可

---

❶ 准用性规范是指可以参照或援引其他的法律规则的规定来加以明确的法律规则。

❷ 张鹏，赵炜楠.《知识产权基本法》立法目的与基本原则研究［J］. 知识产权，2018（12）：45-52.

等同视之。因此，有必要在知识产权基本法中规定为“诚实信用与信赖保护原则”。此外，知识产权基本法也应当包括各单行法共同适用但应予统一规定的内容，如诉讼时效、侵权责任认定、侵权损害赔偿等规则。

第二，解决《民法典》与知识产权基本法不同之规定。一是部分权利类型应与知识产权在《民法典》中的法定专有权地位相匹配。现行知识产权单行法与《民法典》关于“法定专有权”的规定之间仍然存在不匹配之处，知识产权基本法应当再次明确商业秘密与地理标志专有权利的地位，可突破《民法典》规定的权利类型，赋予遗传资源、传统知识、民间文艺等客体以法定专有权。二是严格落实《民法典》中民事责任的规定。知识产权基本法应当明确指出各类知识产权适用的民事责任承担方式。《民法典》在第 179 条中规定了 11 种承担民事责任的方式，《著作权法》在第 53 条中明确进行了落实。但是《专利法》与《商标法》却缺乏对于“消除影响”这一承担责任方式的规定。三是尊重各单行法的侵权损害赔偿认定规则。知识产权各单行法与《民法典》对于侵害知识产权行为人的主观状态认定不一。[1]《商标法》与《反不正当竞争法》将惩罚性赔偿的主观标准设置为“恶意”，即严重藐视市场秩序的侵权行为才应被惩罚，以此区分一般侵权行为与情节严重的侵权行为。两法以市场内部自适应性调整为先，在市场无法调整之时才得介入，因而区分设置两法与其他法律惩罚性损害赔偿的主观标准具有合理性。知识产权基本法应当尊重各单行法所属领域的特质，对知识产权惩罚性赔偿的主观标准设置较为宽松的条款，使得现行单行法能够顺利运行。

[1] 《民法典》在第 1185 条规定，故意侵害他人知识产权，情节严重的，被侵权人有权请求相应的惩罚性赔偿。《商标法》第 63 条第 1 款和《反不正当竞争法》第 17 条第 3 款要求侵权人的主观状态是“恶意”，《著作权法》第 54 条和《专利法》第 71 条均要求侵权人的主观“故意”。

三、知识产权基本法与知识产权单行法的协调与衔接

（一）知识产权基本法与知识产权单行法衔接的必要性

《民法典》第 123 条规定了“知识产权条款”，并在各分编中规定了知识产权相关内容，这是《民法典》对知识产权私权本质的回应，为正确理解知识产权与民法的关系奠定基础。然而，《民法典》对知识产权的统摄仍显不足。一是《民法典》中的知识产权规则呈现出“分散化”“碎片化”现象，导致我国难以在《民法典》引领下完善知识产权法理论架构。二是知识产权的特性未能在《民法典》中充分彰显。知识产权在权利属性、取得、转移、限制及侵权判定、举证责任、损害赔偿等方面，均与有形财产权存在实质区别，但《民法典》仅关注知识产权作为财产权的一般属性。三是缺乏形式意义上的“知识产权法”容易导致多重问题：首先，知识产权单行法立法封闭、领域单一，这与知识产权客体的开放性特征相冲突，使知识产权保护难以延及因新技术、新领域、新业态发展而出现的创新成果；其次，由于单行法规则之间的内聚性不强，诸如著作权与商标权保护、姓名权与商标权保护、商号权与域名权保护之权利冲突或竞合等问题无法得到统一解决；最后，知识产权单行法体系之间联系不紧密，难以从整体上实现知识产权与产业、科技、文化等要素间的联动效应。基于此，我国有必要制定一部具有形式意义的“知识产权法”，统领和指导知识产权单行法，以回应知识产权与传统财产权、知识产权法与《民法典》的关系，增强知识产权规则之间的内聚性。

（二）知识产权基本法与知识产权单行法的关系定位

在知识产权基本法与知识产权单行法的关系上，二者属于一般法与特别法、上位法与下位法的关系，主要表现为：一是在法律目的上，知识产权基本法规定知识产权领域的一般性事项，肩负着增强知识产权制度之间的体系性、统领知识产权单行法的法律目标，承担着

指导知识产权单行法“立改废释”的法律任务；二是在法律形式上，知识产权基本法具有“知识产权法”的法律形式，是知识产权各单行法名称的“上位概念”，其中的相关规定是对知识产权单行法中共性规则的凝练概括；三是在适用范围上，知识产权基本法所调整的领域不仅包括著作权、专利、商标、商业秘密等部门领域，而且贯通知识产权全链条，在以“知识产权”为集合的法律体系中，始终处于基础和统领地位；四是在调整主体上，知识产权基本法所调整的是宏观意义上的知识产权创造、运用、保护、管理和服务等法律关系，涉及主体更加多元。

（三）知识产权基本法与知识产权单行法的衔接思路

以“多点链接”为立法模式，将知识产权单行法中相关内容纳入知识产权基本法，需明确知识产权单行法的属性、知识产权基本法的法律性质和法律目标以及知识产权单行法中的共同要素，从而确定具体衔接内容。

1. 衔接要素：公私兼顾

我国知识产权单行法具有公法规则与私法规则相互交融的“混合法”属性，存在诸多不同于传统财产权规则的特殊规定。一般而言，知识产权单行法属于民事特别法，但知识产权单行法中还存在大量的组织性、程序性、行政性规范，因此应正视政府在知识产权法律关系中的价值和地位。从法律关系角度考察，知识产权单行法中既包括知识产权权属、行使、流转、救济等民事法律关系，也包括知识产权审查、确认、监管、处罚等行政法律关系，呈现出法律关系“纵横交错”的态势，因此将知识产权单行法视为“混合法”亦有据可依。同时，知识产权单行法的混合法属性也是由知识产权的多元属性所决定的。知识产权所具有的私权、人权、竞争、政策属性乃至国家安全属性是知识产权保持其权利特质、区分于其他民事权利的重要特征，均不可偏废，由此也应承认由知识产权特性所衍生出的一系列特殊规则（如不同主体共同独立实施同一知识产权）、特殊活动（如知识产权行政审查）以及特殊适用领域（如市场竞争）。知识产权单行法的“混合法”属性决定了知识产权基本法与知识产权单行法应同时在公法规范、私法规范层面实现衔接。

2. **基本规则：高度凝练**

知识产权基本法是“以公法为主旨的综合性法律”[1]，其法律本位应为“国家本位”，这是由制定该部法律的正当性基础所决定的。知识产权基本法以公法为主的法律属性、以公法功能为主的法律目标、以国家本位为主的法律本位，决定了知识产权基本法的主要落脚点是国家。在具体衔接问题上，知识产权基本法应从知识产权单行法中高度提炼知识产权民事法律关系规范和行政法律关系规范，为其预留有限条款，调整但又不过多干预私人层面的知识产权活动。知识产权基本法在与单行法进行衔接时，可考虑规定的内容包括：①知识产权基本法与知识产权单行法之间的关系；②知识产权单行法中的原则性、一般性、共通性规则，包括私法规范和公法规范；③知识产权单行法之间权利交叉重叠冲突以及规则不一致之处的解决方案；④知识产权单行法中没有规定但实践当中需要适用的规则，这些规则散见于司法解释之中。

（四）知识产权基本法与知识产权单行法的衔接及展望

根据国内学者建议，知识产权基本法的基本框架可以包括一般规定、运用与促进、保护、涉外规定四部分。笔者据此试提出知识产权基本法与知识产权单行法的具体衔接内容：一是在“一般规定”中，应当考虑规定知识产权基本法的调整对象、知识产权基本法与知识产权单行法的关系、知识产权效力、知识产权法定原则、民事主体从事知识产权活动的基本原则、知识产权行政活动的基本原则以及加强市场监管、促进市场竞争、维护公共利益等知识产权制度运行的基本原则；二是在“知识产权运用与促进”部分，应当考虑纳入知识产权权利限制条款；三是在“知识产权保护”部分，应当考虑规定知识产权源头保护（审查注册登记）、知识产权保护手段与责任形式、知识产

[1] 相关研究可参见：吴汉东．试论“民法典时代”的中国知识产权基本法［J］．知识产权，2021（4）：10；董涛，马一德．论统一《知识产权基本法》制定的构想［J］．江海学刊，2020（2）：165-172；戚建刚．论我国知识产权行政保护模式之变革［J］．武汉大学学报（哲学社会科学版），2020（2）：168.

权特殊诉讼规则、知识产权侵权损害赔偿、知识产权权利竞合的解决以及知识财产法益的保护规则；四是在“涉外知识产权规则”部分，应当考虑规定境外知识产权主体保护、知识产权单行法与知识产权国际条约的适用关系。

四、知识产权基本法与相关平行法律的协调与衔接

（一）知识产权基本法与反不正当竞争法的协调与衔接

1. 知识产权法与反不正当竞争法的关系

知识产权法为“权利保护法”，反不正当竞争法为“行为规制法”，二者同为市场经济下的制度产物，在维护市场竞争秩序和社会公共利益层面形成连结。知识产权法与反不正当竞争法之间的深刻联系源于二者具有共同的价值目标和法律原则，共同目标系维护个人或企业对其智力成果及相关成就的财产利益和人身利益，维护健康的经济关系特别是公平的市场竞争关系，而共同原则则指向诚信原则和利益平衡原则。❶ 不过，知识产权法与反不正当竞争法在制度构造上也存在明显区别：知识产权专门制度以专有权利为中心，形成主体、客体、内容、取得、行使、限制以及救济的规范体系；而反不正当竞争法则以维护市场竞争秩序为核心，对各种利用知识产权的行为作为市场行为进行规范，构建一个“不正当竞争行为”与“反不正当竞争行为”的规范体系。❷

关于知识产权法与反不正当竞争法之间的适用关系，国内存在两种观点。“平行保护说”认为，反不正当竞争法作为独立的知识产权保护路径，与知识产权专门制度平行适用，知识产权法对某一对象保护与否，并不影响反不正当竞争法对其行为性质的评价，❸ 两法交叉

❶ 韦之．论不正当竞争法与知识产权法的关系［J］．北京大学学报（哲学社会科学版），1999（6）：25-33.

❷ 吴汉东：论反不正当竞争中的知识产权问题［J］．现代法学，2013（1）：37-43.

❸ 张伟君．从“金庸诉江南”案看反不正当竞争法与知识产权法的关系［J］．知识产权，2018（10）：14-23.

部分应适用一般法律竞合的适用规则，由当事人自由选择适用❶。“补充保护说”则认为反不正当竞争法是对知识产权法在法律适用上的补充，知识产权法在适用顺序上优于反不正当竞争法。不过，“补充保护说”内部也存在不同观点。一种观点对反不正当竞争法的补充保护持开放态度，即反不正当竞争法能够对传统知识产权法中未能规定的侵权行为进行规制。❷ 从功能上看，反不正当竞争法确立了知识产权法的基本原则，在解释具体知识产权规则、弥补知识产权规则漏洞、解决知识产权权利冲突等方面发挥着重要补充功能。❸ 另一种观点则认为应限缩反不正当竞争法在知识产权法领域的适用范围，因为法律应当具有预见性和稳定性，否则自由竞争的公共领域可能成为孤岛，❹考虑到反不正当竞争法所规制行为上的不确定性对知识产权法定主义带来的冲击，强调应维护知识产权法的独占适用，限制反不正当竞争法的兜底条款，以防止司法裁量权的过度扩张❺。

从司法实践来看，人民法院更倾向于采取“补充保护说”，例如《最高人民法院关于适用〈中华人民共和国反不正当竞争法〉若干问题的解释》第 1 条规定：“经营者扰乱市场竞争秩序，损害其他经营者或者消费者合法权益，且属于违反反不正当竞争法第二章及专利法、商标法、著作权法等规定之外情形的，人民法院可以适用反不正当竞争法第二条予以认定。”也即，人民法院适用反不正当竞争法的前提是被诉行为不属于《专利法》《商标法》《著作权法》等法律专门规定的侵权行为。这一解释为知识产权法的优先适用扫清了障碍。

2. 知识产权基本法与反不正当竞争法的具体衔接思路

首先，应当明确反不正当竞争法所规制的知识产权范围。反不正

---

❶ 刘丽娟．论知识产权法与反不正当竞争法的适用关系［J］．知识产权，2012（1）：27-35.

❷ 杨明．试论反不正当竞争法对知识产权的兜底保护［J］．法商研究，2003（3）：119-128.

❸ 宋红松．反不正当竞争与知识产权保护［J］．烟台大学学报（哲学社会科学版），2002（3）：259-267.

❹ 彭学龙．知识产权：自然权利亦或法定之权［J］．电子知识产权，2007（8）：39-45.

❺ 崔国斌．知识产权法官造法批判［J］．中国法学，2006（1）：144-164.

当竞争法中关于知识产权保护的内容主要包括以下方面：一是对知识产权单行立法中规定不健全之处提供补充保护，例如对未注册商标权益的保护；二是对商业秘密等尚未单独立法的知识产权客体提供保护，弥补知识产权立法空缺；三是对单行法中未规定的知识产权相关财产权益进行保护，如作品标题、商品装潢等。其次，应当明确反不正当竞争法适用的强度。在法律实践中，反不正当竞争法可依据类型化的不正当竞争行为条款对知识产权进行保护，也可依据一般条款对知识产权进行保护。然而，由于反不正当竞争法一般条款具备极大的灵活性，作为认知模式的结构化程度较低，❶ 法官依据反不正当竞争法一般条款对非典型信息成果进行利益分配时，可能会导致知识产权保护的范围不当拓宽❷。对此，有必要为反不正当竞争法在知识产权案件处理中的适用设置一定限度，不得与知识产权法政策目标相冲突。最后，在具体规则设计上，鉴于知识产权基本法的高位阶属性，其只需对反不正当竞争法的补充保护功能及其在适用方面的限制予以规定即可。知识产权基本法相关内容可具体规定为："对未经许可使用他人作品、商标、专利等知识产权客体或侵犯他人知识财产权益的行为，知识产权单行法有规定的，应当适用其规定；知识产权单行法未作规定的，适用反不正当竞争法等其他法律规定，但不得与知识产权法基本原则相抵触。"

（二）知识产权基本法与反垄断法的衔接

1. 知识产权法与反垄断法的关系探究

知识产权基本法的制定同时需要处理知识产权法与反垄断法的关系。对知识产权法和反垄断法的法律边界及相互关系的认识和处理，关系着公平有序竞争和支撑保障创新两大目标的平衡。❸《民法典》第

❶ 蒋舸．知识产权法与反不正当竞争法一般条款的关系：以图式的认知经济性为分析视角［J］．法学研究，2019（2）：118-136.

❷ 卢纯昕．反不正当竞争法一般条款在知识产权保护中的适用定位［J］．知识产权，2017（1）：54-62.

❸ 王先林．我国反垄断法适用于知识产权领域的再思考［J］．南京大学学报（哲学·人文科学·社会科学版），2013（1）：54.

123 条确认了知识产权的“专有权”属性。在学界，“专有权”又称“排他权”“垄断权”，这意味着“垄断”是知识产权的固有属性。知识产权法具有“创新之法”和“产业之法”的制度属性，[1] 知识产权的垄断特性则是保障技术创新和产业发展的重要抓手。知识产权的“垄断”意味着知识产权作为一项绝对权，其权利人有权控制知识产品的利用、收益和处分。进言之，该垄断性表现为权利人不允许他人使用其知识产品，因此知识产权在事实上创制了一种“市场力”，被用于强化已经获得的强力地位。[2] 不过，知识产权的“垄断属性”与反垄断法所规制的“垄断行为”存在差异。知识产权法着眼于专有权利保障，其是立法者为激励创新而作出的必要制度安排，而反垄断法则着眼于预防垄断效应，制止市场主体实施的排除、限制竞争的各类垄断行为，以维护市场竞争秩序、保障消费者利益和社会公共利益的目标。知识产权法与反垄断法的连接点在于：一是法律目标的一致性，即二者均将维护市场竞争秩序作为其立法宗旨；二是权利滥用可能导致市场垄断效应。知识产权的行使可能产生两种截然不同的效果：依法行使知识产权，将产生促进市场竞争、提高创新效率的正向效应；逾越法律边界而滥用知识产权，则将导致封锁市场、垄断技术等排除、限制竞争效应，此时需要反垄断法介入规制。

2. 知识产权基本法与反垄断法的具体衔接

基于知识产权法与反垄断法在法律目标上的一致性以及在调整内容上的交叉性，知识产权基本法有必要对二者关系予以明确，并对知识产权滥用行为予以反垄断规制，以寻求激励知识创新和保障公平竞争之间的平衡。《专利法》第 20 条对反对知识产权滥用行为予以明确规定，《反垄断法》第 55 条亦确立了对行使知识产权的行为予以反垄断法规制的基本原则。作为知识产权领域的一项重要制度安排，知识产权基本法有必要明确知识产权保护与反垄断的关系，设置知识产权法与垄断法衔接条款，这既体现知识产权与市场竞争的逻辑关联，又

---

[1] 吴汉东．经济新常态下知识产权的创新、驱动与发展［J］．法学，2016（7）：31.

[2] 冯晓青．论知识产权的专有性：以“垄断”为视角［J］．知识产权，2006（5）：27.

是对知识产权自身属性及其内在限制的呼应。在具体内容上，知识产权基本法应当规定以下内容：一是规定滥用知识产权造成限制、排除竞争的行为应受反垄断法规制；二是明确知识产权法与反垄断法的适用顺序，对于知识产权垄断行为，应由反垄断法专门调整。参照《专利法》《反垄断法》有关规定，知识产权基本法可规定为："权利人应当依照有关知识产权法律、行政法规的规定行使知识产权。滥用知识产权排除或限制竞争，构成垄断行为的，依照《中华人民共和国反垄断法》处理。"

（三）知识产权基本法与对外贸易法的协调与衔接

1. 知识产权基本法与对外贸易法衔接的重点

知识产权基本法与对外贸易法的衔接，主要涉及对外贸易活动中的知识产权保护问题。对外贸易法适用于对外贸易以及与对外贸易有关的知识产权保护[1]，因此知识产权法与对外贸易法在强化知识产权保护方面具有相同的法律目标。与对外贸易有关的知识产权保护手段主要包括司法保护、行政保护、海关保护以及"知识产权不公平贸易调查"。知识产权不公平贸易调查制度是指在进出口贸易中，针对侵犯国内知识产权等危害对外贸易秩序、扰乱国内经济秩序的不公平贸易行为进行调查并作出相应制裁以保护国内产业的制度。[2] 当前我国正在推进知识产权不公平贸易调查制度的构建与实施，以进一步强化对外贸易领域的知识产权保护。例如《知识产权强国建设纲要（2021—2035年）》提到要"建立对外贸易知识产权保护调查机制"。就美国、日本、韩国知识产权不公平贸易调查制度的构建及发展来看，该项制度尽管存在单边主义的嫌疑，但因其运行有详尽具体的规则限制，目前其合法性尚未被世界贸易组织专家组否认。

我国经济对外依存度高，贸易保护主义的盛行令我国产品出口受阻，进一步加重了我国当前经济下行的压力。贸易保护主义会严重影

[1] 《对外贸易法》第2条："本法适用于对外贸易以及与对外贸易有关的知识产权保护。本法所称对外贸易，是指货物进出口、技术进出口和国际服务贸易。"

[2] 鲁甜．337调查管辖范围的最新发展及我国应对措施［J］．国际商务（对外经济贸易大学学报），2017（2）：99.

响经济全球化发展，威胁现有多边自由贸易体系，我国作为全球第一出口大国和顺差大国，必须对其予以坚决反对。然而，相对于其他国家的贸易保护措施，我国实施的反制手段较为有限，主要包括商务部产业损害调查和反倾销调查，且使用频次不高。我国有必要构建知识产权不公平贸易调查制度，这既是应对逆全球化浪潮和单边主义制裁的重要选择，也是发展对外贸易和保护国内产业乃至维护知识产权领域的国家安全的现实需要，还有助于弥补我国知识产权保护体系方面的缺陷，强化知识产权高标准保护。

2. 知识产权基本法与对外贸易法的具体衔接

目前我国关于知识产权不公平贸易调查制度的规定仅见于《对外贸易法》，其在内容上仅为原则性描述，且缺乏与之匹配的实施条例或实施细则进行详细规定。鉴于我国构建知识产权不公平贸易调查制度的必要性和紧迫性，知识产权基本法可以对知识产权不公平贸易调查制度的调查主体、调查对象、调查方式等作出基本规定：在调查主体上，有必要考虑设立知识产权不公平贸易调查委员会，负责知识产权不公平贸易行为与不公平贸易措施的调查；在调查对象上，主要包括货物进出口、技术进出口、国际服务贸易中与知识产权保护相关的活动事项，重点调查相关活动会对国内产业及其竞争力以及国家安全利益产生的影响；在调查方式上，知识产权不公平贸易调查委员会可以自行或者会同国务院其他有关部门，依照相关法律、行政法规的规定对上述事项开展调查。

结　语

总而言之，推动我国经济高质量发展，维护我国产业安全和发展利益，积极参与知识产权全球治理，必须加快建设知识产权强国，而制定一部内容完整、体系完备的知识产权基本法则是知识产权强国建设进程中的重要环节。制定知识产权基本法，应当兼顾知识产权的私益属性和公益属性，强调知识产权权利人的民事主体地位，重视知识产权行政机关的能动作用，整体化发挥知识产权制度功能。知识产权基本法的制定，有利于完成《民法典》时代知识产权领域立法的未竟事宜，进一步厘清知识产权法与《民法典》的关系、知识产权基本法与知识产权单行法及相关平行法律的关系，并为我国知识产权强国建设注入更多创新动能，为我国参与和主导知识产权国际交流与合作贡献具有中国范式的制度产品。

我国基因技术知识产权保护制度研究

尹　昕[1]　邹　凯[2]　魏　聪[3]　田　甜[4]
董喜俊[5]　王丽丽[6]　张全红[7]　李永敬[8]

摘　要

本文针对基因技术的代表性领域植物转基因和基因检测技术分析了我国技术产业发展和知识产权保护现状，研究了其他国家和地区的相关制度以及典型案例，梳理了行业发展和知识产权保护中存在的问题，得到符合我国国情的启示，并提出了完善我国知识产权保护制度的对策和建议。

[1] 作者单位：首都师范大学。
[2][3][4] 作者单位：国家知识产权局专利局复审和无效审理部。
[5][6] 作者单位：中国知识产权研究会。
[7][8] 作者单位：国家知识产权局专利检索咨询中心。

关键词

基因技术　植物转基因　基因检测　知识产权保护

21世纪被称为生物技术的世纪。各国纷纷从国家战略层面加大对生物技术创新的部署。美国2021年推出《无尽前沿法案》❶，提出在5年内增加超过1000亿美元投资，优先发展生物技术、人工智能、量子信息等10个产业科技领域。欧盟委员会2021年启动了“欧洲地平线”（2021—2027年）科研资助框架❷，预算为1000亿欧元，优先支持生物技术、信息技术等领域。日本2019年制定《生物战略2019》❸，提出到2030年成为最先进的生物经济社会。进入新发展阶段，以习近平同志为核心的党中央高度重视新业态新领域的知识产权工作。习近平总书记特别强调针对新业态新领域发展现状，要加强知识产权保护，加快大数据、人工智能、基因技术等领域知识产权立法，适时扩大保护客体范围，提高保护标准。为落实国家战略要求，进一步完善我国基因技术领域知识产权保护体系和制度，本文针对基因技术的代表性领域植物转基因和基因检测技术的知识产权保护状况进行分析，并提出完善我国知识产权保护制度的对策和建议。

---

❶ 吕恒君.《无尽前沿法案》：美国科技战略竞争的前沿与边界［EB/OL］.（2021-05-20）［2022-08-18］. https：//www.thepaper.cn/newsDetail_forward_12781305.

❷ 王建芳.欧盟发布“欧洲地平线”计划2021～2024年战略计划［EB/OL］.（2021-08-09）［2022-07-02］. http：//www.casisd.cn/zkcg/ydkb/kjzcyzxkb/kjzczxkb2021/zczxkb202105/202108/t20210809_6155316.html.

❸ 吴晓燕，陈方，丁陈君，等.全球生物经济发展现状 世界主要经济体生物经济战略布局［EB/OL］.（2022-05-13）［2022-08-18］. https：//www.sohu.com/a/546582584_477039.

一、技术及产业发展现状

（一）植物转基因和基因检测技术及其应用

转基因和基因检测技术是基因技术中最具有代表性的领域，广泛运用于农业食品、医疗卫生等涉及国计民生的支柱产业。植物转基因技术通过将特定外源基因转入受体植物细胞，可赋予植物抗病、抗虫、抗逆等优良性状。20 世纪 80 年代以来，植物转基因技术的应用在农业研究和生产中不断扩大。人们越来越认识到，转基因技术在作物遗传改良、改善生态环境等多方面具有无限的潜力，转基因农产品具有高产、营养改善、抗病虫害等优点，有助于解决世界粮食问题，同时也会产生巨大的经济效益。基因诊断（分子诊断）是基因检测技术最常见的应用场景，通过对人体中与疾病相关的基因的存在、缺陷或表达异常进行检测，从而对人体状态和疾病作出诊断。基因诊断对疾病的预防、预测、诊断、治疗和预后判断具有重要意义，与公共卫生、国民健康息息相关。目前该领域相关技术已进入多元化的快速发展阶段，应用领域渗入到科技、社会的各个领域，例如对新型冠状肺炎病毒的检测就是基因诊断技术快速响应市场和社会需求的典型应用场景。

（二）植物转基因技术及产业发展

美国是最早开始研究开发和商业化生产销售转基因作物的国家，1997 年开始大规模推广种植转基因大豆、玉米、油菜、土豆和番茄等农作物。同时，转基因作物在全世界得到迅速发展，种植面积不断扩大，种植国家不断增多。目前转基因作物种植面积最大的五个国家是美国、巴西、阿根廷、加拿大和印度，种植面积占全球面积的 91% 以上❶。

❶ 澎湃新闻．转基因作物商业化 22 年：面积增 112 倍，67 国家地区应用［EB/OL］.（2018-06-26）［2022-08-19］. https：//baijiahao. baidu. com/s? id＝1604305975871418369&wfr＝spider&for＝pc.

我国对植物转基因技术的应用也在逐步深化推广，在转基因棉花、水稻、大豆、玉米等多个领域的研究取得突破性进展，尤其是以转基因抗虫棉为代表的某些农作物的转基因育种技术已经赶超发达国家，水稻基因组计划、功能基因的筛选和应用也都处于世界较高水平。

相比于外国转基因作物产业的蓬勃发展，我国的产业化水平相对较低，与自身的现实需求不相称。目前我国每年需要大量进口粮食，其中包括转基因作物，例如转基因大豆。有数据显示近年来我国转基因作物种植面积增长缓慢，增长幅度明显低于全球平均水平，这与我国较为谨慎的政策和种子企业普遍规模小、资金匮乏、竞争力弱、推广能力不强等因素密切相关。为保证我国粮食安全，顺应国际上转基因作物的发展趋势，我国近年来也在积极推动农作物转基因技术的研究。中国农业科学院原副院长、中国工程院院士万建民认为，中国在基因编辑、合成生物学、全基因组选择、分子设计和人工智能育种等新兴交叉领域技术研发方面短板明显，原始创新能力不足，缺少重大突破性的理论和方法，关键技术与战略性产品研发水平相对较低，国际竞争力优势相对较弱。要缩小生物育种方面与先进国家的差距，除了需要继续通过各类重大科技计划给予支持之外，还有必要找准自身在生物育种方面的薄弱点，瞄准生物育种未来的技术发展潮流或方向，立足自主创新，努力突破一批核心技术、关键技术，增强原始创新能力。同时，还可以大力建设国家级的大型育种平台，强化产品研究和示范推广，培育有创新能力的新型企业，实现上中下游一条龙的育种创新体系。[1] 因此，加强转基因技术和育种领域的知识产权保护在鼓励技术创新能力建设方面就愈发显得重要。

（三）基因检测诊断技术及产业发展

基因检测和诊断行业目前处于高速发展的阶段，应用场景多样。

[1] 万建民院士：立足自主创新，抢占国际生物育种新高地［EB/OL］.（2022-04-28）［2022-08-19］. https：//xw. qq. com/cmsid/20220428A0945W00？pgv _ ref＝baidutw.

从产业链构成来看，上游原材料主要由国外巨头企业垄断，国内企业存在卡脖子现象；中游的分子诊断试剂的部分技术国产化水平整体较高；在下游应用端，国内企业在某些细分领域正努力成为龙头企业，但在肿瘤早筛领域尚处于起步阶段。国内创新主要聚焦于标记物与疾病关系的揭示、标记物的筛选方面，而国外更侧重于核心技术、平台技术的开发和创新。

全球基因检测诊断的市场规模已由 2015 年的 47 亿美元增长至 2020 年的 66.7 亿美元。我国的基因检测诊断市场规模增长迅猛，2013～2019 年由 25.4 亿元上升至 132.1 亿元，年复合增长率达到 31.63%，为全球增速的 2.6 倍。[1] 从企业规模来看，国内几家代表性企业的营收规模均在亿元级别以上，基因检测诊断行业有望在未来迎来更加高速的发展。

国家正在积极鼓励和大力支持基因检测诊断行业的发展，但目前我国的整体水平与发达国家相比仍有不小的差距，需要积极鼓励和支持底层关键技术的创新和研发。我国在基因检测和诊断领域存在技术基础薄弱、创新能力不足、缺乏高端人才、未掌握底层核心技术的知识产权等问题。

二、专利申请分析

（一）植物转基因专利申请现状

近 20 年来，全球涉及植物转基因技术的专利申请量呈稳步上升趋势，尤其是中国申请人的申请数量增长迅猛，2015 年以来已经赶超美国，且每年与美国在申请数量上的差距正在逐步增大。但是，尽管该领域中国专利申请数量增长迅猛，但美国专利申请的总量仍稳居世界第一，显示出其在该领域强大的技术创新水平和雄厚的研发实力。

[1] 常启辉．精准医疗，看 PCR 还是 NGS?：分子诊断行业深度报告［R/OL］.（2020-08-13）［2022-08-19］. http：//www. cnpharm. com/upload/resources/file/2020/08/17/61636. pdf.

在全世界范围内，美国和中国是转基因植物专利的主要申请国，也是主要的技术创新来源国和重要的目标市场。

基于专利申请人分析，孟山都、先锋高级育种国际公司、辛根塔参与股份公司、陶氏化学/陶氏益农公司等植物技术领域的国外大公司在申请量上具有明显优势。除南京农业大学在专利申请量方面居全球第十位外，中国没有其他企业或研发机构进入前十名。对我国转基因植物专利的主要申请人分析显示，中国排名前十位的申请人均为高校和科研院所，说明高校和科研院所在该领域具有丰富创新资源，掌握大量创新成果。

（二）基因检测和诊断专利申请现状

对全球基因检测诊断技术相关专利申请的统计显示，全球专利申请量呈稳定上升趋势，其中中国是近 10 年来增速最快的国家，年申请量于 2018 年超过美国跃居世界第一。但美国仍然是该领域专利申请总量最多的国家，说明其具备强大的创新能力和研发实力。美国和中国是基因诊断方法相关专利的主要申请国，也是主要的技术创新来源国和重要的目标市场。

对全球基因检测诊断方法相关专利申请人的分析显示，排名前三位的都是美国公司。除了香港中文大学外，没有其他中国申请人进入前十名。我国创新主体在这一领域的知识产权保护整体水平与世界先进水平尚有差距。

对国内申请人的分析表明，国内专利申请的主体是科研院所和高校，申请数量排名前十位的只有两家企业，其余均为高校或科研院所。

三、国内外知识产权制度

（一）植物转基因技术的知识产权保护

目前国际上对转基因植物知识产权的法律保护，在制度类型上主要有植物新品种权专门法保护、专利法保护，在立法模式上则分为单一制保护模式和双轨制保护模式，其中双轨制模式下又可分为专门法和专利法叠加保护模式和分立保护模式。

1. 美　国

美国对转基因植物的知识产权保护采取了积极全面的策略，伴随着生物技术发展和产业的发展需求，逐步形成了植物专利、实用专利和植物品种权三种制度共存叠加的复合保护体系。其中植物专利保护的是通过无性繁殖方法培育的植物；实用专利是指美国专利法中规定的除外观专利和植物专利之外的普通专利，其能够对植物的部分如蛋白质、基因、芽、花粉或果实、细胞组织等提供保护；植物品种权保护的是具有新颖性、区别性、稳定性和一致性的植物的整体，不包括植物的各个部分。美国联邦最高法院在判决中明确，三种制度可以同时为植物发明提供重叠但互不排斥的保护，申请者可以根据每一法律申请保护，并从每一种保护中受益。❶

2. 欧　盟

欧盟对植物知识产权的保护为植物新品种权保护和专利保护双轨制度的分立保护模式。其对植物品种通过植物新品种保护法予以保护。关于植物能否获得欧洲专利保护的问题，《欧洲专利公约》第 53（b）条规定不应对植物或动物品种授予欧洲专利权。相关的判例法中诠释了植物的繁殖材料、细胞都不属于植物品种，因此没有落入不授权范围，都可以获得专利权。因此欧盟对植物知识产权的保护是全方位的，而将“植物品种”排除出专利保护范围之外是为了避免双重保护。

3. 印　度

印度在植物品种保护方面，探索出了一条适合国情的育种及植物新品种保护制度体系，通过《植物品种及农民权益保护法案》把育种者权利与农民权利一并予以保护，构筑了除《国际植物新品种保护公约》（以下简称“UPOV 公约”）之外的另一种植物品种保护模式。❷

❶ 芦斌．中美动植物专利权保护制度对比研究［J］．世界种业，2017（7）：83-89.

❷ 李秀丽．植物品种法律保护制度国际比较研究［M］．北京：知识产权出版社，2014：293-299.

然而，印度专利体系给予了转基因植物较大的授权空间，例如基因改造生物、培养转基因植物的方法等皆为可授权主题，导致授权专利绝大部分被跨国公司垄断，农民不得不花费高昂代价购买专利农业产品和种子，一定程度上加重了农民的负担。[1] 因此，印度的转基因植物知识产权体系中对农民权益的保护只是体现在品种权保护中，没有在专利保护中予以考虑。

4. 中　国

我国通过《种子法》《植物新品种保护条例》及相关司法解释对植物新品种权进行专门立法保护，对于植物新品种的定义与 UPOV 公约一致，即保护的是具备新颖性、特异性、一致性、稳定性和适当命名的植物品种；《专利法》则涉及对植物育种方法、功能基因、蛋白、载体等相关发明进行保护。《专利法》规定对植物品种不授予专利权，但未定义何为植物品种，《专利审查指南 2010（2019 年修订）》对此作了具体规定：《专利法》所称的植物是指可以借助光合作用，以水、二氧化碳和无机盐等无机物合成碳水化合物、蛋白质来维系生存，并通常不发生移动的生物。据此，专利审查实践认定不同发育阶段的植物体，及能够作为植物繁殖材料的植物细胞、组织或器官均属于《专利法》规定的植物品种，并将这些保护主题排除在专利保护之外。

（二）基因检测和诊断技术的知识产权保护

1. 美　国

美国在专利法中支持医疗方法的可专利性，不论是针对活的人体还是离体样品的诊断方法，均属于可授予专利权的客体。与此同时，为了避免授予医疗方法专利垄断权对公共健康利益的不利影响，美国专利法对于医学活动中的侵权行为，不要求医学实践者或者相关的卫生保健机构承担责任，但“违反生物技术专利而使用的一种方法”不享受这种侵权豁免，即采用生物技术方法的医学活动不能像其他技术

[1] 高茜．转基因植物知识产权的法律分析［J］．天津大学学报（社会科学版），2015，17（4）：380-384.

一样在医学活动中享受侵权豁免。因此，基因治疗、基因诊断筛查的方法也被排除在免责条款的范围之外。近年来美国针对基因检测诊断方法的可专利性标准发生了一定的变化，在判断基因检测诊断方法是否能够被授予专利权的过程中需要考虑实际应用、发明贡献等多个综合因素。

2. 欧　盟

《欧洲专利公约》规定：实施于人体或动物体的诊断方法不能被授予欧洲专利权。对于诊断方法的定义，欧洲专利局（EPO）采用严格的四步骤判断方法：①诊察，包括收集数据；②将这些数据与标准值进行对照比较；③在对照比较过程中找出某些显著性差别；④这些显著性差别直接对应某种临床表现，例如，医学结论或者兽医诊断。一个方法如果缺少上述四个步骤中的一个或多个，则不属于诊断方法。如果所述方法针对的是离体样本，检测后的样本不再返回同一主体，EPO 一般也不会认定其属于疾病的诊断方法而不授予专利权。

3. 日　本

日本专利法中没有诊断方法不属于可授权客体的相关规定，但日本特许厅（JPO）在其审查指南中规定医疗方法不能在产业上应用，不具有工业实用性。其对诊断方法的解释与 EPO 类似，对离体样本的检测一般不会因其属于医疗方法而不授予专利权。

4. 中　国

《专利审查指南 2010（2019 年修订）》规定，在评判一项方法是否属于疾病的诊断方法时，重点关注该方法的对象和直接目的。如果一种方法以有生命的人体或动物体为对象，同时以获得疾病诊断结果或健康状况为直接目的，则判断为诊断方法。虽然专利审查指南从文字上对在活体上实施的方法和针对离体样本的方法分别进行了单独说明，但实质上并未区分两者的具体判断标准。离体样本的检测方法如果符合上述两个条件，则一般同样会被认定为不能被授予专利权。

四、基因技术领域知识产权保护问题分析

（一）品种权与专利权两种制度下仍存在植物创新保护的缺位

我国植物新品种权和专利权的保护制度中均涉及“植物品种”这一概念，然而两者在概念定义和涵盖范围上却存在明显区别。品种权所保护的植物品种均指的是一个特定的植物群体，该群体具有遗传上一致的、稳定的、区别于其他植物群体的表型性状和生物学特性，是一种特定的品系，并不包括尚未达到所述标准的植物。而《专利审查指南2010（2019年修订）》中关于植物品种的定义事实上将所有植物及其繁殖材料都排除在可授权范围之外。这扩大化地解释了《专利法》中的“植物品种”。除了将植物品种排除在可授权客体之外，单个植株以及能够发育成完整植株的植物繁殖材料、细胞、组织或器官等均不能被授予专利权，导致我国在品种权与专利权两种制度下仍存在植物创新保护的缺失。案例研究表明，欧美专利的授权范围与我国明显不同，转基因植物、组织、细胞等主题均可能获得授权。这导致对于相同的育种技术创新，在我国所能获得的专利保护范围和力度明显低于欧美。随着我国育种技术创新和产业发展水平的提升，对植物专利发明保护的需求日益增加。问卷调查结果显示，受访者中70.18%认为我国转基因知识产权保护体系不完善，61.4%认为保护力度不足，56.14%认为保护范围过小，一定程度上表明了业界对该领域强化知识产权保护的需求。

（二）专利保护制度下尚缺少对农民权利的考量

强化专利保护一方面可促进技术创新和先进技术的流动共享，另一方面也会导致发达国家先进转基因技术在发展中国家获得大量专利授权，从而可能使后者像印度等国家一样陷入农业技术市场被垄断、农民被迫高价购买种子和农业产品的被动境地。我国专利制度中对于植物技术类发明，目前虽将植物品种、植株、繁殖材料、组织细胞等

类型排除在了授权范围之外，但植物育种中的部分发明包括转基因植物的生产方法、相关基因、蛋白、载体等仍属可授权客体，农民在农业生产、农作物培育和改良作物品种过程中并不排除可能会触及或落入相关专利的保护范围的情况，而目前的专利制度中并未包含涉及农民权益保障的相关规定。对于处于相对弱势的农民，法律上该如何保障其对转基因植物及其材料组织或相关方法的获取和使用，确保其正常生产劳动和应有权益，是制度建设中值得考量的。

（三）基因检测领域知识产权保护与技术产业发展不相适应

我国基因检测领域的技术和产业发展水平正在快速增长，但与发达国家仍然存在一定的差异。基因检测技术的发展是一种平台化的模式，但能够应用于多领域的基础性、通用性检测方法的研究开发技术门槛高、难度大，发达国家在核心技术、平台技术的开发和创新中优势明显，这些通用方法或产品一般不会被排除在保护客体之外。而我国中小企业的研发重点往往在于利用已有的平台技术进一步开拓新的应用场景，例如通过揭示疾病发生机理而将某种标记物的检测用于诊断某种疾病。目前的专利法实践中，侧重于标记物发现的案件因为与具体疾病关联，相应的方法基本上都会被认为属于疾病的诊断方法而难以获得授权。对于不授权客体排除的范围过宽，与当前国家大力鼓励基因检测相关领域的创新和发展的政策不匹配，也不能很好地满足当前产业和国内企业的发展需求。

（四）技术创新供给侧与产业发展脱节

数据表明，我国大量基因技术领域专利成果来自高校等科研机构，作为基因技术领域创新成果的重要供给侧，高校和科研院所汇聚了大量人才、技术、资金和实验室等资源，在科研创新上具有突出优势。但是从科技开发、量产到市场的创新生态链中，由于企业未能发挥主导作用、科研与市场需求不匹配、专利质量不高等原因，高校和科研院所的大量专利被束之高阁。根据国家知识产权局近几年的中国专利调查报告，高校专利产业化率不足5%，大多数创新成果并未转化为现实生产力。

五、对策与建议

随着我国基因技术和产业的不断发展，现行知识产权保护制度有时难以对技术创新提供足够的保护和激励。我们应当针对我国基因技术相关领域的知识产权保护现状及问题，借鉴国外的立法经验，关注和研判现行制度体系的适应性和匹配度，进一步了解创新主体需求，立足本国国情完善制度体系，以知识产权保护助力基因技术领域创新水平提升，对基因技术提供全方位、多渠道的保护，充分激发创新动能。

（一）增强专利保护力度，完善种业知识产权大保护格局

近年来我国积极修改植物新品种权保护相关法律，修改内容呈现出全链条全方位提升法制化水平、强化植物新品种权保护的态势，但专利制度中对于植物育种相关发明的保护内容和审查标准没有明显改变。在我国全面加强种业知识产权保护的政策形势下，应适时考虑进一步加强相关领域的专利权保护，比如转基因育种过程中所产生的育种中间材料、植物个体或其组成部分等。建议将专利法意义上的“植物品种”解释为与品种权相统一的定义，可通过修改《专利审查指南2010（2019年修订）》予以实现，即删除第二部分第一章4.4节和第二部分第十章中关于“植物是指可以借助光合作用，以水、二氧化碳和无机盐等无机物合成碳水化合物、蛋白质来维系生存，并通常不发生移动的生物”这一定义，并明确定义为“经过人工选育或者发现并经过改良，形态特征和生物学特性一致，遗传性状相对稳定的植物群体”。借此使得植物品种范畴回归育种学上的本意，也保证我国知识产权法律体系中的同一概念保持统一规范，让专利制度能够充分发挥与植物新品种保护制度有效互补的作用，确保符合“植物品种”标准的品种可寻求品种权保护，而非品种级的其他植物类成果则可以申请专利权保护，促进专利权与品种权制度的互补衔接，保证植物相关创新成果能够获得全面合理的保护。

（二）专利权保护中设立农民自繁自用的侵权例外，防止权利过度垄断

加强种业知识产权保护的根本目的是鼓励育种创新和促进农业发展，制度构建需要结合我国是农业大国、农民群体庞大、农业生产力水平相对较低的国情加以考量，要谨防权利过度垄断造成农民生产成本增加、种粮积极性下降从而危及公共利益和农业安全。

我国植物新品种保护制度中规定了农民自繁自用的侵权例外；对于专利权保护，在现有植物发明保护客体基础上，若进一步将植物及其组成部分等相关主题纳入可授权客体，同样也应对所述专利可能对农民权利的影响给予关注。建议参照品种权制度设立农民留种、自繁自用等免责条款；同时也要对所述特殊权利进行合理限制，以防滥用特权造成对权利人权益的过度侵蚀。例如，可明确农民在其家庭农村承包经营土地范围内的自繁自用方可被认定为侵权例外。通过合理界定和规制，以尽可能实现专利权人与农民之间的利益平衡。

（三）针对我国基因检测技术创新的特点和需求，加强对体外基因检测方法的专利保护

我国企业的研发重点之一在于标记物与疾病之间的关系，将体外基因检测方法纳入可授权客体会在一定程度上鼓励国内企业在这方面的创新，有助于产业的发展。此外，基因检测诊断与计算机信息学等交叉学科的发展也要求把基因检测诊断方法等纳入作为可授权的客体，促进人工智能在医疗诊断领域的具体应用。在专利审查实践层面，应从立法本意出发，切实建立权利要求的保护范围大小应与其实质贡献相匹配的审查理念，避免出现机械僵化的趋势。

（四）推动创新链、产业链精准对接，促进科技成果转化

作为高新技术领域，关键核心技术的突破往往依赖于基础研究的积累，而基础理论的突破要变成核心技术一定要通过产业化来实现。我国很多科研院所和高校在基因技术领域拥有强大的研发实力，也掌握很多专利成果，是国家战略科技力量的重要组成部分。我国需要从

政策、资金和具体举措上加强引导和支持，突出基因技术领域重大创新需求和技术发展导向，发挥产业对科技创新方向的主导作用，推动产学研合作向深层次、高水平发展，促进高校和科研院所以需求为向导开展创新研究，提升服务经济社会发展的能力。

总之，不断强化基因技术领域创新成果的知识产权保护力度是发展本国技术、符合国际规则、参与国际竞争的大势所趋。我国需要进一步完善基因技术领域知识产权保护体系和制度，更好地满足新领域新业态发展的需求，在激烈的国际竞争中促进我国基因技术产业健康有序发展。

我国知识产权制度对接CPTPP规则条款比较研究

徐　慧[1]　朱志妍[2]　孟雪凝[3]

摘　要

当前，我国面临数字经济迅速发展和国际知识产权保护标准不断提高的外部环境。为主动应对这种新变局，以更高水平的开放激发国内市场的活力和更深层次的改革，促进国内国际双循环，我国政府明确表示积极考虑加入《全面与进步跨太平洋伙伴关系协定》(CPTPP)，对我国进一步参与经济全球化和区域经济一体化具有一定影响。本文分析CPTPP的知识产权规则特点，根据我国知识产权制度发展完善现状，研究我国加入CPTPP将面临的知识产权挑战。

关键词

CPTPP　RCEP　TRIPS　知识产权　高标准

[1][2] 作者单位：国家知识产权局知识产权发展研究中心。

[3] 作者单位：对外经济贸易大学国际经济研究院。

引　言

CPTPP 作为高水平经贸协定，脱胎于《跨太平洋伙伴关系协定》（TPP）。TPP 是一个美国主导的区域自由贸易协定，在劳工权利、知识产权和环境等方面提出的要求超出世界贸易组织（WTO）设定的标准，被认为是一个高水平的自由贸易协定，体现了“高标准、高质量、高层次、面向 21 世纪”的特征。

美国在 2017 年宣布退出 TPP 后，在日本的推动下，TPP 除美国外的 11 个成员达成共识，于 2018 年 3 月完成谈判，当年 12 月 30 日 CPTPP 正式生效。CPTPP 冻结了原 TPP 部分条款（22 条），尤其是知识产权条款（11 条），但仍然保留了 TPP 95％的条款，总体而言仍不失为全球范围内较高标准的自由贸易协定。

国内学者针对 CPTPP 知识产权规则体系已开展了大量研究。笔者梳理后发现，目前国内关于 CPTPP 知识产权规则的研究主要围绕以下三个层面。

一是与其他国际经贸协议下的知识产权规则进行对比与解读，提出我国知识产权制度体系改革的方案建议。该类研究中，有学者将 CPTPP 与其前身 TPP 进行对比，梳理 CPTPP 相对于 TPP 条款中知识产权领域被搁置和被保留的条款，分析当前协议发生变动的原因，提出倡导中国参与知识产权国际保护合作的建议（孙秀娟、吴一鸣，2020；石超，2019）；也有学者沿用《与贸易有关的知识产权协定》（TRIPS）基本条款，研究后 TRIPS 时代知识产权制度的国际发展方向，如梳理后 TRIPS 时代国际社会中的知识产权战略规划，落脚于 TPP 到 CPTPP 的知识产权规则演变进程，最终从制度供给、执法机制两方面对比国际条款，对我国知识产权制度进行适应性分析，谋划后 TRIPS 时代我国知识产权制度发展的国际战略（易继明、初萌，2020）；还有学者逐一对比我国相关条款对应 CPTPP 条款的差距，分析我国加入 CPTPP 所面临的阻力、优劣势以及可能性，并在此基础上提出中国加入 CPTPP 的可行性与路径选择（刘斌、于济民，2019；

蔡明阳，2021）。这些研究更多是从国际知识产权制度演变方向、发展战略等宏观层面分析我国与 CPTPP 的差距，提出我国知识产权制度完善的方向。

二是对 CPTPP 知识产权具体条款的研究。比如对 CPTPP 中商标、专利、版权重点条款进行分析，提出对我国知识产权制度及立法的影响（张丽霞，2018）；对知识产权边境保护条款的研究，有学者以被保护客体——过境货物作为切入点，具体研究该项条款架构下的执行法则（韩秀丽、翟雨萌，2019）；也有学者以我国知识产权边境保护标准作为切入点，对比研究该项条款下我国同 CPTPP 国际规则的差异，考量既存差异对我国发展的影响（朱秋沅，2018）。再如对 CPTPP 著作权保护规则解读，比较 TPP 相关条款，提出在现实定位基础上从不同维度进一步完善我国《著作权法》，加强著作权保护（刘宇，2019）。又如针对数字贸易领域知识产权保护条款的拓展研究，以 CPTPP 为中心展开数字贸易领域的知识产权规制研究，根据对数据、表演、录音、网络等具体知识产权条款的解读，将 CPTPP 中的知识产权条款与数字贸易规则相结合，拓展分析 CPTPP 与数字贸易安全领域规则（李墨丝，2020；董静然，2020）。现有对于知识产权边境保护、著作权保护及数字贸易知识产权保护等国际经济贸易中知识产权具体条款的研究，对我国知识产权保护立法和执法标准提出了明确的完善目标。

三是针对 CPTPP 条款的影响分析。我国积极主动加入国际经贸协定，积极推动国际知识产权规则发展方向，对标 CPTPP 知识产权条款，完善国内知识产权法律法规，要充分体现国内发展对知识产权保护的需求及充分考量国际知识产权新规则对我国企业、产业发展的影响。如对包含知识产权在内的重要条款进行细分解读，分析其对我国不同层面的影响（袁波，2018；白洁、苏庆义，2019）；如从会计角度分析 CPTPP 的核心条款及其对企业利益的影响，通过梳理我国知识产权规则体系的演变过程，倡议国家应为我国企业“走出去”营造更加公平的知识产权保护环境（冯巧根，2020）。

从目前的研究看，CPTPP 要求的很多内容与我国深化改革开放的基本方向相一致，因此我国政府表达了积极加入的态度。2020 年 11 月习近平主席在亚太经济合作组织（APEC）第 27 次领导人非正式会议上表示，中方将积极考虑加入 CPTPP。2021 年 9 月我国正式提交加入 CPTPP 申请。

除了积极加入 CPTPP 之外，近期在中央政策层面，更提出了要积极主动地在知识产权领域推动国际规则发展变化的要求。2020 年 11 月 30 日，中共中央政治局就加强我国知识产权保护工作举行第二十五次集体学习，习近平总书记在主持学习时明确强调："推动完善知识产权及相关国际贸易、国际投资等国际规则和标准，推动全球知识产权治理体制向着更加公正合理方向发展。"

为了满足成为全球知识产权治理体系推动者这一更高层次的要求，迫切需要全面论证 CPTPP 知识产权条款的相关内容与我国知识产权制度之间的相适关系，准确分析 CPTPP 知识产权条款与我国现行知识产权制度的差异。

因此，应全面掌握国际知识产权制度发展演变趋势，清晰认识 CPTPP 知识产权规则特点，对标 CPTPP 知识产权条款高标准，分析我国现行知识产权立法和执法标准的差异，并基于我国现阶段创新经济、数字经济高质量发展需求，建设知识产权强国，提出对接 CPTPP 知识产权规则的改革措施。

一、CPTPP 知识产权规则的特点

（一）CPTPP 脱胎于 TPP，代表了全球领先的知识产权保护水平

CPTPP 保留了原来 TPP 的核心规则框架体系，为了更快地达成协定，条款内容也精简不少，与之前的 TPP 条款相比，搁置了 22 项条款。这 22 项条款更多地体现了美国意愿，是 TPP 谈判时缔约方博弈的重点所在，也是争议、分歧的集中点。在 CPTPP 搁置的条款中，知识产权是重头戏，其中第 18 章即知识产权部分就搁置了 11 条，涉及国民待遇条款、专利保护条款、未披露数据条款、版权与相关权期

限条款、技术保护措施条款、卫星和有线电视信号条款、互联网提供商安全港条款等。条款的搁置为发展中国家或地区域内知识产权保护相关规定的完善赢得了过渡期。但搁置不等于不处理，如果未来美国重新加入 CPTPP，要恢复暂停的条款将需要现有各方重新达成意见。

CPTPP 虽然较 TPP 已经精简，但知识产权规则仍然覆盖了 TPP 中绝大部分条款，并且知识产权条款的目的是竭尽所能地为缔约方的知识产权保护提供规则支撑，最大限度地保护权利人（作者）利益，并对不利于知识产权保护的行为进行严厉的惩罚。可以说，CPTPP 知识产权条款代表了知识产权的强保护、大保护，是全球领先的知识产权保护高标准。

（二）CPTPP 总体框架未突破 TRIPS，但保护水平更高

CPTPP 规定了一些现有国际条约并未统一规范的知识产权保护高标准，特别是在 TRIPS 基础上进一步扩张，其保护水平远超 TRIPS 条款。CPTPP 第 18 章关于知识产权的规定有 11 节，总体上尚未突破 TRIPS 的框架，只是在原则、保护客体范围、立法、执法等方面提出了更高的要求。

促进创新和便利知识的传播是 TRIPS 知识产权保护的目标；而 CPTPP 则提出通过知识产权制度促进培育竞争、开放和有效率的市场，如规定政府机构侵权行为不适用豁免，限制了缔约方基于国情而设置知识产权保护豁免或例外条款的权力，反映了 CPTPP 的市场主导观念。[1]

相比 TRIPS，CPTPP 对缔约方加入知识产权领域国际公约的要求更广泛；进一步扩大知识产权保护国民待遇的范围，如首次纳入模拟通信和免费无线广播对录音制品的二次使用的情况；要求更高程度的透明度，在公布方式、内容等方面提出了更加细致的要求；提倡缔约方之间开展合作，如为分享和使用其他缔约方的专利检索审查结果提供便利。

CPTPP 对保护客体进行扩展，降低保护起点，将 TRIPS 未规定

[1] 参见 CPTPP 第 18.4 条。

的域名、国名、气味商标和声音商标纳入保护范围，为农用化学物质未披露的试验数据或其他数据提供保护等。

CPTPP为权利人发现侵权行为、收集侵权证据提供便利和充分的救济，如规定药品专利链接制度，方便药品专利权人能够及时发现潜在的侵权主体并及时获得救济；重视数字环境下的商标、版权侵权执法，将商标混淆或近似的商品纳入执法对象，规定海关可依职权启动边境措施，并适用于过境货物；降低知识产权侵权入罪的“商业规模”的认定标准，增加关于商业秘密刑事保护的规定。❶

可见，与TRIPS相比，CPTPP呈现出全面、高标准的知识产权保护特点。CPTPP知识产权条款仍旧延续了TRIPS的不平衡态势，主要体现出发达国家或地区的利益，对于传统文化、遗传资源、民间文艺等的保护尚未展开有益的尝试，也没有反映出发展中国家或地区维护公众健康、保护生物多样性、促进技术转移和知识传播等合理诉求。这也意味着CPTTP仍具有很大的完善空间以促进贸易公平。❷

（三）与《区域全面经济伙伴关系协定》（RCEP）目标不同，CPTPP知识产权条款涉及领域相当，但保护标准更高

RCEP最突出的特点是以“发展”为协议的核心目标，集中体现发展中国家在全球经贸治理中的利益诉求。无论是RCEP参与国类型，还是协定达成的最终内容，都比CPTPP体现出更多的包容性、灵活性和发展性。❸ RCEP更加强调遵循以WTO为核心的多边贸易体制规则，侧重发展中国家的利益，注重“灵活性”和“高标准”之间的权衡。CPTPP是一个全方位严格的贸易协定，相比RCEP具有

---

❶ 易继明，初萌．后TRIPS时代知识产权国际保护的新发展及我国的应对［J］．知识产权，2020（2）：3-16.

❷ 易继明，初萌．后TRIPS时代知识产权国际保护的新发展及我国的应对［J］．知识产权，2020（2）：3-16.

❸ RCEP15个缔约方，既包括日本、澳大利亚等经济发达国家，也包括柬埔寨、老挝等欠发达国家。RCEP第11章第1条明确了知识产权目标，通过有效和充分地创造、运用、保护和实施知识产权权利来深化经济一体化和合作，以减少对贸易和投资的扭曲和阻碍。CPTPP的目标是知识产权的保护和实施应有助于促进技术创新，有助于技术转让和传播。

更高的知识产权标准。从条款内容上看，CPTPP 知识产权条款涉及领域与 RCEP 相当，并且详细规定了知识产权各个客体类型的保护标准，还考虑了数字环境下知识产权问题，包括知识产权的民事、刑事和行政执法内容。在保护标准上，RCEP 要低于 CPTPP，但 RCEP 关于数字版权的规则超出了 CPTPP 中的相关内容。

二者的差异体现在具体条款上。如对商标的保护，RCEP 增加了打击“恶意注册申请商标”的规定等；CPTPP 则是进一步扩大商标保护范围，要求缔约方对未注册的驰名商标给予跨类保护以及明确通用名称的认定规则等。关于专利权保护规定，RCEP 相对于 CPTPP 标准较低，如专利宽限期、专利电子申请制度等条款为宣誓性规定，没有明确具体要求；CPTPP 中关于专利领域农用化工品化学品的相关数据的独占保护、药品专利链接等规定，在 RCEP 中都没有涉及。与 RCEP 相比较，CPTPP 关于著作权及相关权利部分的规定更详细、全面。CPTPP 相对于 RCEP 执法力度更大。RCEP 中关于损害赔偿的规定，以填平为主，未规定惩罚性赔偿；CPTPP 则规定在有关侵犯保护作品、录音制品或表演的版权或相关权和有关假冒商标的民事司法程序中，每一缔约方应建立或设立法定赔偿或额外赔偿的规定。CPTPP 要求对进出口、过境货物启动边境措施；RCEP 仅对进口涉嫌盗版货物或假冒商标货物的依职权中止放行作出强制规定，对于出口此类货物缔约方则可以自主选择是否设立相关程序以采取边境措施。CPTPP 与 RCEP 相比较对刑事处罚的规定更为细致，并对“具有商业规模”作出具体认定规定；而 RCEP 则未对商业规模进行界定。RCEP 更强调对数字环境下侵权行为的重视，这是较 CPTPP 更进一步的地方。

二、知识产权制度仍是我国加入 CPTPP 遇到的主要挑战之一

由于美国的退出，我国目前面临一个加入 CPTPP 的窗口时期。我国如果加入 CPTPP，将成为目前亚太地区最大的自贸区的缔约方，获得其余 11 个缔约方的市场准入，为我国进一步深化改革扩大开放

提供更多外部机遇和空间，在当下的多边自贸区谈判中获得更高的站位。CPTPP 搁置了 11 条 TPP 的知识产权条款，这使我国知识产权保护标准具备了与 CPTPP 标准对接的可行性。但 CPTPP 依然是最高标准的自由贸易协定，无论是在立法还是执法层面，我国与知识产权国际最高标准对接仍会面临巨大的改革压力和挑战。

（一）我国知识产权制度不断完善，为接轨国际规则打下基础

第十三届全国人民代表大会常务委员会第二十二次会议于 2020 年 10 月 17 日通过了《关于修改〈中华人民共和国专利法〉的决定》，对《专利法》进行第四次修正。该决定于 2021 年 6 月 1 日起实施。第四次修正后的《专利法》在加强对专利权人合法权益的保护、促进专利实施和运用、完善专利授权制度等方面进行了一系列的修改，既适应经济发展和创新的需求，又结合国际发展趋势，也从以下方面体现出与 CPTPP 国际高标准知识产权保护水平逐步接轨的趋势。

1. 完善外观设计保护制度，给予局部外观设计专利保护

第四次修正后的《专利法》的第 2 条第 4 款规定："外观设计，是指对产品的整体或者局部的形状、图案或者其结合以及色彩与形状、图案的结合所作出的富有美感并适于工业应用的新设计。"从而达到 CPTPP 要求对局部外观设计授予专利权保护的标准。同时，第四次修正后的《专利法》还延长外观设计的保护期限到 15 年，增加外观设计专利申请享有 6 个月的国内优先权，进一步完善外观设计保护制度。

中国积极加入《工业品外观设计国际注册海牙协定》（以下简称《海牙协定》）。通过该协定，外观设计专利申请人向受理局提交一份单一的国际申请后，就可能在若干个缔约方获得工业品外观设计保护。可见，加入《海牙协定》有利于中国积极融入外观设计全球化体系，促进工业品外观设计创新能力提升，助力中国创意、中国设计、中国制造走向世界，而且有利于促进全球工业品外观设计领域发展。加入《海牙协定》对我国深度参与世界知识产权组织（WIPO）框架

下的全球知识产权治理也将起到有力的促进作用。

2. 建立专利权期限补偿制度，补偿审查专利延误和药品上市审批中耽搁的时间

《专利法》第 42 条第 2 款规定了在一定条件下，国务院专利行政部门应专利权人的请求，就发明专利在授权过程中的不合理延迟可以给予一定的专利权期限补偿。该条款不仅针对药品专利，其他技术领域的发明专利也适用该条款。该条第 3 款规定为补偿新药上市审评审批占用的时间，在一定条件下，可以给予专利权期限补偿，补偿期限不超过 5 年。这与 CPTPP 中要求调整专利期限以补偿不合理的授权延迟规定相一致，甚至还额外规定对于新药上市审评审批占用时间给予专利权期限补偿。

3. 建立药品专利链接制度和药品专利纠纷早期解决机制

《专利法》还增加了第 76 条药品专利纠纷早期解决机制，即药品专利链接制度，以在相关药品上市前尽早解决潜在的专利纠纷。2021 年 7 月 4 日国家药品监督管理局、国家知识产权局联合发布并实施《药品专利纠纷早期解决机制实施办法（试行）》，7 月 5 日国家知识产权局发布《药品专利纠纷早期解决机制行政裁决办法》。CPTPP 第 18 章第 18.53 条要求缔约方提供充足的时间和机会供专利所有人在涉嫌侵权产品销售前寻求可获得的救济。我国不断完善的专利及相关制度，已经与 CPTPP 的高标准逐渐接轨。

我国《著作权法》也完成了第三次修正，并于 2021 年 6 月 1 日实施，对于著作权的保护与 CPTPP 相关规定的衔接性也得到极大提高。我国《商标法》与 CPTPP 相关条款进行对比，也已基本达到其保护水平。另外，我国于 2022 年 2 月初正式提交了《海牙协定》加入书，该协定于 2022 年 5 月 5 日在我国生效。我国在加入国际规则上与 CPTPP 的要求日益接近。

（二）CPTPP 知识产权条款与我国现行知识产权制度的比较与分析

随着我国知识产权法律制度的不断完善，总体看来，在保护客体、保护期限、侵权救济途径、权利限制规定等诸多方面，已基本符合 TRIPS 规定的保护标准，并逐渐向国际高标准知识产权规则靠近。下文进一步对比我国知识产权相关法律法规与 CPTPP 知识产权条款（第 18 章）的异同，逐条对比 CPTPP 第 18 章知识产权条款与我国现行知识产权相关法律法规，寻找目前我国加入 CPTPP 在知识产权立法和执法标准上的差异。

1. 总则与合作：加入新的国际条约要求和国民待遇领域扩大

在 CPTPP 知识产权总则中，第 18.7 条“国际协定”对国际知识产权公约进行了广泛纳入，要求缔约国应批准或加入《国际植物新品种保护公约》（1991 年文本），提高了对植物新品种的知识产权保护水平；目前我国尚未加入该公约。❶ CPTPP 将国民待遇的范围扩大到协定相关条款之外，如扩大版权及相关权的国民待遇范围。❷

2. 商标：基本一致的保护水平，个别条款扩大保护范围

CPTPP 中关于商标的条款从第 18.18 条到第 18.28 条一共 11 条，涉及可注册商标类型，审查、异议注销程序，商标保护期，电子系统，集体商标和证明商标，驰名商标以及域名等内容。《商标法》已基本达到 CPTPP 相关条款规定的要求，存在主要差异的条款如表 1，体现在 CPTPP 有关商标保护客体的范围更加具体和宽泛。

如 CPTPP 第 18.18 条中提出：“任何缔约方不得作为注册的条件而要求标记可被视觉感知，也不得仅以该标记由声音组成为由拒绝注册一商标。此外，每一缔约方应尽最大努力注册气味商标。”❸ 而 TRIPS 中允许缔约方要求所注册的商标是可感知的。《商标法》中，

---

❶ 《国际植物新品种保护公约》1961 年 12 月 2 日制定，经 1972 年、1978 年、1991 年日内瓦修订。第九届全国人民代表大会常务委员会第四次会议 1998 年 8 月 29 日通过决定加入《国际植物新品种保护公约》（1978 年文本）。1991 年文本相比 1978 年文本，保护标准提高，对植物新品种保护期延长，保护权利范围扩大，侵权不将“以商业销售为目的”作为前提条件等。

❷ CPTPP 第 18.8 条“国民待遇”第 1 款及脚注规定，对于 H 节（版权和相关权）未涵盖的版权和相关权，该协定中任何条款不限制一缔约方对这些权利采取在其他情况下允许的对国民待遇的减损。

❸ CPTPP Article 18.18：“Additionally，each Party shall make best efforts to register scent marks.”“make best efforts to”表达了并非缔约方必须执行。

已将除气味之外的其他客体纳入注册范围，对气味目前尚未纳入。

又如 CPTPP 第 18.22 条第 2 款“驰名商标”规定❶，《巴黎公约》第 6 条之二在细节上作必要修改后应适用于与以一驰名商标标识的货物或服务不相同或不相似的货物或服务，无论是否注册，只要对这些货物或服务使用该商标会表明这些货物或服务与商标所有权人之间存在联系，且该商标所有权人的利益有可能因此种使用而受到损害。该规定意味着将各缔约方对驰名商标的特殊保护跨类至不相同或不相类似的商品或服务，并且认定商标是否驰名不得要求驰名商标必须注册。我国《商标法》就不相同或不类似的商品或服务申请注册的商标与驰名商标相同或类似的，仅对在中国注册的驰名商标进行保护，对未注册的驰名商标的跨类保护仍然不足。

表 1　CPTPP 中关于商标的条款与我国《商标法》相关条款比较

CPTPP	《商标法》
第 18.18 条：可注册商标客体范围扩大到气味	《商标法》第 8 条、第 9～12 条：商标客体未包括气味
第 18.22 条：对未注册驰名商标施行跨类保护	《商标法》第 13 条、第 14 条、第 58 条，仅保护注册驰名商标
第 18.25 条：明确规定货物和服务的名称及分类❷	《商标法》中无明确规定，但在实践中已根据尼斯分类进行分组

3. 地理标志：集中于程序上的差异和具体概念上的界定

CPTPP 知识产权章节中关于地理标志的条款从第 18.30 条到第 18.36 条一共 7 条，涵盖了地理标志的认定、异议、注销及程序规定，

❶ CPTPP Article 18.22：“Article 6bis of the Paris Convention shall apply，mutatis mutandis，to goods or services that are not identical or similar to those identified by a well-known trademark，whether registered or not…” 如对“香槟”气泡酒的商标保护：“香槟”没有在我国注册驰名商标，发现在非酒类商品如香水等产品上使用“香槟”作为商标的行为，在中国这种未注册驰名商标的跨类使用是不受《商标法》保护的，但按照 CPTPP 第 18.22 条规定应给予保护。

❷ CPTPP Article 18.25：“…Each Party shall provide that：(a) registrations and the publications of applications indicate the goods and services by their names，grouped according to the classes established by the Nice Classification…”

通用名称和复合名称的规定，保护日期及国际协定例外条款等。

我国关于地理标志的保护，除《商标法》《集体商标、证明商标注册和管理办法》的规定外，还有《地理标志产品保护规定》《国外地理标志产品保护办法》《农产品地理标志管理办法》等的相关规定。

比较 CPTPP 与我国有关地理标志规定条款如表 2 所示，差异主要体现在保护和认定地理标志的行政程序上，如：政府部门或机构是否介入地理标志的申请或请求；关于异议或撤销的理由是否有详细规定并且明确葡萄酒和烈酒的地理标志申请和请求不适用于以通用名称为理由提出异议和撤销；对通用名称和复合名称是否有明确详细的定义和界定并且与《中美第一阶段经贸协定》中规定一致。

表 2　CPTPP 与我国有关地理标志规定比较

CPTPP	我国有关地理标志规定
第 18.31 条：申请不要求缔约方代表其国民介入❶	《地理标志产品保护规定》第 8 条、第 10 条，《国外地理标志产品保护办法》第 7 条、第 10 条，《农产品地理标志管理办法》第 8 条，《集体商标、证明商标注册和管理办法》第 6 条：地理标志保护产品申请由当地人民政府指定机构申请；国外地理标志产品申请在华保护，由原产国或地区主管部门推荐；地理标志商标注册也要求附所在地人民政府或行业主管部门的批准文件
第 18.32 条第 1 款（c）项注释和第 2 款注释：以通用名称提出异议和撤销不适用于葡萄酒和烈酒地理标志申请或请求	《地理标志产品保护规定》第 23 条，《国外地理标志产品保护办法》第 15 条、第 33 条：关于异议和撤销的条款没有对葡萄酒和烈酒作例外规定

❶ CPTPP Article 18.31: "…that Party shall with respect to applications for that protection or petitions for that recognition: (a) accept those applications or petitions without requiring intercession by a Party on behalf of its nationals…"

续表

CPTPP	我国有关地理标志规定
第 18.33 条、第 18.34 条：具体说明了如何确定一名称是否属通用语言中惯用名称，对复合名称中组成部分属于通用名称的情况也作了异议和撤销的程序规定	国内法规没有明确界定如何确定一名称是否为通用名称，也没有明确规定复合名称部分组成也属于通用名称❶

4. 专利和未披露实验数据或其他数据：有限差异

CPTPP 将专利和未披露试验数据或其他数据作为单独一节进行规定，包括普通专利、与农用化学品相关的措施、与药品相关的措施等条款。《专利法》仅对普通专利以及部分药品相关的措施作出规定，且《专利法》所称的发明创造是指发明、实用新型和外观设计。即《专利法》包含了 CPTPP 中普通专利、部分与药品相关的措施以及工业品外观设计的内容，部分 CPTPP 中条款相关内容由国内其他相关法规作出规定。与《专利法》不同的是，CPTPP 将工业品外观设计单独作为一节进行规定。

将 CPTPP 中与《专利法》及其他法规存在差异的条款展开分析，如表 3 所示，主要差异体现在 CPTPP 规定可授予专利的对象范围更大，即 CPTPP 条款中规定拒绝授予专利的范围较《专利法》更小；新颖性宽限期为 12 个月，并且宽限期对创造性的审核同样有效；对于专利信息公开内容规定更详细，包括了非保密通信及文献引文；对相关数据提供长达 10 年的保护；新药品定义范围更大，CPTPP 规定的新药品为国内未上市的药品，而我国规定的是国内外未上市的药品。

❶ 《国家知识产权局、国家市场监督管理总局关于进一步加强地理标志保护的指导意见》中提出，判断通用名称时综合考虑消费者理解认知等因素。

表 3　CPTPP 有关专利和未披露试验数据或其他数据条款与《专利法》及其他法规相关条款对比

CPTPP	《专利法》及其他法规
第 18.37 条：可以拒绝对除非生物和微生物学方法外的生产植物或动物的主要生物方法授予专利权❶	《专利法》第 5 条、第 25 条：对动植物品种的生产方法不授予专利权
第 18.38 条：在判断发明的新颖性或包含创造性步骤时至少应忽略公开披露中所含信息，如果此种公开披露由专利申请人所为或自专利申请处直接或间接获得信息的人所为，以及发生在该缔约方领土内提交申请之日前 12 个月内❷	《专利法》第 24 条：新颖性宽限期为 6 个月时间，没有规定适用创造性的审核
第 18.45 条：要对来自申请人的非保密通信（如适当）、申请人和相关第三方提交的与专利和非专利相关的文献引文两项内容进行公开❸	《专利法》第 21 条、《专利法实施细则》第 90 条：未作相关规定，但专利公报内容有一条“其他有关事项”

❶ CPTPP Article 18.37："…3. A…Party may also exclude from patentability: (a) diagnostic, therapeutic and surgical methods for the treatment of humans or animals; (b) animals other than microorganisms, and essentially biological processes for the production of plants or animals, other than nonbiological and microbiological processes. 4. A Party may also exclude from patentability plants other than microorganisms. However, consistent with paragraph 1 and subject to paragraph 3, each Party confirms that patents are available at least for inventions that are derived from plants."

❷ CPTPP Article 18.38: "Each Party shall disregard at least information contained in public disclosures used to determine if an invention is novel or has an inventive step, if the public disclosure: (a) was made by the patent applicant or by a person that obtained the information directly or indirectly from the patent applicant; and (b) occurred within 12 months prior to the date of the filing of the application in the territory of the Party."

❸ CPTPP Article 18.45: "For published patent applications and granted patents, and in accordance with the Party's requirements for prosecution of such applications and patents, each Party shall make available to the public at least the following information…"

续表

CPTPP	《专利法》及其他法规
第 18.47 条：对农用化学品未披露试验数据或其他数据的保护期至少为 10 年❶	《农药管理条例》第 15 条：相关内容的保护期 6 年
第 18.52 条：对新药品定义为不包含以往已在该缔约方获得批准的化学成分的药品	《国务院关于改革药品医疗器械审评审批制度的意见》：新药品为“未在中国境内外上市销售的药品”
第 18.54 条：❷ 不同药试验数据保护期	《药品试验数据保护实施办法（暂行）（征求意见稿）》：药品数据保护期❸

5. 版权和相关权：扩大保护内容

我国《著作权法》在完成第三次修正后，与 CPTPP 的衔接性得到极大提高，但在复制权方面尚存差距，如表 4 所示❹，具体表现扩大复制权的控制范围。

---

❶ CPTPP Article 18.47: “… that Party shall not permit third persons, without the consent of the person that previously submitted such information, to market the same or a similar product on the basis of that information or the marketing approval granted to the person that submitted such test or other data for at least 10 years from the date of marketing approval of the new agricultural chemical product in the territory of the Party.”

❷ 新农用化学品未披露试验数据不少于 10 年保护期，新药未披露试验数据及其他数据不少于 5 年保护期，涵盖新适应证、新配方或新给药途径的不少于 3 年保护期，包含以往在该缔约方未获批准的化学成分的新药不少于 5 年保护期，属于或含有生物成分的新药在细节上作必要修改的不少于 8 年保护期。

❸ 国内《药品试验数据保护实施办法（暂行）（征求意见稿）》对相关药品给予一定数据保护期限，如创新药（6 年）、创新治疗用生物制品（12 年）、罕见病治疗药品（6 年）、儿童专用药（6 年）、专利挑战成功的药品等。

❹ CPTPP 知识产权章节中版权和相关权部分共有 14 条，其中有 3 条被搁置，分别是第 18.63 条、第 18.68 条、第 18.69 条。这 3 条搁置条款与国内现行知识产权制度仍存在一定差异，此处差异分析仅针对未搁置条款。

表 4　CPTPP 有关版权和相关权条款与《著作权法》条款对比

CPTPP	《著作权法》
第 18.58 条：对其缔约方新增了网络或电子版权的保护义务，即以电子方式的复制权，包括任何形式或方式的复制，永久的、临时的以及缓存复制，打破了传统复制权"固定载体"的要求，逾越了 TRIPS 等国际条约中关于复制权的权利内容	第 10 条第 1 款第（五）项：缺乏对临时复制的统一规定

6. 执法：更加详细、更加严格的规定

CPTPP 中对于执法的规定从第 18.71 条到第 18.80 条一共 10 条，包括执行程序的一般义务、权利归属的推定、民事程序与救济、临时措施、边境措施、刑事程序和处罚、商业秘密以及载有加密节目的卫星和有线信号的保护、政府使用软件等。CPTPP 的知识产权执法、司法保护力度相较 TRIPS 加大，执法方面的相关规定涉及国内除知识产权相关法律法规外的法律法规，如《刑法》《知识产权海关保护条例》等，相关条款比较参见表 5，具体体现为 CPTPP 加强数字环境下的侵权保护规定，有临时救济措施快速行动规则，边境措施扩展到过境货物，刑事程序及处罚规则从营利和非营利两个方面规定关于"具有商业规模"的界定。

表 5　CPTPP 与我国相关法律法规涉及执法条款比较

CPTPP	我国法律法规
第 18.71 条第 2 款：第 18.74 条（民事和行政程序及救济）、第 18.75 条（临时措施）和第 18.77 条（刑事程序和处罚）中所列执行程序应能在同等程度上适用于数字环境中的商标侵权以及版权或相关权侵权	缺乏相关规定
第 18.75 条第 1 款：每一缔约方的主管机关，对于涉及知识产权的救济请求，应不预先听取对方当事人的陈述即依照该缔约方的司法规则快速采取行动	《最高人民法院关于审查知识产权纠纷行为保全案件适用法律若干问题的规定》第 5 条：人民法院裁定采取行为保全措施前，应当询问申请人与被申请人

续表

CPTPP	我国法律法规
第 18.76 条第 5 款：每一缔约方应规定，其主管机关可依职权对于在海关监管的进口、准备出口或过境且被怀疑属假冒商标货物或盗版货物启动边境措施	《知识产权海关保护条例》第 3 条："国家禁止侵犯知识产权的货物进出口。海关依照有关法律和本条例的规定实施知识产权保护，行使《中华人民共和国海关法》规定的有关权力。"
第 18.77 条第 1 款：关于"具有商业规模"的界定，没有明确的数量、规模和金额，但是从两个方面考量，一是以商业利益和经济收入为目的，二是以非商业利益和经济收入目的但对权利人产生重大不利影响	《刑法》第 217 条：规定"以营利为目的"的侵权行为相关处罚，因此缺少 CPTPP 中以非商业利益和经济收入为目的的相关刑事处罚规定

7. 互联网服务提供商：国内缺乏体系化的立法

随着互联网技术的发展，CPTPP 顺应时代潮流，在 TRIPS 有关网络规定基础之上，又专门增设互联网服务提供商一节，旨在明确缔约方之间相关定义，保证权利持有人可获得法律救济以处理该协定中所规定的版权侵权，为互联网服务提供商的在线服务建立或设立适当的安全港。

（三）小结：我国加入 CPTPP，仍然存在法律制度上的差异

尽管有些条款 CPTPP 只是提出，并未对所有缔约方作强制要求，或者已经被搁置，但我国加入 CPTPP 仍存在法律制度差异。

1. 权利保护范围差异

第一，在纳入的国际公约方面，我国加入的并非《国际植物新品种保护公约》1991 年版本，而是 1978 年版本。与 1978 年版本相比，1991 年版本赋予了育种者更大的保护范围，具体体现在废除了植物品种双重保护禁止条款、扩大了受保护植物品种范围和权利范围、保护期延长等；如加入该版本，将可能导致我国种业面临竞争压力增大、商业种子成本提高、某些植物领域为外国品种控制等风险。第二，在

保护客体方面，我国尚未将气味商标纳入保护范围，这主要与气味商标权利范围难以确定、留存样本困难、相同与近似的判断不易等因素有关；对未注册驰名商标提供跨类保护，扩大了商标保护客体范围；在新药品定义上与 CPTPP 有范围差异等。第三，在权利保护期方面，我国著作权权利保护期仍以 50 年而非 70 年为分界点。第四，在程序方面，我国对地理标志的异议、撤销、无效等程序性规定尚有所欠缺，在侵权执法的信息统计制度方面也有待完善。第五，我国专利申请的新颖性宽限期时间较短、涵盖面较窄等。第六，CTPPT 加强在互联网领域的知识产权保护规定，为互联网服务提供商的在线服务提供保护，我国需要加快完善在互联网领域的知识产权保护立法。

2. 权利救济途径差距

在权利救济途径上，我国与 CPTPP 的主要差距体现在边境措施、刑事制裁方面。

第一，从适用范围来看，我国边境保护仅针对进出口货物展开，尚未囊括过境货物，影响我国出口货物在国外通关的便利度，同时也意味着在国际供应链的每一个环节我国出口货物都面临边境执法风险。❶ 第二，在刑事入罪条件上，CPTPP 要求缔约方将任何具有商业目的或者对版权人商业利益产生重大损害的盗版行为规定为犯罪行为，而我国仍然坚持将“违法所得数额较大”作为入罪标准之一（《刑法》第 217 条）。这种坚持以量定罪的做法与 CPTPP 对行为定性的强调相去甚远，不足以对侵权行为产生足够威慑。第三，至于我国在临时措施方面的规定是否满足 CPTPP 规定的标准，尚不明确，有待实践检验。

参考文献

[1] 石超．从 TPP 到 CPTPP：知识产权条款的梳理、分析与启示：兼谈对中国开展知识产权国际保护合作的建议 [J]. 石河子大学学报（哲学社会科学版），2019，33（4）：68-74.

❶ 朱秋沅．中国视角下对 TPP/CPTPP 知识产权边境保护条款的考量及相应建议 [J]. 电子知识产权，2018（3）：13-26.

［2］李墨丝．CPTPP＋数字贸易规则、影响及对策［J］．国际经贸探索，2020，36（12）：20-32.
［3］孙秀娟，吴一鸣．CPTPP 的规则、影响及中国对策：基于和 TPP 对比的分析［J］．法制与社会，2020（19）：1-3.
［4］冯巧根．CPTPP 的核心条款及其对企业利益的影响：会计角度的观察［J］．财会通讯，2020（21）：3-13.
［5］袁波．CPTPP 的主要特点、影响及对策建议［J］．国际经济合作，2018（12）：20-23.
［6］韩秀丽，翟雨萌．CPTPP 下过境货物知识产权的执法规则：法理解读及中国应对［J］．厦门大学学报（哲学社会科学版），2020（02）：141-151.
［7］刘宇．CPTPP 著作权最大化保护规则解析及启示［J］．电子知识产权，2019（5）：16-25.
［8］易继明，初萌．后 TRIPS 时代知识产权国际保护的新发展及我国的应对［J］．知识产权，2020（2）：3-16.
［9］张丽霞．CPTPP 知识产权规则与我国的应对研究［D］．南昌：江西财经大学，2018.
［10］张乃根．非多边经贸协定下的知识产权新规则［J］．武大国际法评论，2020（1）：1-19.
［11］朱秋沅．中国视角下对 TPP/CPTPP 知识产权边境保护条款的考量及相应建议［J］．电子知识产权，2018（3）：13-26.
［12］董静然．数字贸易的国际法规制探究：以 CPTPP 为中心的分析［J］．国际贸易论坛，2019（3）：57-63.
［13］刘斌，于济民．中国加入 CPTPP 的可行性与路径选择［J］．亚太经济，2019（5）：5-13.
［14］白洁，苏庆义．CPTPP 的规则、影响及中国对策：基于和 TPP 对比的分析［J］．国际经济评论，2019（1）：58-76.

专利法新颖性宽限期的比较研究

孙　锐[1]

摘　要

新颖性宽限期涉及现有技术的例外情形，是专利确权的关键因素之一。世界各国家和地区专利法规定的新颖性宽限期的适用范围有所不同，在公开的形式、时限等方面都存在差异。近年来，欧洲、美国、韩国、日本和我国都相继对该法律规定进行了修订，国际组织也在积极推进协调统一该法律规定的工作。本文梳理了主要国家和地区关于该法律规定的历史沿革及立法状况，分析了国际协调的背景和趋势，通过比较研究为我国进一步修订新颖性宽限期的法律规定提供参考。

[1] 作者单位：国家知识产权局专利局机械发明审查部。

关键词

新颖性宽限期　国际协调　救济属性

引　言

新颖性宽限期的规定是在先申请专利制度下，对申请人在申请日前公开其发明创造行为的一种救济措施，是现有技术认定中的一种例外情形，其目的是给申请人在申请日前不得已的公开行为提供救济。

最早的关于新颖性宽限期的规定源自 1883 年《保护工业产权巴黎公约》（以下简称《巴黎公约》），其主张对在成员国内官方举办或承认的国际展览会展出的可以取得专利的发明、实用新型、工业品外观设计给予临时保护。此后，大多数国家和地区的专利法中都引入了有关宽限期的法律条款，但是具体的规则如宽限期的起算点、期限、适用范围以及援引条件等方面存在着差异。

近年来，欧洲、美国、韩国、日本和中国先后修改了专利法中对宽限期的规定，国际组织也在积极推进协调统一宽限期规定的工作。本文梳理了主要国家和地区关于新颖性宽限期的法律规定及历史沿革，结合国际协调的背景和趋势，对比分析各国家和地区相关制度的特点和原因，为我国新颖性宽限期的进一步修订提供参考。

一、主要国家和地区的相关法律规定及历史沿革

（一）欧　洲

1.《欧洲专利公约》（European Patent Convention，EPC）发展历程

1963 年签订的《斯特拉斯堡公约》统一了欧洲各国专利法中的若干实质性问题，其中，公约第 4 条规定欧洲国家均采用狭义宽限期。在此之前，欧洲各国中仅奥地利、德国、意大利、瑞士和英国的专利

法中具有关于宽限期的规定。

1973年在慕尼黑召开的外交会议中，芬兰和挪威代表团都建议应当扩大展览会的范围，允许各国政府指定的展览会也包括在例外的范围内，但该提议被完全否定。其中，法国代表团明确表示，在任何发明披露之前应当建议发明人申请专利，而英国代表团则拒绝考虑与《斯特拉斯堡公约》中的新颖性定义相背离的情形，并对于这种狭隘的例外是否“在现代仍然适用”表示怀疑，德国、荷兰和比利时代表团也反对该项提案，该提案随后被撤回。同年，EPC签订。其第55条同意了欧洲各国关于新颖性宽限期的规定，此规定一直沿用至今[1]。

1999年在改革欧洲专利制度的政府间欧洲专利组织成员会议上，反对在EPC中规定宽限期的观点认为：宽限期降低了第三人的法律确定性，并给予发明人错误的安全感。借助网络的高速信息传播、专利经济的持续增长和竞争全球化都需要清晰明确、每个人均能信赖的专利制度。如果第三人从早期公开中获得介入权利，将损害发明人的利益。如果学术研究机构希望在经济领域竞争，则应当放弃以往的习惯，比如早期发表。报告还提出了诸如“临时申请”、加强专利职业培训等替代宽限期的措施。而赞成引入宽限期的观点认为：早期公开并不必然损害其在专利申请国的投资与技术转移，即使现行的EPC也不能保证绝对的法律确定性，而同时应当考虑学术研究机构作为专利申请人和相关创新主体的意义越来越重要，并且临时申请不能给予充分的补救，其无法从根本上解决疏忽公开的问题。经过几番讨论，在2000年通过的对EPC的修改方案中仍然未对宽限期规则作出任何更改。[2] EPC第55条有关宽限期的规定自1973年EPC签订至今未作任何修订。

---

[1] Danish Patent and Trademark Office, German Federal Ministry of Justice and Consumer Protection / German Patent and Trade Mark Office, European Patent Office, et al. Consolidated report on the Tegernsee user consultation on substantive patent law harmonization May 2014 [EB/OL]. [2019-05-25]. https://www.uspto.gov/sites/default/files/ip/global/patents/tegernsee_survey/teg-final_consol_report_june_2014.pdf.

[2] 国家知识产权局条法司.《专利法》及《专利法实施细则》第三次修改专题研究报告：上卷［M］. 北京：知识产权出版社，2006：226.

2. EPC 第 55 条第 1 款规定

如果一项发明的公开发生在提交欧洲专利申请之前 6 个月内，且该公开行为由下列原因导致，则不予以考虑：

(a) 与申请人或其法定前任权利人有关的明显滥用；或者

(b) 申请人或其法定前任权利人在根据 1928 年 11 月 22 日在巴黎签署的、1972 年 11 月 30 日最后修订的《国际展览公约》所规定的官方举办或承认的国际展览会上的展出。

2000 年 7 月 13 日欧洲专利局扩大申诉委员会作出了一份重要判决❶，该判决讨论了 EPC 第 55 条与《巴黎公约》有关规定之间的关系，最终认定 6 个月的新颖性宽限期应当是指从欧洲专利申请的实际申请日起向前追溯 6 个月，即按照 EPC 的规定，申请人不能同时既享受新颖性宽限期又享受优先权。此后，欧洲专利局修改了审查指南，规定新颖性宽限期的起算日为欧洲专利申请的实际递交日而非优先权日❷。

3. 《欧盟理事会共同体外观设计保护条例》的规定

2001 年 12 月 12 日，欧盟建立了统一的外观设计保护制度，欧盟理事会通过了《欧盟理事会共同体外观设计保护条例》（以下简称《保护条例》），旨在基于申请人的利益“最大程度消除在欧盟内造成不公平竞争的障碍和根源”，为外观设计在欧盟范围内提供统一适用的法规，给予同等的法律保护。《保护条例》第 6 条第 2 款规定，在对成员国外观设计申请的新颖性和自体特征进行审查时，对满足以下条件的公开不予考虑：设计者、其权利继承人、从设计者或其权利继承人处得知设计的第三人，申请日（有优先权的，指优先权日）前的 12 个月内的公开。

《保护条例》第 6 条第 3 款规定，第 2 款也适用于因对设计者或

❶ 参见欧洲专利局扩大申诉委员会第 G2/98 号决定。

❷ 参见 Guidelines for Examination in the European Patent Office（June 2012），Part G，Chapter V-Non-prejudicial disclosures，2. Time limit，第 683 页。

其权利继承人的权利滥用而导致的公开。

《保护条例》使欧盟范围内申请外观设计专利的设计者可以更自由地实施其设计成果，如参加展会、新产品发布会等均不必顾忌其因自身公开而丧失新颖性从而导致其设计成果不能得到保护。

（二）美　国

1. 美国专利法的发展历程

1839 年，美国专利法规定：外国人在取得外国专利权后 6 个月内，如果该发明没有在美国公开，即可在美国申请专利；而对于本国的发明人，给予 2 年的宽限期[1]，即在发明创造销售或公开使用后的 2 年内申请专利都不丧失新颖性，除非申请人已将该发明创造贡献给社会，即放弃该发明，或者销售或公开使用的行为发生在专利申请的 2 年以前。1870 年，美国对其专利法实施以来颁布的专利法规进行了汇编和整理，明确了宽限期 2 年的期限，并将销售或公开使用限制在本国。这体现了美国在实行专利制度的早期其专利法对本国技术和国民的特别保护[2]。1939 年，美国专利法将宽限期的期限修改为 1 年[3]。

1952 年，美国专利法将其实施一百多年来的所有相关法律规定法典化，对于宽限期的规定见于第 102（b）条，该条款在美国被称为“绝对法定限制”，其中规定：申请人应当有权获得专利，除非在其向美国提出专利申请的 1 年以前，其发明已经在美国或其他国家被授予专利权或在出版物上公开发表，或者在美国公开使用或销售。根据法规，宽限期的起算日为最早向美国提交专利申请的有效申请日，而外国优先权不包括在内。此外，宽限期的规定是根据法律所产生的，因而无须声明便可获得宽限期的权益[4]。

此后，至《美国发明法案》生效以前，美国专利法中有关宽限期

---

[1] 孙旭华．美国专利制度的历史发展［D］．北京：中国政法大学，2007：20-21.

[2] 孙旭华．美国专利制度的历史发展［D］．北京：中国政法大学，2007：20-21.

[3] 李华英．论专利新颖性的宽限期［D］．北京：中国政法大学，2005：12.

[4] Tegernsee Experts Group. Study mandated by the Tegernsee heads grace period［EB/OL］．（2012-09-24）［2019-05-12］．http：//documents. epo. org/projects/Babylon/eponet. nsf/0/.

的规定一直没有发生变化。

2.《美国发明法案》(America Invents Act，AIA) 的规定

2013 年 3 月 16 日 AIA 正式生效，美国专利制度由先发明制变革为先申请制，相适应地，AIA 对新颖性宽限期作出了实质性的修改。

AIA 35 U.S.C.102（b）规定：

> 在申请日（有优先权的，指优先权日）前 1 年内的公开，存在以下情形的，不视为现有技术：
>
> （a）由发明人或共同发明人作出的，或者由从发明人或共同发明人处直接或间接地获得该主题的他人作出的；
>
> （b）在该公开作出之前，该主题已经由发明人或共同发明人，或者由从发明人或共同发明人处直接或间接地获得该主题的他人在先公开。

AIA 规定的新颖性宽限期，其期限为 12 个月且不限定公开的形式，其涵盖的公开范围不仅包括发明人的公开、直接或间接从发明人处获得的公开，还包括独立完成发明创造的第三人的公开。在有效申请日前 1 年内，只要第三人的上述公开在发明人的公开或从发明人处获得的公开之后，则第三人的上述公开也不属于现有技术。尽管 2012 年美国专利商标局在提出细则草案时建议，申请人要享有宽限期，应在提出专利申请时对在先公开进行声明以避免专利审查被延误❶，但最终 AIA 中并未作出相应的规定，申请人仅需要在审查过程中根据审查员的要求提供证据。

美国现行的新颖性宽限期沿袭了美国专利制度的传统，鼓励最早作出发明创造的人及时公开自己的研究成果，从保护发明人利益的角度，一方面可以避免由于发明人自己的疏忽泄露而使他人获利，另一方面还可在宽限期内对抗独立作出发明创造的第三人获得专利权；而基于公众利益的角度，社会公众可以尽早获知发明创造的技术信息，

---

❶ Tegernsee Experts Group. Study mandated by the Tegernsee heads grace period [EB/OL]. (2012-09-24) [2019-05-12]. http://documents.epo.org/projects/Babylon/eponet.nsf/0/.

避免重复性研究，有利于提高社会整体的创新效率。

(三) 日　本

1. **日本专利法的发展历程**

日本专利法经过数次修改，对于新颖宽限期的修改主要体现在对公开形式的规定。为了适应专利制度所处环境的变化，同时满足用户的需求，日本逐步扩大了新颖性宽限期所涵盖的公开范围。

1959 年日本专利法第 30 条规定宽限期的公开形式仅限于：试验；在公开出版物上发表；在由日本特许厅长官指定的学术会议上以书面形式公开；在由政府举办的展览会上展出；违背申请人意愿的公开。此后，由于互联网的快速发展，技术信息也随之在网络上公开，在互联网上公开的发明创造在交流和及时性方面等同或优于在印刷出版物上公开的发明创造。1999 年修改的日本专利法第 29（1）条规定通过电信线路的公开等同通过出版物的公开，同时其第 30（1）条也相应修改，将新颖性宽限期涵盖的公开形式扩展到通过电信线路的公开，即互联网公开。随着开放式创新的推进，高校、中小企业科研人员和个人发明人的研发活动呈现多样化，促使研发成果的公开形式、公开场合多样化，导致宽限期内公开的有限方式不能全面覆盖用户需求。日本专利法于 2011 年 6 月 8 日进行了修改，进一步扩大了不丧失新颖性的公开形式，公开形式包括但不限于：测试或实验；印刷品的公开；网络；会议，如学术会议、研讨会、面向投资人或客户的简报说明会等；展览、商品交易会、展销会等上的展示；销售；新闻发布会、电视或电台现场直播。2011 年日本修改专利法时，曾就是否维持 6 个月的宽限期或将其延长至 12 个月进行讨论。其结论是，应在考虑国际讨论趋势的同时决定宽限期期限的变化，改变现有的宽限期期限为时过早[1]。2018 年日本专利法修改案通过，自 2018 年 6 月 9 日起，根据最新修改的日本专利法第 30 条的规定，不丧失新颖性的宽限期

[1] Tegernsee Experts Group. Study mandated by the Tegernsee heads grace period [EB/OL]. (2012-09-24) [2019-05-12]. http://documents.epo.org/projects/Babylon/eponet.nsf/0/.

从 6 个月扩展至 12 个月。

2. 日本专利法第 30 条规定

> 在确定新颖性和创造性时不考虑以下导致的公开，如果该公开在申请日前 1 年内发生：
>
> (a) 违背有权取得专利的人的意愿；或
>
> (b) 由于有权取得专利的人的行为（不包括通过官方公报公开的发明、实用新型、外观设计或者商标的情况)。
>
> 在上述 (b) 项情况下申请人应在专利申请时提交适用该条款的书面声明，并在专利申请后的 30 天内提交证明可适用该条款的证明文件。

（四）韩 国

1. 韩国专利法的发展历程和《美韩自由贸易协定》

1993 年韩国专利法规定仅将非常有限的例外情形“视为有新颖性的发明”，例如展览。2001 年修改后的韩国专利法规定了更多的情形“不视为公知的发明”，包括：实验测试；出版物公开；在规定的网站上和规定的学术机构中书面报告的公开。2006 年韩国专利法规定的“不视为公知的发明”涵盖了除公布或授权公告的专利申请之外的所有情形。2011 年 12 月韩国专利法将“不视为公知的发明”的期限由 6 个月修改为 12 个月。

2012 年 3 月 15 日《美韩自由贸易协定》生效，要求在韩国申请日前 12 个月内发明创造的公开不视为专利失效的证据，并适用于 2008 年 1 月 1 日或之后提交的所有专利申请[1]。

2. 韩国专利法第 30 条规定

> 在确定新颖性和创造性时，如果公开是在申请日前 12 个月内发生的下列情形之一，其视为例外情形：

[1] United States Trade Representative. The U. S. -Korea Free Trade Agreement (FTA)：The Intellectual Property Provisions [EB/OL]. [2019-05-25]. https：//ustr. gov/sites/default/files/uploads/Countries%20Regions/africa/agreements/korus/DOC001. PDF.

(a) 有权获得专利的人导致的公开，但不包括专利申请的官方公开；

(b) 违背有权获得专利的人的意愿。

若申请人有意愿利用上述 (a) 项规定，则应当在提交专利申请时提交书面声明，并在申请日起 30 日内提交证明有关事实的文件。

韩国也同日本一样，不认可专利申请的公开可以作为不丧失新颖性的例外行为，且对于不丧失新颖性宽限期的请求程序也基本类似。

（五）中国专利法的发展历程和相关规定

自 1984 年我国《专利法》制定以来，有关新颖性宽限期的规定历经 1992 年、2000 年和 2008 年三次《专利法》修改而未作任何变动。2020 年第四次修正后的《专利法》增加了不丧失新颖性的情形。修改后的《专利法》第 24 条规定：

申请专利的发明创造在申请日以前六个月内，有下列情形之一的，不丧失新颖性：

（一）在国家出现紧急状态或者非常情况时，为公共利益目的首次公开的；

（二）在中国政府主办或者承认的国际展览会上首次展出的；

（三）在规定的学术会议或者技术会议上首次发表的；

（四）他人未经申请人同意而泄露其内容的。

新增条款应时代需要而产生。自 2019 年底新冠病毒肺炎疫情发生以来，我国相关部门和创新主体出于疫情防控需要，紧急公开了与抗击新冠病毒肺炎疫情相关的发明创造，对抗击疫情发挥了积极作用。但是上述公开行为不属于我国第四次修正前的《专利法》规定的不丧失新颖性的情形，导致相关发明创造面临不能获得专利保护的风险。为此，我国《专利法》第四次修正新增了上述规定，鼓励创新主体在面对疫情等突发公共卫生事件时为保护公共利益而公开和共享发明创造。

此次修改，虽然增加了不丧失新颖性的情形，但是我国《专利法》关于新颖性宽限期的规定仍然是比较严格的，继续强调了该条款的救济属性。

（六）其他国家专利法相关规定

俄罗斯联邦专利法第 1350 条：

> 涉及发明的信息由发明人、申请人或是其任何一个可以直接或间接得到该信息的人泄露，导致有关发明的实质内容成为公知，在自信息泄露之日起 6 个月内向联邦知识产权执行权力机构提交该发明申请的情况下，不妨碍发明专利的认定。申请人负有关于信息泄露不妨碍发明专利认定的举证责任。

巴西工业产权法第 12 条：

> 发明或实用新型在专利申请日或者优先权日前 12 个月内因下列情形公开的，不视为现有技术：（ⅰ）由发明人公开；（ⅱ）国家工业产权局未经发明人同意官方公开了专利申请；（ⅲ）第三人根据发明人提供的信息或采取的行为而进行的公开。国家工业产权局可按照条例中的规定要求发明人就前述公开行为作出声明，该声明或许需附具证据。

南非专利法第 26 条：

> 在确定专利性时，如果在申请日（有优先权的，指优先权日）之前的任何时间发生的公开，是由于以下原因，则不考虑该公开：(a) 在申请人或其前任不知情或未经其同意的情况下，从申请人或其法定前任权利人处获得的知识或事项；(b) 由申请人或专利权人在南非进行合理的技术试验或实验。

二、主要国际组织的协调历程

（一）世界知识产权组织（World Intellectual Property Organization，WIPO）

1991年6月召开的关于《巴黎公约》中专利部分补充条约的外交会议上，WIPO提出了一份基本建议，优先考虑了三个问题：第一，所有成员国均采用先申请制（基本建议第9条）；第二，所有成员国均采用12个月的广义新颖性宽限期，期限为申请日或优先权日前12个月，包括发明人和第三人直接或间接地从发明人处获得发明信息的任何形式的公开，并要求援引宽限期者负有举证责任（基本建议第12条）；第三，所有成员国均承认先用权，作为依照第12条引入广义新颖性宽限期的结果（基本建议第20条）。然而，由于种种原因，WIPO在1991年举行的外交会议上没有取得成功❶。

WIPO从2001年开始进行制定旨在统一各国专利法中实质性规定的《实体专利法条约》的工作。其中，关于新颖性宽限期的协调统一成为讨论的重点之一。

在2003年5月举行的WIPO专利法常设委员会第九次会议上讨论新颖性宽限期问题时，当时的欧盟轮值主席国希腊代表欧盟国家申明了如下立场：第一，对新颖性宽限期的国际协调应当基于先申请制专利制度；第二，如果采用广义宽限期，应当对宽限期的时间长度作出严格限制，即自优先权日起向前追溯6个月；第三，在申请人知道或者应当知道有公开其发明创造行为的情况下，主张享受新颖性宽限期的申请人应当在提交专利申请时予以声明；第四，广义宽限期的规定不得以任何方式影响第三人的合法利益❷。

---

❶ 参见 Jan E. M.：Expert Opinion on the Case for and against the Introduction of a Grace Period in the European Patent Law，Submitted on request of the European Patent Organization，April 30，2000.

❷ 尹新天．中国专利法详解［M］．北京：知识产权出版社，2011：331-332.

在 WIPO 专利法常设委员会第十次会议上，美国和加拿大代表团的意见基本一致，支持 12 个月期限，不支持援引声明和先用权；而日本、欧洲专利组织和中国基本一致，支持 6 个月期限，支持援引声明和先用权。存在意见分歧的地方：宽限期的期限；《实体专利法条约（草案）》中规定的第三人权利是否作为强制要求；援引声明及具体要求。

总之，主要参会国家和地区在专利法中引入新颖性宽限期的问题上具有共识，但对于具体的规定还有很大争议[1]。

（二）国际保护知识产权协会（Association Internationale pour la Protection de la Propriété Intellectuelle，AIPPI）

AIPPI 在以下三次会议中讨论过新颖性宽限期。

1. 议题 75：“发明人的在先公开和在先使用发明”决议

AIPPI 在 1980 年布宜诺斯艾利斯会议（Buenos Aires Congress）上讨论了 Q75 -发明人的在先公开和在先使用发明。会议认识到《巴黎公约》第 11 条仅针对由发明人在指定的国际展览会上所作出的公开，提供了非常有限的保护。会议宣布赞成宽限期，但将该问题提交执行委员会进一步审议执行细节。

1982 年莫斯科会议执行委员会再次审议了 Q75 -发明人的在先公开和在先使用发明，决议赞成对所有源于发明人的公开给予 6 个月的宽限期，并且无申报要求。AIPPI 声明赞成在以下条件下引入此类宽限期的原则：

（a）源于发明人的公开本身不确立优先权，且此类公开应包括所有通过书面或口头的描述、使用或其他任何方式向公众公开的行为；（b）宽限期应为专利申请提交日（有优先权的，指优先权日）前 6 个月；（c）申请人或者专利权人承担证明上述公开是源于发明人的举证责任；（d）发明人或其权利继受人有权享有宽限期，无须提交相关声明；（e）发明专利、发明人证书和实用新型适用宽限期。

---

[1] 国家知识产权局条法司．《专利法》及《专利法实施细则》第三次修改专题研究报告：上卷［M］．北京：知识产权出版社，2006：230.

2. 议题 170："实体专利条约"讨论

作为实质性专利条约研究的一部分，2003 年卢塞恩（Lucerne）会议执行委员会再次提出了宽限期问题，会议支持 12 个月的宽限期，并通过以下决议：宽限期为申请日（有优先权的，指优先权日）前 12 个月；申请人需提交声明，表明其有权享有宽限期。

3. 议题 233："专利的宽限期"讨论

至 2013 年，各国相关法律发生了变化，例如：美国通过了 AIA，对包括新颖性宽限期在内的法律条款进行了实质性的修改；日本修订了宽限期；由丹麦、法国、德国、日本、英国、美国和欧洲专利局的代表参加的泰根塞专家组（Tegernsee Experts Group）的工作，确定宽限期是协调的四个关键议题之一。此时，AIPPI 认为审议的时机已经成熟，该次的议题探讨了以前 AIPPI 决议未审查的问题，特别是现有法律背后的政策、各利益相关者的需求、宽限期可能涵盖的第三方行为，期望可以从以下几方面推进国际协调：

（1）国际上应建立宽限期，以便将由发明人或其权利继受人，或者由从发明人或其权利继受人处获得公开内容的第三人作出的通过书面或口头描述、使用或以任何其他方式向公众公开的信息排除在现有技术之外。

（2）宽限期不应将第三人非来自于发明人或其权利继受人的公开和知识产权管理机关对申请人或其权利继受人提出的知识产权申请进行的官方公开排除在现有技术之外。

（3）宽限期的期限为专利申请日（有优先权的，指优先权日）前 12 个月。

（4）申请人或其权利继受人得益于宽限期，而无须提交声明。

（5）宽限期对专利申请公开日不产生影响。

（6）当援引此类公开时，要求宽限期利益的一方应承担举证责任，以证明该公开被排除在现有技术之外[1]。

---

[1] International Association for the Protection of Intellectual Property. Resolution Question Q233 Grace period for patents ［EB/OL］.（2013-09-10）［2019-05-09］. https：//aippi. org/wp-content/uploads/committees/233/RS233English. pdf.

（三）泰根塞专家组

2011 年 7 月，在欧洲专利局发起下，由丹麦、法国、德国、日本、英国、美国和欧洲专利局的代表组成的泰根塞专家组在德国泰根塞召开会议，会上确定新颖性宽限期等四项议题为各国专利法需要协调的关键议题。2012 年 10 月，专家组召开第三次会议，公布了包括新颖性宽限期在内的四项研究报告，研究报告分析了泰根塞专家组成员代表的国家或地区在专利法规定上的异同、相关政策背景以及法律实践等，总结建议了可进一步进行的研究方向与内容。所有泰根塞专家组的代表团负责在各自的管辖区域内，以填写调查问卷、举办区域性圆桌会议和听证会等方式征询意见。2014 年 4 月召开的第五次会议公布了《泰根塞用户咨询最终汇总报告》。报告整合了反馈意见，并针对征询意见结果予以总结和分析，为国际协调提供参考。[1]

1. 各方利益主体的态度

（1）大型企业

一般观点认为，大型企业很少使用宽限期，比如，在日本 65%的大企业回应在 1000 份专利申请中使用宽限期的不超过 1 个。但是，调查结果显示，在日本、美国和欧洲分别有 83%、52%和 59%的大型企业使用过宽限期。事实上，多数的大型企业使用过宽限期是此次协调的意外结果，大型企业使用宽限期最常见的情形是在学术会议上的陈述。此外，在日本、美国和欧洲分别有 50%、16%和 28%的大型企业反馈是由于人为失误而使用宽限期的，这表明即便是大型企业也无法完美地管理知识产权。很明显，大型企业同样期望依赖宽限期挽回自己的权利。

（2）中小型企业

在日本和美国有相当大的比例（分别为 76%、63%）的中小型企

[1] Danish Patent and Trademark Office, German Federal Ministry of Justice and Consumer Protection / German Patent and Trade Mark Office, European Patent Office, et al. Consolidated report on the Tegernsee user consultation on substantive patent law harmonization May 2014 [EB/OL]. [2019-05-25]. https://www.uspto.gov/sites/default/files/ip/global/patents/tegernsee_survey/teg-final_consol_report_june_2014.pdf.

业支持宽限期。日本的中小型企业在“公开后认为有提交专利申请必要”的特殊案例中所给出的比例如下：由于失误导致的公开39%；展览公开37%；商务会议公开31%；学术会议的陈述37%。此外，中小型企业的特点是在展会和商务会议上的公开比例高于大型企业和大学。

（3）大学和研究机构

根据调查结果，大学和研究机构是大量使用宽限期的用户，日本、美国使用过宽限期的大学和研究机构的比例分别为94%、75%。支持宽限期的大学和研究机构的受访者比例也高于大型企业和中小型企业，其中，日本为80%，美国为73%。关于使用频率，在日本每10份大学和研究机构的专利申请中至少1份申请使用宽限期的比率为65%，大学和研究机构使用宽限期的频率和比例相对较高。

在美国听证会上，一位来自大学团体的代表强调，“狭窄的宽限期不利于大学，也不利于大学利用知识产权资产在推动经济增长方面发挥催化作用”。

2. 宽限期的具体问题

（1）起算日

在所有接受调查的司法管辖区，首选的起算日均为“专利申请的申请日或其优先权日”。

（2）期限

日本、欧洲分别有65%和56.7%的调查对象赞成6个月期限，而美国有65%的调查对象赞成12个月期限。

（3）公开类型

AIA未限制适用宽限期规定的公开类型。2011年日本专利法修订时，拓宽了宽限期适用的公开类型。调查结果显示，美国、日本宽限期的相关规定分别得到本国的大型企业、中小型企业、大学和研究机构的广泛支持。

与此相反，EPC严格限制适用宽限期的公开类型。对此，欧洲的调查对象持有不同的意见，并未表现出明显的倾向性意见。

（4）援引声明

日本（64%）和欧洲（62%）有较大比例的调查对象认为，如果申请人使用新颖性宽限期，则应当强制其作出声明。与此相反，多数（71%）的美国调查对象反对强制声明。赞同强制声明的主要原因是，强制声明有利于专利权法律上的确定性。而反对强制声明的理由是，强制声明会增加申请人的负担，并且如果在声明使用宽限期时，申请人在程序中出现疏漏，则申请人将面临丧失使用宽限期权利的风险[1]。

三、比较研究和分析

各国或地区立法、修法及国际组织协调的思考方向主要集中在适应国家和地区的经济结构、技术发展和国际环境的变化的基础上，平衡专利制度的发展和科技创新的实际需求，同时兼顾专利权人的利益与其他利益主体的利益间的平衡，协调利益冲突。

（一）各国或地区立法的共识和差异

1. 公开的范围

根据各国或地区专利法的立法现状，目前对于新颖宽限期的规定，按照其涵盖的公开范围，即公开的主体、公开的场合及公开的形式，大致可概括为三种类型。

（1）“有限型”。代表国家和地区为中国、欧洲，其新颖性宽限期涵盖的公开范围仅限于申请人或其权利继受人在特定的国际展览会的展出或规定的学术会议上的公开，以及第三人违背申请人或其权利继受人的意愿的公开，或者为公共利益目的首次公开。

此类宽限期严格限定了公开的主体、公开的场合。即便申请人产生公开行为的目的是实现对技术的开发或改进、寻求研究合作或资金支持、拓展市场、促进商贸或交流创新等，而并非将技术贡献给公众，申请人在研发阶段的试验或测试、出版物公开发表、互联网上的

[1] Danish Patent and Trademark Office，German Federal Ministry of Justice and Consumer Protection / German Patent and Trade Mark Office，European Patent Office，et al. Consolidated report on the Tegernsee user consultation on substantive patent law harmonization May 2014［EB/OL］．［2019-05-25］．https：//www. uspto. gov/sites/default/files/ip/global/patents/tegernsee _ survey/teg-final _ consol _ report _ june _ 2014. pdf.

公开行为都无法作为不丧失新颖性的例外。有观点认为，此类新颖性宽限期在现实中利用率较低，其为申请人及其权利继受人提供的保护力度较为有限。

值得注意的是，虽然在发明领域，EPC采用了最严格的宽限期，但是在外观设计领域，欧盟各国通过《保护条例》，保护外观设计的设计人及其权利继受人可以更加自由地参加展会、新产品发布会等而不必顾忌其设计成果因自身公开而丧失新颖性。

（2）“安全网型”。代表国家为日本、韩国，其新颖性宽限期涵盖的公开范围包括申请人或其权利继受人的任何形式的公开，以及第三人违背申请人或其权利继受人的意愿的公开。

此类宽限期将上述公开排除在现有技术之外，从申请人的利益出发，允许他们通过更多的方式在专利申请之前进行交流创新、试验验证，而不会因此丧失专利权保护的可能，为申请人及其权利继受人提供了安全保护，并且不排除第三人独自完成的发明创造公开的风险，保护了第三人的利益。但有观点认为，此类新颖性宽限期的规定会弱化先申请制度敦促发明人尽早提交专利申请的可能，增加申请人申请前的公开行为，进而增加第三人有意或无意获取该发明创造信息的可能性，而第三人得知后有意或无意的二次公开可能会破坏该发明创造的新颖性，由此引发的二次公开和先用权将导致申请人及其权利继受人的利益损失。❶

（3）“优先权型”。代表国家为美国，其新颖性宽限涵盖的公开范围不仅包括申请人的公开、直接或间接从申请人处获得的公开，还包括第三人独自完成的发明创造的公开，只要第三人的上述公开在申请人的公开或从申请人处获得的公开之后。申请人的公开或从申请人处获得的公开被视为申请人创建了“优先权”，保护申请人不受在后第三人公开的影响。

此类新颖性宽限期完全基于申请人的利益考虑，最大限度保护了

❶ 李晨，董胜．外观设计专利是否应当引入广义的新颖性宽限期［EB/OL］.（2018-11-06）［2019-05-27］. http：//www. iprchn. com/cipnews/news _ content. aspx? newsId=111927.

申请人及其权利继受人的利益，极大地降低了其丧失权利的风险，但是却损害了独自完成发明创造的第三方的合法权益。

2. 时间期限

（1）起算日

按照新颖性宽限期的起算日分类，包括两种类型：一种仅以实际申请日作为时间起点计算宽限期，代表国家和地区为俄罗斯、日本、韩国和欧洲；另一种是当专利申请享有优先权时，以优先权日作为时间起点计算宽限期，代表国家为美国、中国、巴西和南非。

优先权原则源自 1883 年签订的《巴黎公约》，目的是在先申请专利制度下保障申请人能够在各成员国就同一发明创造获得专利保护，即申请人在某一成员国就其发明创造首次提出专利申请后，可在规定期限内针对同一主题向其他成员国提交专利申请而享有首次申请的申请日。由于《巴黎公约》既规定了优先权，又规定了对国际展览会上展出的临时保护，如果成员国对两者以叠加的方式适用，实际上会产生延长《巴黎公约》第 4 条规定的优先权期限的结果。为此，1925 年举行的修订《巴黎公约》的海牙会议上在该公约第 11 条中增加了第 2 款，首先明确了“临时保护不应延展第 4 条规定的期限”的原则，而后规定“如果随后要求优先权，任何成员国的主管机关可以规定其期限应当自该商品的展览会展出之日起算”，也就是申请人既可以享有优先权也可以享有新颖性宽限期，但是在享有新颖性宽限期的情况下，优先权期限应当自展出之日起算。[1]

在各国和地区的法律实践中，韩国、日本和欧洲规定申请人不能同时享受优先权和新颖性宽限期；中国及美国规定申请人可以对优先权和新颖性宽限期以叠加的方式适用，优先权期限仍从首次申请日起算。

从新颖性宽限期和优先权的立法目的的角度出发考虑，新颖性宽限期的立法初衷是为申请人在申请日前不得已的公开行为提供救济，优先权的立法初衷是为申请人在其他成员国针对同一主题提出专利申

---

[1] 尹新天. 中国专利法详解［M］. 北京：知识产权出版社，2011：319-321.

请提供准备、翻译申请文件和办理申请手续的时间。为同时实现上述两者的立法本意，应当允许申请人以叠加的方式适用两者，从优先权日起计算新颖性宽限期。

（2）期　限

新颖性宽限期的期限包括三种：6 个月，代表国家和地区为俄罗斯、中国和欧洲；12 个月，代表国家为美国、日本和韩国；无时间限制，代表国家为南非。

根据韩国知识产权局的报告，韩国在 2011 年将宽限期从 6 个月延长到 12 个月后，要求宽限期受益的专利申请数量增加了 35%。[1]可见，12 个月的时间期限为申请人在不得已公开后提供了足够的时间为专利申请做准备。但同时较长或者毫无限制的期限也增加了二次公开和先用权可能导致利益损失的风险，也在很大程度上增加了法律的不确定性。

同时，判断新颖性宽限期的实际期限应当结合起算日综合考虑。

3. 援引条件

由于对于违背申请人意愿的公开，申请人在提交专利申请时可能尚不知情，因此，各国或地区都未针对此情形要求申请人在提交专利申请时一定要进行声明。而对于其他的公开情形，如果申请人要求享有新颖性宽限期，对其援引宽限期的声明及相关材料的要求，各国或地区有不同的规定，如表 1 所示。

表 1　世界主要国家或地区对援引条件的规定

援引条件	欧洲	美国	日本	韩国	中国
声明要求	提出欧洲专利申请时声明其发明已按照相应的条款规定展出	无	申请时提交书面声明	申请时提交书面声明	申请时在请求书中声明

[1] International Association for the Protection of Intellectual Property. Resolution Question Q233 Grace period for patents [EB/OL]. (2013-09-10) [2019-05-09]. https: //aippi. org/wp-content/uploads/committees/233/RS233English. pdf.

续表

援引条件	欧洲	美国	日本	韩国	中国
提交证明文件的期限	提出欧洲专利申请后的 4 个月内	根据审查员的要求	自申请日起 30 日内	自申请日起 30 日内	自申请日起 2 个月内
证明文件	(a) 由展览期间负责在该展会中保护工业产权的主管部门出具； (b) 证明该发明创造确实在该展会中展出； (c) 证明展览开幕日，及该发明的首次公开日； (d) 应附带有发明标识的文件，及前述主管部门的签章证明	根据审查员的要求提供证据	应包括公开事实，如公开的时间、地点和方式，公开者，以及公开发明创造的简要说明等	证明符合相关法律条款规定的有关事实的文件	(a) 有国务院有关主管部门或者组织会议的全国性学术团体出具学术会议或技术会议的证明材料； (b) 证明材料中应当注明会议召开的日期、地点，会议的名称，以及该发明创造发表的日期、形式和内容

强制声明有利于降低法律状态不确定性的影响，但是另一方面，公开形式等不确定因素越多，举证及证据认定难度必将越大，不仅会增加申请人的负担以及由于程序纰漏丧失权利的风险，也会在初审、确权程序和侵权程序中增加行政成本。

（二）国际协调的趋势

国际协调和发展的动向是影响各国或地区立法的重要因素。不同国家、地区的新颖性宽限期制度存在差异，势必会导致申请人在不同的司法管辖区可能会获得截然相反的专利审查结果。一方面，国际组织的积极协调旨在统一相关法律规定，进一步推动专利制度全球一体化；另一方面，主要参加国家也在积极通过国际协调的渠道在国际层面上基于各自的利益引导其他国家修法的方向，寻求相应的国际制度保护。

在新颖性宽限期的国际协调方面，由于各国或地区的情况不同，因此在部分问题上并未得到统一意见。尽管如此，相关的报告内容也能够反映出当前凸显的国际趋势：在公开范围方面，主要倾向于当公开主体为申请人或其权利继受人时任何形式的公开（欧洲并不支持）；时限方面，倾向于起算日为优先权日，期限为 12 个月（欧洲并不支持）；同时，主张援引声明并承认先用权（美国并不支持）。

四、对我国新颖性宽限期法律规定的思考与建议

专利法的宗旨是保护专利权人的合法权益，以激励机制为基础，鼓励发明创造，希望发明创造能够获得专利法的保护。从申请人的角度来看，其发明创造属于智力劳动成果，不能因为无意或不得已的公开而丧失权利，新颖性宽限期的法律规定因此而产生。相较而言，我国《专利法》新颖性宽限期规定的公开范围、时间期限以及援引条件都较为严格，一直强调了该条款的救济属性。

当前，科技革命与我国经济发展转型形成了历史性交汇。以人工智能技术、互联网技术、可再生能源技术、生物医学技术等方面为代表的各高新技术领域在过去的短短几十年之内得到了快速发展。科学技术的发展带来了世界范围内的知识信息分享的新规则、知识数据管理的新形式、技术迭代的新速度，发生变化的技术创新活动致使创新模式、创新主体发生了改变。创新模式的开放化、网络化和创新主体的多样化给专利申请和保护带来了前所未有的挑战，也大大增加了创

新主体因为创新模式的改变而导致的无意或不得已的公开。不仅如此，我国经济发展正处于由高速增长转向高质量发展阶段，专利制度在其中将发挥重要的驱动创新的支撑作用，我国也由注重专利数量转向更重视专利质量、更注重专利运用。扩大新颖性宽限期的公开范围的限定，允许创新主体通过开发或改进技术、寻求合作或资金支持、测试市场效益等方式“自主”提高专利质量和专利市场转化率，将进一步赋予新颖性宽限期条款注重专利转化与运用的特点。

专利制度的价值功能是通过激励技术创新的产生，来推动社会和经济的发展。因此，从驱动创新的视角，结合当前国情来看，增加新颖性宽限期的灵活性能够进一步加强对技术创新的激励作用，进而适应外部需求提供更多救济措施。

经过前文的分析和研究结论，可以引申出如下修订建议：

1. 开放公开形式，提供“安全网型”保护

过窄的公开形式的规定使得“有限型”新颖性宽限期发挥的作用有限。而“优先权型”新颖性宽限期虽然最大限度保护了申请人及其权利继受人的利益，但是却损害了独自完成发明创造的第三人的合法权益，不能从整体上保护创新主体的利益。综合考虑，建议我国选择“安全网型”的新颖性宽限期，不仅可以拓宽宽限期的公开形式以进一步适应科学研发和专利高效益转化的需求，还能够不以任何方式影响第三人的合法权益。

2. 严格限制期限，适应性调整援引条件

为协调专利权人与其他利益主体之间的利益冲突，如果拓宽了新颖性宽限期的公开形式，就应当对时限作出严格限制，并明确援引条件，在对主张享有宽限期的申请人及其权利继受人提供救济的同时强制其进行声明，进而保障法律确定性。

我国的新颖性宽限期从优先权日起计算，期限为 6 个月。这样的规定允许申请人对优先权和新颖性宽限期以叠加的方式适用，能够同时实现优先权和新颖性宽限期两者的立法本意，又严格限制了宽限期期限，降低了二次公开和先用权可能导致的利益损失的风险。因此，当前我国新颖性宽限期中规定的起算点、期限可以保持不变；而对于援引条件，应随着拓宽的公开形式进行适应性的调整以进一步降低修订后所带来的法律不确定性的影响。

3. 单独调整外观设计，完善现有制度

小微创新主体已逐渐成为外观设计创新的主力军。在众多的设计平台中设计成果容易被公开传播导致模仿抄袭，为设计方带来了巨大的风险，也制约了工业设计行业的发展。从国外的司法实践来看，基于长远考虑，调整外观设计的新颖性宽限期法律规定有利于工业设计产业的发展。我国三种专利保护客体在同一部专利法中并行，因此可以考虑在该法律条款中单独修订外观设计的新颖性宽限期法律规定。

瑞士型权利要求在我国的存废探讨

张立得[1]　牛继梅[2]

摘　要

为了实现医药用途的专利保护，瑞士型权利要求曾被寄予厚望。然而，在实际应用过程中，瑞士型权利要求在新颖性的取得方式、适用范围的界定以及侵权阻力等方面呈现出诸多的法律困境，这些法律困境是内源性的，是由其撰写格式导致的，并不能通过法条解释来消除。此外，由于瑞士型权利要求的撰写格式在内涵与主张上存在分歧，因此其较难从说明书中得到相应的支持，不太利于基础研究成果的专利保护。这不得不引起人们的警惕，因为随着专利诉讼时代的逐步推进，一项简洁、有效、符合专利法标准的权利要求才能够为医药用途专利提供持续有效的保护。

❶❷ 作者单位：山东三邦知识产权代理事务所（普通合伙）。

关键词

医药用途　瑞士型权利要求　疾病的诊断和治疗方法　基础研究　充分公开

有一个专利难题曾经困扰了人们很久，那就是，当已知物质被证实具备某种新的医药用途（或称“治疗用途”）后，人们难以从专利层面对这种新适应证进行有效保护，因为其存在两个需要被同时克服的问题。一是可专利性问题。新的医药用途并不能在客观上将已知物质限定为新物质，强行为已知物质赋予新颖性，必然与专利法中的新颖性概念相冲突，因此，以产品的形式主张对医药用途的保护，并不具备可专利性。二是专利适格性问题。“疾病的诊断和治疗方法”并不属于专利权客体，而医药用途又通常被认为与“疾病的诊断和治疗方法”相关，这使得医药用途本身也丧失了专利适格性。

一、瑞士型权利要求的起源背景

上述难题也曾在较长的一段时期内困扰着欧洲。在可专利性和专利适格性双重问题的夹击下，医药用途的专利保护事业在欧洲举步维艰。直到 1973 年的《欧洲专利公约》（以下简称“EPC 1973”）破例为具备首次医药用途（first medical use）的已知物质赋予了新颖性，[1]这一问题才得到缓解。然而，在为首次医药用途提供产品保护的同时，已知物质的第二医药用途（second medical use）却被 EPC 1973 排除在专利权的保护范围之外。其端倪也可从早期的《欧洲专利局审查指南》中略见一斑：“当某种物质具有医药用途已经为公众所知情

[1] EPC 1973 Art. 54（5）：The provisions of paragraphs 1 to 4 shall not exclude the patentability of any substance or composition，comprised in the state of the art，for use in a method referred to in Article 52，paragraph 4，provided that its use for any method referred to in that paragraph is not comprised in the state of the art.

况下，再将它用于治疗其他的疾病不能获得专利权。”[1] 从而，具备第二医药用途的已知物质能够再次取得新颖性的可能性被断然否定掉。这也使得第二医药用途的专利保护处于悬空状态。由此可见，医药用途的专利保护尽管在首次药用方面取得突破性进展，但却仍然需要完善。

为了驱动人们在已知物质上积极探索新的适应证，促进医药科学的发展，EPC 的缔约国不断推出新的措施来解决第二医药用途的专利保护问题，例如德国联邦最高法院（BGH）在 1983 年的一项裁决[2]中指出“以用途限定的方法权利要求”来实现第二医药用途的保护是被允许的，其权利要求的撰写形式可被归纳为“物质 X 治疗 Y 疾病”。BGH 的上述主张因涉及“疾病的诊断和治疗方法”，与 EPC 1973 第 52（4）条[3]的规定相违背，因此并不被欧洲专利局（EPO）以及 EPC 缔约国所赞成和认可，但 BGH 的这项裁决对欧洲继续探索第二医药用途的专利保护起到了积极的推动作用。

在这种背景下，瑞士联邦知识产权局（FIPO）在 1984 年 5 月 30 日的一项行政裁决[4]中指出：“将权利要求限制为‘use of a compound… for the production of agents against…’是完全可以接受的，并且也可以提出用于已知药物第二（或后续）的用途。”瑞士联邦知识产权局为医药用途的专利保护开辟了新途径，由其撰写形式来看，首先，这种权利要求主张的是“制药用途”，因此，其新颖性不必由已知物质

[1] 尹新天．中国专利法详解［M］．北京：知识产权出版社，2011：346.

[2] Germany Federal Court of Justice. Important decision of the *Bundesgerichtshof* (Federal Court of Justice) regarding the patentability of “second medical use” ［J］. Official Journal of the European Patent Office, 1984（1）：26-41.

[3] EPC 1973 Art. 52（4）：Methods for treatment of the human or animal body by surgery or therapy and diagnostic methods practised on the human or animal body shall not be regarded as inventions which are susceptible of industrial application within the meaning of paragraph 1. This provision shall not apply to products, in particular substances or compositions, for use in any of these methods.

[4] Swiss Federal Intellectual Property Office. Legal Advice from the Swiss Federal Intellectual Property Office (FIPO), dated 30 May 1984 ［J］. Official Journal of the European Patent Office, 1984（11）：581-584.

来决定，从而在可专利性上消除了“已知物质不具备新颖性”的障碍，与 EPC 1973 第 54（5）条对首次医药用途的规定相融洽；其次，因其并不主张“治疗用途”，从而能够将医药用途与“疾病的诊断和治疗方法”剥离开来，轻而易举地为医药用途取得专利适格性，使其成为可被授予专利权的客体。这种“以用途来限定产品制备方法”的权利要求后来被广泛称为“瑞士型权利要求”（Swiss-type claim）。

在考虑到瑞士联邦知识产权局的做法后，欧洲专利局扩大申诉委员会（EBoA）针对主题名称为“Use of butoxybenzylhyoscyamine bromide in pharmaceutical compositions against deafness and tinnitus”的发明专利邀请所有上诉人提出意见，特别提及瑞士型“用途权利要求”的可接受性，并在 1985 年作出了 G 05/83 号决定❶：“当一项欧洲专利的权利要求，涉及将一种物质或组合物用于制造具有特定的、新的以及创造性的治疗应用的药物时，该欧洲专利是可以被授予专利权的。”（A European patent may be granted with claims directed to the use of a substance or composition for the manufacture of a medicament for a specified new and inventive therapeutic application），从而肯定了瑞士联邦知识产权局提出的“以用途限定产品制备方法的权利要求”。

为了使判例法（Case Law）标准化，多数 EPC 缔约国逐步遵循 G 05/83 号决定。英国高等法院（UK High Court of Justice）在 1985 年 7 月 4 日一项裁决❷中指出，“一种如瑞士型的权利要求，其目的是使用已知物质来制造一种本身并不新颖的药物，并用于第二或者后续新颖的医疗用途，根据 1977 年英国专利法的实质性条款，由于缺乏所需的新颖性，因此不能被授予专利权。但是，这种情况不能不考虑它在 EPC 相应条款下所形成的立场”，借此勉强允许申请人在专利申

❶ EBoA of EPO. Decision of the Enlarged Board of Appeal dated 5 December 1984 Gr 05/83 [J]. Official Journal of the European Patent Office，1985（3）：64-66.

❷ UK High Court of Justice. Decision of the High Court of Justice，Patents Court，dated 4 July 1985（John Wyeth & Brother Ltd.'s Application/Schering A. G.'s Application），[J]. Official Journal of the European Patent Office，1986（6）：175-192.

请中使用瑞士型权利要求。此外，瑞典专利上诉法院（Patentbesvärsrätten）针对瑞典专利局（Swedish Patent Office）驳回 Hydropyridine 专利申请的裁决❶以及法国最高上诉法院（Cour de Cassation）针对 Najer 诉 Synthélabo 公司案的裁决❷也均展示了对瑞士型权利要求所持有的开放态度。

G 05/83 号决定奠定了瑞士型权利要求在欧洲的影响力。由于其对物质的新颖性并不作要求，因此，在实践中，瑞士型权利要求被广泛拓展于任何具备新的医药用途的物质，包括新颖物质和已知物质，也包括物质的第一医药用途、第二医药用途以及后续医药用途。

二、瑞士型权利要求的法律困境

在解决医药用途的专利适格性方面，瑞士型权利要求具备相当程度的开拓性。正因为如此，在其诞生之初，并没有相应的法条用于解释这种撰写格式，这给人们固有的观念造成了较大的冲击。与此同时，与医药用途相适应的法条也尚不完善，这使得瑞士型权利要求在新颖性、适用范围以及侵权阻力等方面呈现出较多的法律困境，一直为人们所诟病。下文将选取几种主要的法律困境予以扼要分析。

（一）新颖性存在不确定性

诸多学者认为，真正能够为瑞士型权利要求带来新颖性和创造性的是“Y 病❸的诊断和治疗”，但该用途难以体现在制药过程中❹。这

❶ Sweden Court of Patent Appeals. Decision of the Patentbesvärsrätten（Court of Patent Appeals）of 13 June 1986［J］. Official Journal of the European Patent Office，1988（5）：198-205.

❷ France Court of Cassation. Judgment of the Cour de cassation（court of cassation），commercial division，dated 26 October 1993［J］. Official Journal of the European Patent Office，1995（4）：252-257.

❸ “Y 病”系通用说法，意为“某种疾病”。详见《专利审查指南 2010（2019 年修订版）》第二部分第十章第 4.5.2 节。

❹ 王国柱，王占军，张超．第二医药用途发明专利保护问题探讨［J］．医学与社会，2015（4）：23-25.

使得该瑞士型权利要求的新颖性存在不确定性。又由于第二医药用途的专利保护，其法律依据在当时的欧洲尚处于缺失状态，因此许多国家的法院在面对制药用途专利的侵权诉讼时作出了涉案专利权利要求缺乏新颖性的裁决[1]，这些裁决明显与 G 05/83 号决定背道而驰。

例如，荷兰专利局上诉处（Appeal Division of the Netherlands Patent Office）就较早地对瑞士型权利要求的有效性提出了质疑[2]，其认为“可以基于发现第二种医疗用途的申请授予专利，因为这种发现与已知物质的首次医疗用途的发现并无区别”，但又明确指出，“涉及将已知物质或组合物用于制备具有新医疗用途的药物制剂的权利要求（瑞士型权利要求），仅当新的医疗用途体现在不同于本领域已知的新措施或工艺中时，才满足新颖性要求”。由此可见，荷兰专利局认为瑞士型权利要求是一种制药用途权利要求，其新颖性应当体现在新的制药工艺或者方法上，而新的治疗用途不能单独为瑞士型权利要求取得新颖性，从而基本限制了瑞士型权利要求在荷兰的使用。

不仅如此，中国国家知识产权局也曾作出过相似的决定[3]。该决定认为，物质的医药用途实际上类似于药品的制备方法，因此应从制备方法的角度来分析其技术特征，即能直接对其起到限定作用的特征只能是原料、制备步骤和条件、药物产品形态或成分等特征。于是，瑞士型权利要求的新颖性应当来自于哪里？是新的医药用途，还是新的制药工艺？在没有相关法条给予特例规定或解释的情况下，其新颖性的取得方式存在很大的不确定性，这为医药用途专利在后期的维权带来了诸多困难。

（二）适用范围被盲目扩大

瑞士型权利要求诞生于第二医药用途的专利保护纠葛，其目的较

---

[1] 肖鹏，冯锫战．制药用途专利在欧洲的终结及对我国的影响和启示［J］．知识产权，2010（3）：38-45.

[2] Appeal Division of Netherlands Patent Office. Decision of the Octrooiraad，Afdeling van Beroep（Appeal Division of the Patent Office），dated 30 September 1987（No. 16673）［J］．Official Journal of the Eupean Patent Office，1988（10）：405-415.

[3] 国家知识产权局第 9508 号无效宣告请求审查决定书，决定日 2007 年 2 月 6 日。

为单纯，就是保护新的医药用途。然而，在实际的应用过程中，瑞士型权利要求并不单纯地被应用于医药用途的专利保护，其适用范围竟被逐渐扩大到了“给药方案”“给药途径”等给药特征上，这致使医药用途在内涵上出现了分歧，变得晦涩与复杂。在新颖性的问题尚且未得到有效解决的情况下，这种适用范围的扩大无疑被视为一种盲目的行为，令人感到不适和难以接受。因此，将给药特征用于医药用途的限定，并不被当时的人们所理解和认可。这种拒绝的态度可以从欧洲专利局在早期的一系列否定裁决中知晓。例如，T 317/95、T 56/97、T 584/97 以及T 4/98等决定均认为，给药特征的贡献仅在于治疗方法，其并非新的医药用途，因而不属于可被授予专利权的客体。❶虽然给药特征在后来慢慢被有些人所接受，但是，关于其能否被授予专利权的各种争议依旧突出，这为给药特征的授权前景带来了诸多的不确定性因素——例如，其能否被授权完全取决于审查员的认知和接受程度，而不是取决于一项可衡量的标准。

（三）侵权阻力相对有限

一项权利要求的客观存在，其目的显然是阻击侵权行为，在法律上形成威慑力，给予非专利权人一定的实施阻力。然而，瑞士型权利要求在防止他人的专利侵权方面似乎力不从心。例如，有学者指出，包含瑞士型权利要求的专利可以用来阻止竞争对手通过广告、包装插页等方式推销该物质的新用途，但它不能阻止医生为这种新用途开一种已经上市并用于早期适应证的非专利药（指具备早期适应证的该物质）❷。

此外，朱利安·考克贝恩（Julian Cockbain）等学者列举了一个较为现实的案例。A 公司生产的阿司匹林被贴上止痛标签，其中，将阿司匹林用于止痛已不存在专利权。B 公司生产的阿司匹林被贴上癌

❶ 吴立，薛旸．欧洲医药用途发明专利的审查标准沿革及中欧审查实践对比［J］．中国新药杂志，2020（13）：1449-1455.

❷ GRUBB P W. Patents for Chemicals，Pharmaceuticals and Biotechnology：Fundamentals of Global Law，Practice and Strategy［M］．4th ed. Oxford：Oxford University Press，2004：243.

症治疗标签，其中，将阿司匹林用于癌症治疗存在专利权，并被B公司以瑞士型权利要求的方式保护。当A公司将阿司匹林（止痛标签）出售给一个癌症患者后，其虽然涉嫌以首次药用产品之便行二次医药用途之实，但是，其侵权事实从客观上较难捕捉和判定，因为A公司完全可以声称其出售原因是患者因癌症引发疼痛，而B公司对患者的意图和行为是显然没有控制权的，这将导致B公司的维权困难。上述情形中，如果对医生的行医标准进行严格控制，实际上是可以缓解这一难题的，因为患者在就医时肯定要首先描述病症，到底是开具适应止痛的阿司匹林（不存在专利权），还是开具适应癌症的阿司匹林（存在专利权），完全由医生决定。然而，瑞士型权利要求主张的是制药用途，也就是说，只有当A公司以癌症治疗为目的生产阿司匹林时，才会侵犯B公司的专利权[1]。这就使得瑞士型权利要求的阻击效力局限在了生产和制造上，难以满足人们对医药用途保护的真实需求。

三、瑞士型权利要求的格式诟病

就瑞士型权利要求而言，其所呈现出来的法律困境几乎均来自它的撰写格式。这种“以用途来限定产品制备方法”的表述怎么看都令人觉得费解，以至于有国外学者指出[2]，“很少有权利要求的撰写格式能比瑞士型权利要求更难解释……为了弥补第二医药用途的专利保护缺陷，其目的是崇高的，但却对公约文件进行了肢解和扭曲，留下了棘手的问题”。而在我国，一些知名学者在早期就已经表达了与之类似的观点，即“瑞士型权利要求实际上是一种‘四不像’的权利要

[1] COCKBAIN J，STERCKX S. Is the Enlarged Board of Appeal of the European Patent Office Authorised to Extend the Bounds of the Patentable? [J]. International Review of Intellectual Property and Competition Law，2011，42（3）：257-271.

[2] FISHER M. Second Medical Indications and the Swiss-Form Claim：Taming Frankenstein's Monster [J]. European Intellectual Property Review，2017（11）：705-718.

求”[1]。瑞士型权利要求的撰写格式究竟有多复杂？下文将对其进行结构性拆解，以明确其内源复杂性及其所呈现的其他潜在问题。

（一）对瑞士型权利要求进行结构性拆解

瑞士型权利要求的撰写格式为“物质 X 作为制备治疗 Y 病药物的应用”（参见《专利审查指南 2010》第二部分第十章第 4.5.2 节）。在专利名称为“胃肠基质肿瘤的治疗”的无效审理案件中，合议组首次将瑞士型权利要求拆解为三个主要特征[2]——“化合物 X”“化合物 X 制备成药物”“治疗 Y 疾病”。为了使瑞士型权利要求的剖析更加直观，本文将其拆解为四个特征：①物质 X；②制备（药物）；③治疗 Y 病；④药物。

1. 关于特征①和④的理解

根据欧洲《公共卫生法》（Public Health Code）第 L. 511 节的规定，药物是用于治疗或预防人类或动物疾病的任何物质或物质组合，以及可用于人类或动物以进行医学诊断或恢复、纠正或改变其生理功能的任何产品。这与我国学者对药物的定义相似——药物是指用于预防、治疗、诊断人的疾病，有目的地调节人的生理机能并规定有适应证或者功能主治、用法和用量的物质。[3]

这里需要注意的是，一种物质或者产品之所以能够被称为“药物”，显然其给药安全性必然是被临床验证过的，否则不能称之为药物，充其量叫作活性成分（仅通过菌毒、细胞、组织以及器官等层面验证具备一定的生物活性）。这在药物化学界有着严格的区分，因为，诸多药化实验项目表明，大量的前期被看好的活性成分因无法适应于人体安全而被迫停止药物的上市研究，其中不乏像抗肺癌成分 Rociletinib 这样的著名失败案例[4]。

由瑞士型权利要求的撰写格式可知，“物质 X”和“药物”被同

---

[1] 尹新天．中国专利法详解［M］．北京：知识产权出版社，2011：347-348.

[2] 国家知识产权局第 27371 号无效宣告请求审查决定书，决定日 2015 年 11 月 26 日。

[3] 杭太俊，于治国，范国荣．药物分析［M］．7 版．北京：人民卫生出版社，2011：1-2.

[4] SpringerLink. Rociletinib［J］．Reactions Weekly，2017，1681（1）：317.

时囊括在一项权利要求中，这足以说明两者在概念上并不相同。由于“药物”是由“物质X”制备而成，从而，我们能够确立如下事实：物质X是原料，而药物则是产品，两者之间存在制备上的因果关系。对“物质X”和“药物”的概念进行区分是有必要性的，因为，即便在瑞士型权利要求的起源地欧洲，判例法也始终将活性成分和药物区分开来，因为只有后者才具有治疗的特定目的[1]，而活性成分因未经临床验证远达不到治疗疾病的目的，至少从药理安全性上无法保证。

2. 关于特征②的理解

“制备（药物）”表达的是一种“制药用途”，是以“物质X”为原料制备“药物”的过程。这里需要对“制X用途”进行一下必要说明。本领域技术人员倾向于将“制药用途”误解为“制X用途”，这是由于未对“物质X”和“药物”加以区分导致的。实际上，“制X用途”指的是以其他材料为原料制备“物质X”的过程，其与“制药用途”的显著差异归因于“物质X”在身份上的切换——在“制药用途”中，“物质X”为原料，而在“制X用途”中，“物质X”为产物。有趣的是，在瑞士型权利要求中，被要求制备的是“药物”，而不是“物质X”，因为其撰写格式就是这么规定的；如果“药物”未能被制备，那么，瑞士型权利要求将会是一个空壳似的存在。

3. 关于特征③的理解

“治疗Y病”体现的是“药物”的“治疗用途”，这也是医药用途专利的核心诉求。由于这种诉求被认为与“疾病的诊断和治疗方法”之间存在直接冲突，不为法律所支持，因此，瑞士型权利要求表达了这样一个中心思想：“治疗Y病”的“药物”是由“物质X”制备而成的。正是通过主张“制药用途”来为医药用途的保护换取专利适格性，才使得瑞士型权利要求解决了上述冲突。然而，由瑞士型权利要求的撰写格式可知，“治疗Y病”虽然依附于“药物”上，但其并不参与“药物”的制备过程，对“药物”本身也不构成限定性作用，从

[1] France Court of Cassation. Judgment of the Cour de cassation (court of cassation), commercial division, dated 26 October 1993 [J]. Official Journal of the European Patent Office, 1995 (4): 252-257.

而与“制药用途”无关。这也是荷兰专利局上诉处对那些以治疗用途体现瑞士型权利要求新颖性的做法持有否定态度的原因所在。

（二）满足充分公开的条件在理论上较为复杂

从最高人民法院[1]关于发明专利名称为“抗生素的给药方法”的再审裁定来看，瑞士型权利要求主张的是制药用途（特征②），这在业界已经达成共识。由于主张制药用途，其自然涉及以“物质 X”（原料物质）、工艺步骤、工艺条件以及“药物”（目的物质）为必要技术特征的制备方法。

关于制备方法的充分公开，《专利审查指南 2010》第二部分第十章第 3.2 节作出了明确解释：“（1）对于化学方法发明，无论是物质的制备方法还是其他方法，均应当记载方法所用的原料物质、工艺步骤和工艺条件，必要时还应当记载方法对目的物质性能的影响，使所属技术领域的技术人员按照说明书中记载的方法去实施时能够解决该发明要解决的技术问题。（2）对于方法所用的原料物质，应当说明其成分、性能、制备方法或者来源，使得本领域技术人员能够得到。”

上述解释与《专利法》第 26 条的规定相适应，因此常被当作制备方法发明充分公开的基本标准。这符合人们对于一项权利要求的基本理解——权利要求主张什么，说明书就要充分公开什么。否则，将导致权利要求不清楚、不完整，进而无法被本领域技术人员所实施。

根据上述内容可知，在瑞士型权利要求存在的情况下，说明书有必要对特征②予以充分公开，具体如下。①关于“物质 X”，应当公开其成分以及来源（商业渠道或者“制 X 方法”等），以使其处于容易获得的状态。②关于工艺步骤，应当衔接有序，避免相互颠倒。③关于工艺条件，应当将相关参数（包括温度、时间、催化剂等）进行公开，以使制备过程容易被掌握和实施。④关于“药物”，应当公开其鉴定手段，以使其能够被本领域技术人员所确认；除此之外，由于“药物”被用来“治疗 Y 病”，因此，还需要公开其临床试验数据，以证明由“物质 X”制备的“药物”在临床上是安全的，能够被稳定用

[1] 最高人民法院（2012）知行字第 75 号再审裁定书。

于生理机体的疾病治疗而不产生毒副作用。

关于上述特征②的充分公开，尤其需要提及的是临床试验数据。瑞士型权利要求主张将“物质 X”制备成“药物”，让“药物”来“治疗 Y 病”，而不是让“物质 X”来“治疗 Y 病”。因此，临床试验数据对于“药物”的充分公开是必要的，这一必要性在专利名称为“胃肠基质肿瘤的治疗”的无效审理案件中被合议组予以了充分解释，其认为：“‘治疗 Y 病’应当被理解为‘有效治疗胃肠基质肿瘤患者’，如果所述化合物不能有效治疗胃肠基质肿瘤患者，对该化合物的该医药用途予以保护是没有意义的。”❶ 合议组的这一观点也得到了北京知识产权法院的认可，其认为：“对于医药用途专利（瑞士型权利要求）而言，不仅应对疾病的体外细胞、动物模型实验有效，还应当达到有效治疗人体患者的程度。”❷

以下以疟疾的防治为例，解释临床试验数据对于“药物”（而不是“物质 X”）充分公开的必要性。疟疾的发生由疟原虫导致。在一项技术方案中，浓硫酸被证明可以杀灭疟原虫，但是，我们不能将浓硫酸直接应用于人体，这会在消灭疟原虫的同时造成机体灼伤，损害生理机能，弊大于益。因此，在这项技术方案中，浓硫酸不能被称为“药物”，而应当被称为活性成分，其属于“物质 X”的范畴。将这个案例套在瑞士型权利要求中，可形成“浓硫酸在制备治疗疟疾的药物中的应用”这一撰写格式。由该格式可知，浓硫酸最终被制备成了“药物”，而这个“药物”可以用于治疗疟疾，这就说明由浓硫酸制备的“药物”，其内涵应当符合上述欧洲《公共卫生法》或者我国学界对于药物的定义。也就是说，其应当通过临床试验验证，否则不能在瑞士型权利要求中被称作“药物”。这一案例也告诉我们，由浓硫酸制备药物的方法（制药用途）与制备浓硫酸的方法（制 X 用途），并不是一回事。

医药研发是一个由“物质 X”发展到“药物”的过程，其存在两

❶ 国家知识产权局第 27371 号无效宣告请求审查决定书，决定日 2015 年 11 月 26 日。

❷ 北京知识产权法院（2016）京 73 行初 985 号行政判决书。

个阶段：基础研究和临床研究。这两个阶段是相对独立的。基础研究集中在菌毒、细胞、组织或者器官等层面，以探索“物质 X”是否具有生物活性（是否具有“治疗 Y 病”的潜力）。临床研究则集中于人体层面，以确证“物质 X”能否被制备成“药物”并明确用于“治疗 Y 病”。由此可见，基础研究一般只涉及“物质 X”及其药学潜力，并不探究“物质 X”最终能否被制备成“药物”，以及怎样将“物质 X”制备成“药物”。临床试验数据的重要性是相对于“药物”而言的，但其并不必要地存在于基础研究层面。

实际上，在我国高校、科研院所中，从事基础研究层面医药研发的科学工作者不在少数，科研成果的产出量也较多。为了鼓励发明创造，当“物质 X”在基础研究层面被证明具有某种生物活性时，《专利法》是允许人们将这种科研成果进行专利保护的。然而，以瑞士型权利要求来实现这种基础研究层面的成果保护，似乎有些困难。因为，根据《专利法》第 26 条的规定，权利要求书应当以说明书为依据，但是瑞士型权利要求既包含了技术特征“物质 X”，又包含了技术特征“药物”，而基础研究层面又不涉及“药物”及其“制药过程”，从而会存在这样一个问题——瑞士型权利要求所声称的“药物”及其“制药过程”等技术特征并不能从说明书中获得支持。本领域技术人员根据瑞士型权利要求所声称的技术方案，并不能将“药物”制备出来。

由上述分析可知，在基础研究中，专利申请人能够掌握的试验数据相对有限，这些数据可能仅涉及“制 X 用途”（包括“物质 X”的制备、鉴定以及生物活性），而不涉及“制药用途”（包括“药物”的制备、鉴定以及治疗用途）。因此，为“物质 X”的生物活性主张医药用途，是存在门槛的。从理论上来讲，满足瑞士型权利要求充分公开的条件还是较为复杂的，至少从基础研究层面是难以实现的。

（三）给药特征的“借壳”保护致其格式更加复杂

在临床研究过程中，越来越多的研究人员意识到，在新的适应证

（治疗用途）之外，药物的使用方法对治疗效果也会产生影响[1]，这些对药物的使用方法涉及给药对象、给药频次、给药形式、给药途径、给药剂量以及给药时间等给药方式（或称“给药特征”）。为了给这些给药特征寻求专利保护，人们将目光集中在了瑞士型权利要求上，并形成了一种新的撰写格式[2]：“一种物质 X 在制备治疗 Y 病的药物中的应用，其特征在于，该药物的给药方式为：……”

给药特征能否被授予专利权，一直以来都是业界争论的焦点。一种观点认为，给药特征对瑞士型权利要求的限定造成了新颖性在获取方式上的变化，从而影响瑞士型权利要求的专利性审查、专利保护范围的确定和专利侵权的界定。[3] 另一种观点认为，由于给药特征未对产品的组成、结构带来任何实质的影响，通常不能使独立权利要求具备新颖性。[4] 还有观点认为，关于给药特征的保护，实质上是一个涉及国家政策导向的问题。[5]

相对于治疗用途而言，给药特征毕竟算是个新事物，其是否应当被授予专利权，还有待于进一步地考证和发展。本文所关心的是，给药特征向瑞士型权利要求“借壳”用以实现自身的专利保护，是否将撰写格式推向更为复杂的深渊？答案是肯定的。因为，给药特征是从“治疗 Y 病”中延伸出来的内容，其在表达意思上偏离治疗用途，而倾向于“给药用途”，这就使得瑞士型权利要求变得更加怪异——一项权利要求中包含了三种用途：治疗用途、给药用途以及制药用途。这种复杂性是难以想象的。如果绕过治疗用途和制药用途，仅对给药用途予以充分公开，恐怕并不符合当前的专利审查标准，也会使审查

---

[1] 陈哲锋．瑞士型权利要求的发展和借鉴［D］．上海：华东政法大学，2010：5.

[2] 彭晓玲．浅论物质制药用途权利要求的可专利性［J］．科技与法律，2010，88（6）：59-61.

[3] 潘满根．医药用途权利要求在我国的现状［J］．中国发明与专利，2014（11）：82-85.

[4] 彭晓玲．浅论物质制药用途权利要求的可专利性［J］．科技与法律，2010，88（6）：59-61.

[5] 彭晓玲．案析用药特征在制药专利中的作用［J］．中国发明与专利，2011（4）：78-80.

员陷入两难的境地——一边要追随国家对给药特征的政策导向，一边还要兼顾写在《专利审查指南 2010》中的审查标准。这种复杂的撰写格式写起来简单，却给审查员带来数倍于一般权利要求的审查困难，而如果审查员对申请文件的公开程度提出相应的质疑，这种困难则像皮球一样被踢给了专利申请人。

四、瑞士型权利要求的各国/地区现状

（一）已被欧洲废止

上述新颖性等法律困境的凸显，致使医药用途的专利保护变得愈发割裂，这造成了人们对瑞士型权利要求的反感，对其的抵制情绪也在欧洲逐渐蔓延。与此同时，EPC 缔约国开始陆续对瑞士型权利要求的新颖性提出质疑，Bristol Myers Squibb Co. 诉 Baker Norton Pharmaceuticals Inc. 一案❶更是扭转了英国高等法院此前的肯定态度，转而否定瑞士型权利要求的新颖性。由于瑞士型权利要求给侵权法庭（infringement court）留下了棘手的问题，英国高等法院甚至不得不建议欧洲专利局“重新考虑关于瑞士型权利要求有效性的决定”。这种陆续对瑞士型权利要求新颖性的质疑和否定，使得第二医药用途的专利保护又一次处在悬空状态。这次悬空以 EPC 各缔约国否定瑞士型权利要求新颖性的裁决为时间起点，参差不齐地在各自领域内延续。为了遏止第二医药用途专利保护的悬空状态，寻求一种更为合理的保护方式已然上升为欧洲各国的根本诉求。

在这种情形下，对 EPC 1973 的修订被提上日程。2000 年 9 月 5 日至 7 日，欧洲专利组织行政委员会（Administrative Council of the European Patent Organisation）在慕尼黑举行了第 81 次会议，与第二医药用途相关的提案被瑞士代表团率先提出。该提案❷指出，应当为

❶ Patents Court. Bristol-Myers Squibb Co. v. Baker Norton Pharmaceuticals Inc. [J]. Reports of Patent, Design and Trade Mark Cases, 1999, 116 (7): 253-281.

❷ CA/PV 81: Minutes of the 81st meeting of the Administrative Council (Munich, 5-7 September 2000).

具备后续特定医药用途的已知物质提供与瑞士型权利要求相等同的保护范围，目的是消除医药用途在专利申请中所面临的法律不确定性。从法条上来看，这一提案的核心是在 EPC 1973 的基础上引入新的第 54（5）条，赋予已知物质在具备后续特定医药用途时的新颖性。经过前期大量的意见收集等准备工作，2000 年 11 月 20 日，关于修改 EPC 的外交会议在德国慕尼黑举行，会议采纳了瑞士代表团基于第二医药用途的相关提案[1]，并在新修订形成的 EPC 2000 中形成了关于首次医药用途的第 54（4）条和关于第二医药用途以及进一步医药用途的第 54（5）条[2]，从而为具备第二医药用途的已知物质赋予了新颖性。这使得第二医药用途变得跟首次医药用途一样，均可以采用产品权利要求来实现专利保护。

EPC 2000 使瑞士型权利要求变得不再必要，并逐渐失去了应用价值。2010 年 2 月 19 日，欧洲专利局扩大申诉委员会作出 G 02/08 号决定，不再承认瑞士型权利要求的合理性。至此，拥有将近 25 年历史的瑞士型权利要求被宣告终结。

（二）仍被我国沿用

瑞士型权利要求在欧洲终止后，我国尚未对其采取任何限制性措施。可能是基于如下两点原因。第一，EPC 2000 给予已知物质新颖性的例外，纯粹是从实用的角度出发，并不符合专利理论的逻辑[3]。因为，新的医药用途并不能改变已知物质的理化性质使其成为新的物质，因而对已知物质构不成限定性作用，无法为其取得新颖性。基于这种考量，我国自始至终对已知物质的新颖性持有否定态度，只允许人们诉诸以用途权利要求来保护物质的医药用途。第二，由于我国

[1] European Patent Office, “MR/18/00: Basic Proposal—explanatory notes—Article 54（4）and Article 54（5）EPC”（European Patent Office, Munich 2000）.

[2] EPC 2000 Art. 54（5）: Paragraphs 2 and 3 shall also not exclude the patentability of any substance or composition referred to in paragraph 4 for any specific use in a method referred to in Article 53（c）, provided that such use is not comprised in the state of the art.

[3] 张清奎．试论发明尤其是化学领域发明的新颖性［G］//中国专利局专利法研究所．专利法研究 1996．北京：专利文献出版社，1996：35-55.

《专利法》也将“疾病的诊断和治疗方法”排除在可授予专利权的客体之外（第 25 条），因此，在面临医药用途的专利保护问题时，除了瑞士型权利要求，我国尚没有行之有效的替代方案。

值得一提的是，在专利的授权程序中，现有的审查标准似乎并未对临床数据作出硬性要求，只要说明书中记载的内容足以证明“物质X”具备体外活性，那么这种专利在一般情况下均可获得授权。[1] 这也同时说明了，当前的审查标准也未对“药物”及其“制药过程”作出硬性要求。不过，正如上文的分析所述，满足瑞士型权利要求充分公开的条件毕竟是较为复杂的，尤其对于基础研究层面的成果专利而言是难于实现的。因此，关于瑞士型权利要求的使用，可实际理解为一种关于医药用途的专利特例。但不可否认的是，这种特例与《专利法》第 26 条之间确实存在着一些矛盾。这些矛盾应当被逐步解决。

（三）未被美国采纳

“疾病的诊断和治疗方法”在美国是可以被授予专利权的，其在权利范围之内仅对医生在医学活动中的使用予以免责。[2] 因此，美国不必采用瑞士型权利要求来为医药用途寻求专利保护，其权利要求的撰写格式也较为简洁和明朗：“一种治疗 Y 疾病的方法，其特征在于，物质 X……”例如，在一项辉瑞公司的发明专利（US15754650）中，涉及医药用途的权利要求可以被撰写为“A method of treating a disease…”（权利要求 10），即保护一种疾病的治疗方法，所述疾病包括全身性红斑狼疮、狼疮性肾炎、类风湿性关节炎、牛皮癣或特应性皮炎等。

这种撰写格式将“物质 X”与“药物”进行了剥离，并不要求说明书公开“药物”的制备过程，只需要公开“物质 X”的来源即可。但有一点也需要指出：既然“物质 X”可以用于“治疗 Y 病”，那么，说明书中应当公开“物质 X”的临床试验数据，而不能简单局限于菌

[1] 徐丹．从授权和确权两个视角解读制药用途权利要求［J］．中国发明与专利，2019（3）：116-120.

[2] 潘满根．医药用途权利要求在我国的现状［J］．中国发明与专利，2014（11）：82-85.

毒、细胞等层面的基础研究数据。否则，以上述充分公开的标准来看，其撰写格式中所表达的内容（“由物质 X 治疗 Y 病”）依旧难以从说明书中获得支持。

五、瑞士型权利要求的存废建议

医药用途发明的价值就在于发现物质 X 具备新的适应证，而不是在于提供物质 X 的一种新的制备方法。[1] 因此，以用途限定产品的制备方法来为医药用途寻求专利保护，自然会呈现出各种法律困境。这些困境是内源性的，是由瑞士型权利要求的撰写格式决定的，并不能通过给予更多的法律解释来消除。从而，主张“制药用途”却不保护“制药用途”，又不在说明书中公开制药过程，这就偏离了《专利法》第 26 条第 3 款的本意，着实令人难以理解。

为此，本文认为，将瑞士型权利要求用于实现医药用途的专利保护，并不是一种理想的选择，应当适时废除。当然，由于目前还没有可行的替代方案，又或者牵扯到给药特征的专利保护，其实施起来也绝非一件容易的事情。在此基础上，本文将提供一些粗浅的观点和建议，以期为医药用途的专利保护事业和改革添砖加瓦。

（一）对“疾病的诊断和治疗方法”提出新的理解

“治疗 Y 病”（治疗用途）一直被业界视为“疾病的诊断和治疗方法”。而“疾病的诊断和治疗方法”是不能被授予专利权的，《专利审查指南 2010》第二部分第一章第 4.3 节中也给出了相应的解释：“出于人道主义的考虑和社会伦理的原因，医生在诊断和治疗过程中应当有选择各种方法和条件的自由。另外，这类方法直接以有生命的人体或动物体为实施对象，无法在产业上利用，不属于专利法意义上的发明创造。”因此，一项权利要求如果被表述为“物质 X 的用途，其特征在于，用于治疗 Y 病”，自然也是无法被授予专利权的。

根据《专利审查指南 2010》第二部分第一章第 4.3 节的规定，

[1] 尹新天．中国专利法详解［M］．北京：知识产权出版社，2011：347-348.

“疾病的诊断和治疗方法”指的是以有生命的人体或者动物体为直接实施对象，进行识别、确定或消除病因或病灶的过程。更为具体地，“诊断方法”是指为识别、研究和确定有生命的人体或动物体的病因或病灶状态的过程（第 4.3.1 节）；“治疗方法”是指为使有生命的人体或者动物体恢复或获得健康或减少痛苦，进行阻断、缓解或者消除病因或病灶的过程（第 4.3.2 节）。

通过上述内容不难发现，诊断方法主张的是了解病因的过程，治疗方法主张的是消除病因的过程，两者均涉及“过程”，是“方法”的归属。例如，在不能被授予专利权的诊断方法案例中，其包括血压测量法、诊脉法、足诊法、X 光诊断法、超声诊断法、胃肠造影诊断法、内窥镜诊断法、同位素示踪影像诊断法、红外光无损诊断法、患病风险度评估方法、疾病治疗效果预测方法以及基因筛查诊断法等（第 4.3.1.1 节）；在不能被授予专利权的治疗方法案例中，其包括外科手术治疗方法、药物治疗方法、心理疗法、护理方法、免疫方法、药物使用方法、消毒方法以及人工呼吸方法等（第 4.3.2.1 节）。这些内容均将“疾病的诊断和治疗方法”指向将药物用于诊断 Y 病或者治疗 Y 病的“方法”。

问题在于，“治疗 Y 病”属不属于“方法”?

单纯就“方法”而言，在治疗过程中，对病人施以何种药物，或者施以何种方式的治疗——包括给药途径、给药剂量、给药时间等方式，才能算是治疗方法，这些都可以由医生来决定。如果对医生的上述施治方法横加干涉，那么对病人来讲是不人道的。但是，“治疗 Y 病”是“药物”本身的一种属性，其表达的是一种治疗上的“目的”，是一种事实结果。它是一种用途的表达方式，而不是一种方法或过程的表达方式。换而言之，从众多“治疗 Y 病”的药物中选用哪种药物来为病人施治，是医生能够决定的；但是，对于某种药物本身能否被用于“治疗 Y 病”，则体现了药物的属性，其并不能由医生所决定，外人也就自然无法对这种属性进行干预。因而，笔者认为，“治疗 Y 病”体现的是“药物”的治疗用途，其不应当被视为一种“治疗方法”。

从上述角度来讲，“疾病的诊断和治疗方法”在内涵上表达了医生在为病人诊治过程中所采用的医学手段或方法；而“治疗Y病”在内涵上则体现为“药物”本身的属性，是在治疗用途上的表达。将“治疗Y病”归属为“疾病的诊断和治疗方法”，似乎是不太合适的。因此，将权利要求直接写成“物质X的用途，其特征在于，用于治疗Y病”等类似的撰写格式，以充分体现治疗用途（而不是治疗方法），也似乎是可以考虑被接受的。当然，这只是笔者的一种独立观点，需要与业界学者进行充分探讨，而非贸然实践。

若依上述观点之所见，实际可以从专利审查指南层面作出一定的修改：在《专利审查指南2010》第二部分第一章第4.3节中，对治疗用途的内涵进行补充说明，并将治疗用途归属为第4.3.2.2节所述的“不属于治疗方法的发明”当中。以此来明确治疗用途的含义，从概念上实现其与“疾病的诊断和治疗方法”的区分，推动医药用途的专利保护向前发展。

（二）基础研究的成果专利应避免涉及“治疗Y病”

基于上文中的观点——“治疗Y病”等用途性特征不再被认定为“疾病的诊断和治疗方法”，诸如“物质X的用途，其特征在于，用于治疗Y病”等类似的撰写格式将不会因涉及“疾病的诊断和治疗方法”而被实质审查程序所否定。但是，该撰写格式还存在另外一个问题：能“治疗Y病”的是“药物”，而不是“物质X”，因为体外活性数据仅能被用于证明“物质X”存在一定的药用前景，但不能被用于证明其可以取得“治疗Y病”这一临床结果；因此，在基础研究的成果专利中，涉及“治疗Y病”的权利要求是较难得到说明书支持的。这在上文中已经给出相应的分析。

为了契合《专利法》第26条第4款的规定，在专利申请文件无法提供“制药过程”以及临床试验数据的情况下，应当尽量避免在权利要求中涉及“治疗Y病”这一技术特征，以使权利要求中的每一个技术特征都能够从专利法层面得到说明书的支持。

在这种情况下，如何对“物质X”所展现出来的生物活性进行专利保护呢？本文试图为“物质X”在医药方面的用途提供一种保护思路，以呈与业内学者了解，并希冀于后续的探讨——可以采取一种新的权利要求撰写格式，例如，“物质 X 的用途，其特征在于，用于抑制 Z 致病因素”或与之相关的表达形式，其中，在针对不同的致病因素时，“Z 致病因素”可被替换为相应的“M 肿瘤细胞”“N 病毒”“R 细菌”等。

从专利适格性的角度来讲，只有“药物”才可能牵扯到“疾病的诊断和治疗方法”；对于“物质 X”而言，其对于某种致病因素的抑制仅展现了某种医学潜力，尚未达到对医学个体的诊疗程度，因此与“疾病的诊断和治疗方法”无关。从充分公开的角度来讲，由于其并不涉及“药物”这一技术特征，因此，说明书并不需要对临床试验数据予以公开，只需要从基础研究层面公开“物质 X”的生物活性即可。从可专利性的角度来讲，其新颖性和创造性就体现在“物质 X”被发现具有一种新的生物活性，其实用性则体现在这种新用途的发现为未来医学的发展提供了参考方向和价值基础。

令人易于接受的是，这种撰写格式比较简洁，通俗易懂，能够较为容易地被说明书所支持，其不仅充分体现了对基础研究成果的重视和保护，也能够为后期的临床研究提供相应的法律保障。

六、结　语

对医药用途的探索惠及人们的生命健康和福祉，给予相应的专利保护并不是一件过分的事情，应当予以充分鼓励。从这一角度来讲，瑞士型权利要求的初衷是好的。不过，其作为一项权利要求，理应与《专利法》第 26 条相互契合，但现实情况却不能尽如人意，一方面在于其撰写格式的复杂和令人费解，另一方面在于其内涵与表达上的相互分离，而这并不是人们希望看到的结果。随着无效宣告和诉讼时代的持续推进，瑞士型权利要求终究是难以满足人们对医药用途在专利上实现有效保护的要求，其被废止的进程也可能在越来越多的呼声中被逐步推近。这一有预见性的结果不能不引起我们的注意，毕竟当前依旧没有行之有效的替代方案，以使悬在半空的医药用途能够在专利世界中踏实落地。这种困境可能还将持续，直至一种简洁、有效、符合人们认知和要求的保护形式出现，又或者是，在法条上给予相关特例或改革。但这种困境不应持续太久，更不应阻碍医药用途专利的前进与发展。

ISSCR 2021年新版《干细胞研究和临床转化指南》译介及其对我国涉人类胚胎和干细胞研究相关发明专利伦理道德审查的启示

王大鹏❶

摘　要

2021年，ISSCR发布新版《干细胞研究和临床转化指南》，就类器官、胚胎培养、胚胎模型、体外衍生配子（人造精子或人造卵子）、嵌合胚胎、线粒体替代技术、线粒体基因编辑和生殖系基因组编辑等一系列新兴技术的相关伦理审查

❶ 作者单位：国家知识产权局专利局专利审查协作北京中心。

给出最新指导意见。我国关于人类胚胎和干细胞研究领域相关发明专利的伦理道德审查已经走过了 20 年历史，审查中面临的主要疑难点已经从最开始聚焦于“人胚胎的工业或商业目的的应用”逐渐向更加复杂和精细的方向发展。面对与这些新兴技术相伴生的新型伦理问题，国务院专利行政部门必须给出相应的伦理答案。2021 年新版《干细胞研究和临床转化指南》的推出，会大大促进我们对相关伦理问题的思考。

关键词

ISSCR 《干细胞研究和临床转化指南》 人胚胎 胚胎干细胞 伦理道德 社会公德 伦理审查

引　言

生物医学研究及其临床转化的主要使命就是减轻和预防人类疾病和伤害，其中，人类胚胎和干细胞研究在推进对人类遗传发育和疾病的理解方面已经显示出巨大的希望。但是，其又非常敏感和特殊，常常因为触及生物伦理问题而需要受到伦理的规范和制约。生物伦理是确保相关生物医学研究遵循科研伦理的基础，用来规范创新主体的各级研究，包括基础研究、临床前试验、临床试验和临床应用。

在该领域，影响最大、最受关注的生物伦理规则无疑是国际干细胞研究协会（ISSCR）制定的《干细胞研究和临床转化指南》，其代表着该领域科研伦理国际协调的基本框架。随着最近的 5～10 年人类胚胎和干细胞研究的飞速进展，2016 年既有的伦理指南已经明显跟不上相关科学研究前进的步伐，科学家、伦理学家、法学家们对 ISSCR 发布最新指南翘首以待。2020 年底，英国《自然》杂志展望 2021 年最值得关注的科学事件即包括 ISSCR 发布最新指南。

ISSCR 于 2021 年 5 月 26 日正式发布 2021 年新版《干细胞研究

和临床转化指南》[1]（以下简称“2021 年新版指南”）。2021 年新版指南直面该领域的最新进展，为相关研究提供了科学和伦理上更合理的指导，就类器官（organoid）、胚胎培养期限、基于干细胞的胚胎模型、体外衍生的配子（人造精子或人造卵子）、嵌合胚胎（chimeric embryo）、线粒体替代技术（mitochondrial replacement techniques，MRT）、线粒体基因编辑、生殖系基因组编辑等一系列难题，明确给出了最新的指导意见。

为完成此次指南修改，人类胚胎和干细胞研究领域的各国科学家、伦理学家和法律专家进行了为期 2 年的合作。2021 年新版指南也由来自 14 个国家的科学家和伦理学家进行了同行评审。从相关报告可以获悉，我国参与该项工作的伦理学家、科学家包括北京协和医学院的翟晓梅教授、北京大学的丛亚丽教授、北京大学生物医学前沿创新中心的汤富酬教授等，她（他）们分别参与了 ISSCR 不同工作组的工作。

2021 年新版指南推出以后，舆论普遍认为，此次指南修改不仅是一次重要的更新，更是一次重大的修订：相对于旧指南，新指南作出了一系列重要改变，从而把对人类胚胎和干细胞基础研究和临床转化的伦理规范推向了一个新的高度。ISSCR 指南工作组主席、英国弗朗西斯·克里克研究所干细胞生物学和发育遗传学部门主任罗宾·洛威尔·巴奇（Robin Lovell-Badge）也称，新的修改会增强研究人员、临床医生和公众的信心，使他们相信干细胞科学能够以负责任的、合乎伦理的方式进行。

下面，笔者就对新指南的主要修改内容进行详细的分析介绍，并结合我国发明专利伦理道德审查的最新标准和最新审查实践，分析其中待决问题，探索相关可资借鉴和明确之处。

---

[1] ISSCR Guidelines for Stem Cell Research and Clinical Translation，Version 1.0，May 2021.

一、ISSCR 2021 年新版指南的全新变化和内容解析

2021 年新版指南开篇第一章即基本伦理原则，该伦理原则与 2016 年《干细胞研究和临床转化指南》（以下简称“2016 年指南”）保持一致，包括以下五点：研究机构的诚实正直；将患者/参与者福祉置于首要地位；尊重患者和研究对象；透明度；社会和分配的公正。这些原则构成我们思考该领域所有伦理问题的重要基石和重要遵循，并具体体现在如下的研究类型或伦理审查的分类处理之中。

（一）关于人类胚胎和干细胞研究类型/审查类型的分类

ISSCR 指南中，实验室研究与临床转化研究是分别独立成章的。换言之，指南对基础研究与临床研究始终是区分对待的。2021 年新指南将所有人类胚胎和干细胞的实验室研究（基础研究）分为以下三大类（类型 1、类型 2、类型 3）和五小类（类型 1A、类型 1B、类型 2、类型 3A、类型 3B）[1]。

1. 类型 1：一般免予审查的研究类型

类型 1A：可以免除或无需特定的审查或监管。此类研究包括：①大多数的体外多能干细胞研究（例如针对多能干细胞进行体外分化研究或者为验证其多能性而进行其形成畸胎瘤的常规实验）；②人类体细胞的重编程研究，涉及使用合法来源的人类胎儿细胞或组织的研究；③大多数的体外类器官研究；④以及涉及将人类干细胞；⑤其衍生物或其他人类细胞转移入出生后的动物宿主的研究等。这些研究通常仅涉及人类细胞或组织的获取，满足知情同意这一条件即可，无需伦理审查。

类型 1B：虽然需要备案或报告至监管部门，但通常也无需特定的审查或监管，一般免予审查。此类研究包括：①基于干细胞的不完

[1] LOVELL-BADGE R，ANTHONY E，BARKER R A，et al. ISSCR Guidelines for Stem Cell Research and Clinical Translation：The 2021 update［J］. Stem Cell Reports，2021，16（6）：1-11.

全型胚胎模型（不能进行胚胎的完全发育）；②嵌合胚胎（将人类细胞整合入非人动物胚胎）的体外培养；③并不用于受精或产生胚胎的体外配子产生技术等。

2. 类型 2：需要专门的伦理审查、审批和监管，经审批同意以后才可以开展研究

此类研究包括：①体外研究中的人类胚胎获取和人类配子获取［比如体外受精（IVF）胚胎的获取或人类精卵细胞的获取］；②从人类胚胎衍生各种细胞系［包括但并不限于人类胚胎干细胞（hESC）等多能细胞系］；③人类胚胎或配子的遗传改变或遗传修饰；④为研究目的体外培养人类胚胎至原胚条形成或受精以后 14 天之前，以先到者为准；⑤将人类细胞转移入非人胚胎并孕育在非人动物子宫（涉及将嵌合胚胎植入动物宿主）；⑥基于干细胞的完全型胚胎模型；⑦将经过线粒体替换后的人类胚胎转移入人类子宫；⑧体外从任何祖细胞类型产生人类配子并受精和产生人类受精卵和胚胎；⑨体外产生具有支持胚胎发育的全部发育潜能的全能干细胞的研究等。

3. 类型 3：代表被禁止的研究活动

类型 3A：由于目前尚不安全而不被允许。此类研究包括：①生殖目的的可遗传基因编辑（编辑人类胚胎的核基因组并将编辑后的胚胎植入子宫孕育）；②将线粒体 DNA 修饰的胚胎（不包括线粒体替换的胚胎）转移入子宫；③使用来源于人类干细胞的分化配子（包括精子和卵子）进行生殖。

类型 3B：此类研究由于目前尚缺乏科学合理性或由于直接违背人类伦理等原因，国际上已经取得广泛一致而不允许。其包括：①孕育由人类干细胞产生的胚胎模型（这里的胚胎模型包括任何完全型和不完全型胚胎模型，孕育则既包括在人体子宫孕育，也包括在动物子宫孕育）；②将人-动物嵌合胚胎转移入人或非人灵长类动物子宫；③人生殖性克隆；④杂交或繁殖可能含有人类生殖细胞的人-动物嵌合体（human-animal chimera，即在动物嵌合体中掺入的人类细胞有可能形成人类配子的情况下将该动物用于繁殖交配）；⑤将任何来源的人类胚胎转移入动物子宫等。这些研究均因为严重违背人类伦理而被严格禁止。

需要注意的是，此次指南修改中，在类型 3 的研究中，去除了 2016 年指南予以禁止的研究活动类型“培养人类胚胎或组织化的类胚胎结构超过 14 天或至原胚条形成，以先到者为准”（14 天规则），转而将其移入类型 2 的研究之中，并且，该类型 2 的研究也仅针对人类胚胎，不再包括类胚胎结构（胚胎模型）[1]。可以看出，此次修改的重要改变之一即为 14 天规则相关审查类型的改变。

（二）胚胎培养与“14 天规则”

“14 天规则”于 1979 年被首次提出，此后经过了几十年发展。据 2020 年一项调查研究表明，在 22 个人类胚胎研究最为集中的国家中，“14 天规则”已经在世界上被广泛接受为是对人类胚胎体外培养的一种合理限制[2]，是与人类胚胎道德地位相适的一种妥协。在 2016 年之前，技术上的原因导致人类胚胎的培养还不能实际做到或真正实现超过 14 天。

2016 年，Deglincerti[3] 和 Shahbazi[4] 为首的两个独立的研究小组宣布它们已经能够在培养皿中培养人类胚胎长达 13 天，并按照不能超过 14 天的标准终止了实验。由此体外培养植入前人类胚胎的时间已经推进至第 13 天，也就是说，已经无限接近于原肠胚形成时期。

---

[1] 2016 年指南有关“14 天规则”的原文是“the culture of human embryos or organized embryo-like structures beyond 14 days，or formation of the primitive streak，whichever occurs first”，即其既包括对人类胚胎不能超过 14 天培养的限制，也包括对类胚胎结构不能超过 14 天培养的限制。2021 年新版指南，不仅将其由类型 3 转入类型 2，相应表述也变为“Research involving the in vitro culture of human embryos where embryos are maintained in culture until the formation of the primitive streak or 14 days from fertilization，whichever occurs first”，明显删除了对类胚胎结构不能超 14 天培养的限制。

[2] MATTHEWS K R，MORALI D. National human embryo and embryoid research policies：a survey of 22 top research-intensive countries. [J]. Regenerative Medicine，2020，15（7）：1905-1917.

[3] DEGLINCERTI A，CROFT G F，PIETILA L N，et al. Self-organization of the in vitro attached human embryo [J]. Nature，2016，533（7602）：251-254.

[4] SHAHBAZI M N，JEDRUSIK A，VUORISTO S，et al. Self-organization of the human embryo in the absence of maternal tissues [J]. Nature Cell Biology，2016，18：700-708.

发展至 2019 年，科学家又将猕猴胚胎培养至受精后第 20 天[1]，这一进展已经完全超越了对应于人类胚胎培养的 14 天期限和原肠胚形成时期。并且，在 2021 年 4 月，最新研究进展显示，人猴杂交胚胎已经实现成功培养长达 21 天。至此，已经基本可以认为，人类胚胎体外培育技术已经达到了可以成功培养 14 天以上的新阶段。

由此，在科学家中就出现了很多要求延长甚至废除 14 天期限的呼声。[2] 支持进行 14 天规则修改的主要理由是：延长体外胚胎培养的 14 天期限，可以帮助我们了解对人类胚胎发育至关重要的几个"黑盒子"阶段，对其进行研究可以更好地理解人类的发育，让科学家了解为什么有些妊娠会失败，从而减少新生儿流产和出生缺陷；可以提供用于验证基于干细胞的胚胎模型的对照材料，从而将自然胚胎延长培养与基于干细胞创建的胚胎模型进行比较，以便减少未来对人类胚胎研究的直接需求；其还有助于对人类生殖各种方法的安全性和有效性提供更加彻底的分析，比如那些现在应用于 IVF 中的方法、未来即将引入的线粒体移植技术、生殖系基因编辑技术以及体外衍生配子技术等。当然，反对的声音也非常大。

对此强烈呼声与激烈争议，ISSCR 不能置身事外，其需要重新考虑长期以来对胚胎研究的一些限制，在新指南中给出一个明确的态度。为此，ISSCR 在为期 14 个月的研讨之后，对这一重要的生物医学研究准则作出了改变，以应对该领域的飞速进步。ISSCR 认为简单地全面禁止培育超过 14 天的人类胚胎可能会抑制重要的研究方向，

---

[1] MA H X，ZHAI J L，WAN H F，et al. In vitro culture of cynomolgus monkey embryos beyond early gastrulation [J]. Science，2019，366（6467）：eaax7890；NIU Y Y，SUN N Q，LI C，et al. Dissecting primate early post-implantation development using long-term in vitro embryo culture [J]. Science，2019，366（6467）：eaaw5754.

[2] 包括：HYUN I，BREDENOORD A L，BRISCOE J，et al. Human embryo research beyond the primitive streak [J]. Science，2021，371（6533）：998-1000；MCCULLY S. The time has come to extend the 14-day limit [J/OL]. Journal of Medical Ethics，2021，47（12）（2021-02-02）[2021-09-18]. https：//doi. org/10. 1136/medethics-2020-106406；WILLIAMS K，JOHNSON M H. Adapting the 14-day rule for embryo research to encompass evolving technologies [J/OL]. Reprod Biomed Soc Online，2020，10：1-9（2020-01-21）[2021-09-18]. https：//doi. org/10. 1016/j. rbms. 2019. 12. 002；et al.

因此在 2021 年新版指南中，其影响最大的一点修改就是将原来绝对禁止进行的类型 3 研究“体外培养任何人类完整的植入前胚胎超过 14 天或至原胚条形成”从类型 3 研究中去除，转而将其移入至类型 2，即需要专门审查的研究类别之中。

2021 年新版指南认为，就此争议，应积极促进公众参与和公众讨论，以便有条件允许。其特别呼吁指出，在人类胚胎培养技术的最新科研进展面前，希望各国的科学院、社会科学院、资方及政府监管部门等能够积极领导和组织公众对话，公开讨论开展此类研究的科学意义以及其可能所引发的社会、道德和伦理问题。当然，在此讨论过程之中，并不必然假定公众必定会支持延长 14 天期限，而是允许广泛认可多元社会价值。毕竟在历史上作为一项重要的政策，14 天规则曾培育了公众对科学研究的信任。如果经过广泛的公众对话，经过重新审视和深入讨论，公众广泛支持在严格的监督之下或严格的条件之下进行此类研究，当地政策与法律法规也允许将胚胎培养超过 14 天或至原胚条形成或原肠胚形成，则与此类研究相应的审查应被归入类型 2。审查中，必须慎重考量此类研究的科学目标是否支持应该将胚胎培养超过 14 天，并且确认如何使用最小数量的人类胚胎达成此类科研目标。研究人员培养胚胎的时间越长，相应监管和审查就会越严格。并且，公众意见应该是审查的一部分。

这里需要注意的是，“14 天规则”仅是从绝对被禁止的类型 3 中被移入应该专门审查的类型 2 中，并进行了必要的范围缩小（原来同时禁止胚胎和胚胎模型培养超过 14 天，2021 年新版指南仅关注胚胎本身），但 14 天的相关表述还在。2021 年新版指南并没有就胚胎培养明确指出取代或延长这一限制，即 ISSCR 并没有明确放弃“14 天规则”。关于此点，ISSCR 修改组重要成员阿曼德·克拉克（Amander Clark）也认为 ISSCR 2021 年新版指南并没有放弃“14 天规则”（“The ISSCR has not abandoned the 14-day rule.”），而是在个案上不再绝对强调胚胎培养 14 天期限的不可超越，建议对于 14 天后培养人类胚胎的研究应逐案考虑，并接受几个阶段的审查，以确定在什么时候必须停止实验。这是一种逐案而定的相对务实的态度，是在逐个案例、逐个实验的基础上权衡研究利益和相应的伦理问题。并且，ISSCR 2021 年新版指南也并没有就此简单地推出一个新期限，将该新期限简单地确定为另一个“×天”，也就是说，没有把这个问题与倡导另一个“×天规则”联系起来，以避免引发更大的争论。

同时，2021 年新版指南中，有关“14 天规则”之处，也不再提及胚胎模型或类胚结构。对于胚胎模型而言，鉴于受精并不是生成人类胚胎模型的起始点，“14 天规则”作为一种时间尺度，当面对基于干细胞来源的胚胎模型之时，其仅具有有限的价值，并不适于用来限制胚胎模型的培养时间。需要注意的是，这也仅限于胚胎模型的体外培养阶段，允许超过 14 天培养胚胎模型，并不等于允许其植入，还是坚决不允许将人类胚胎模型转移入人或动物子宫。

很多意见认为，新指南最终还是放宽了数十年来所坚守的“14 天规则”的时间限制，给科学家针对人类发育和疾病的研究提供了更大的回旋余地。比如纽约加里森·黑斯廷斯中心的生物伦理学家约瑟芬·约翰斯顿（Josephine Johnston）认为，放松 14 天的规定确实意义重大，并且它是以一种温和的方式完成的。

（三）基于人类干细胞建立的胚胎模型

ISSCR 2016 年指南中，胚胎模型经常被表述为类胚结构（embryo-like structures），2021 年新版指南中开始统一使用“胚胎模型”（embryo models）或“基于干细胞的胚胎模型”（Stem cell-based embryo models）的表述取代之前的“类胚结构”。近年来胚胎模型进展飞速，越来越多、越来越复杂、越来越有用的胚胎模型不断出现。

胚胎模型本质上即人类多能干细胞在体外培养之时［主要采用人类胚胎干细胞或人类诱导性多能干细胞（iPSC）］自发组织形成的类似人类早期胚胎的结构。其可以是 2D 结构，也可以是 3D 结构；可以模拟真正胚胎的不同时期，也可以模拟真正胚胎的不同侧面。胚胎模型同真正的人类胚胎相比，其实验室培养显然可以无限创造，因而首先表现为数量大，且无论在遗传表现上，还是在外在形态上，均存在较高的多样性。由于数量巨大，类别众多，加之命名混乱，因此对其理解出现巨大的差异。比如 2021 年多篇综述性文章即指出了当前就胚胎模型研究存在的混乱情况[1]：其常见名称包括类胚胎（embryoid）、合成胚胎（synthetic embryos）、人工胚胎（artificial embryos）、类胚胎合成人类实体（synthetic human entities with embryo-like features，SHEEFs）、类原肠胚（gastruloid）、类胚泡或类囊胚（blastoid）、诱导性类胚泡或类囊胚（iBlastoid）、PASE（post-implantation amniotic sac embryoid）以及类器官（organoid）、类羊膜（amnioid）、somitoid、ectotoid 等。对于这些最新的研究成果，一时之间，很多人既搞不清其含义，也分不清其区别，更勿论理顺其伦理审查。

可以看出，若想解决其伦理审查问题，就需要厘清各种不同胚胎模型的性质和特点，于一团乱麻中，抓住最为关键和核心的部分。2021 年新版指南中也很好地解决了这一问题——其首次提出根据胚胎的完全性程度进行胚胎模型的分类，从而来处理与其相关的伦理和科学审查问题。这种做法取代了之前根据发育为机体的潜能（organismal potential）来处理此类问题的方式。具体而言，其将人类胚胎模型区分为基于干细胞的不完全型胚胎模型（non-integrated stem cell-based embryo models）和基于干细胞的完全型胚胎模型（integrated stem cell-based embryo models）两种。两者的特性和伦理审查问题相差很大：对于不完全型胚胎模型而言，由于其组成中缺乏必要的胚外细胞类型，因此并不具有胚外膜结构，仅能模拟人类胚胎发育的某一特定方面或特定组织，即使尝试将其植入人或动物的子宫，也不会具有独立发育为人的合理预期；而完全型胚胎模型则不然，其全部来自干细胞系，而且组成中既包含胚内细胞类型，也包括胚外细胞类型，通常至少包括滋养层细胞（TSC）和胚胎干细胞（ESC），在适当的培

[1] 至少包括：MATTHEWS K R W，WAGNER D S，WARMFLASH A. Stem cell-based models of embryos：The need for improved naming conventions [J]. Stem Cell Report，2021，16（5）：1014-1020；POSFAI E，LANNER F，MULAS C，et al. All models are wrong，but some are useful：Establishing standards for stem cell-based embryo models [J]. Stem Cell Reports，2021，16（5）：1117-1141. 这些文章可以反映这一领域的复杂性。

养条件下，理论上，其复杂性足以支持其具有进一步的完全发育能力❶。

在法律地位和/或伦理地位上，基于干细胞建立的胚胎模型并不能等价于人类胚胎。ISSCR 指南所给出的理念就是，胚胎模型越完全，相应的伦理审查要求越高。但即便是完全型胚胎模型，其也不必受到针对真正人类胚胎的“14 天规则”的严格限制。在这一点上，其与真正的人类胚胎是不同的。为了进一步说明各种人类胚胎与不同胚胎模型之间的差异，可以进一步参照表 1❷。

表 1　不同胚胎或胚胎模型的定义及其所归属的研究类型（伦理审查类型）

胚胎类型	定义	研究类型/ 审查类型的分类
人类胚胎	由人类精卵细胞经受精产生［也包括人类辅助生殖（试管婴儿领域）领域中由体外受精（IVF 技术）产生的胚胎］	类型 2
人类孤雌胚胎	在人类胚胎的形成中并无精子的参与和贡献（通常所说的孤雌胚胎指代的是由卵细胞形成的二倍体孤雌胚胎）	类型 2
人类核移植胚胎	由人类体细胞和人类去核卵母细胞经核移植技术替换核基因组而形成（有时也称克隆胚胎）	体外研究归入类型 2；如果涉及体内孕育则落入类型 3B
基于干细胞的完全型胚胎模型	包含胚胎细胞和胚外细胞两种谱系的细胞，具有完全发育潜能	类型 2
基于干细胞的不完全型胚胎模型	包含胚胎细胞，但无胚外细胞，仅能模拟人类胚胎发育的特定方面或特定组织而非全部	类型 1B

❶　但即便如此，对于完全型胚胎模型，也有观点认为其毕竟源自干细胞系，并不是一个真正的人类胚胎（bona fide human embryos 或 genuine human embryos）。即便其最终被证明已经无限接近于后者，它们也不可能具有真正胚胎才具有的典型的表观遗传标记，并会失去某些对于可育胚胎而言必需的特定细胞状态。

❷　CLARK A T，BRIVANLOU A，FU J，et al. Human embryo research，stem cell-derived embryo models and in vitro gametogenesis：Considerations leading to the revised ISSCR guidelines［J］. Stem Cell Report，2021，16（6）：1-9.

续表

胚胎类型	定义	研究类型/ 审查类型的分类
嵌合胚胎（通常并不认为其属于人类胚胎）	转移人类细胞（多数情况下是干细胞，尤其是多能干细胞）至非人胚胎并对其进行体外培养所得到的胚胎	类型 1B

同时，为正确地反映胚胎模型的相关研究和应用，面对其术语概念表述纷乱的现状，ISSCR 指南鼓励和建议使用“胚胎模型”或者“基于干细胞的胚胎模型”这一术语来表述它，并明确指出尽量避免称之为“合成胚胎”、“人工胚胎”或“胚状体”。这一方面可以避免术语混乱，另一方面也避免因一些为新闻媒体所用的浮夸名称导致误解继续传播。

可以看出，ISSCR 并不认为胚胎模型属于真正的人类胚胎，明确指出其并非由受精或核转移而来，仅是通过多能干细胞系培养产生类似胚胎的结构而建立。利用这些胚胎模型进行研究可以在减少人类胚胎使用的基础上改善辅助生殖，提高对人类早期发育的理解等。2021 年新版指南根据胚胎模型的复杂性和发育能力对其进行分类审查，允许所有基于干细胞的胚胎模型研究，唯一禁止条件为“不可将此类模型移植到人类或动物的子宫”，以防止试图通过胚胎模型建立怀孕。2021 年新版指南为此类研究及审查建立了明确的标准，相对宽松和明确的标准将会大大激励后续的胚胎模型研究。

（四）体外衍生的配子

体外配子发生技术（in vitro gametogenesis/in vitro-derived gametes，IVG）提供了一个研究人类生殖细胞发育的机会，基于此科学家可以了解生殖细胞的印记是如何擦除、如何重置以及生殖细胞如何减数分裂——了解这些机制是治疗不孕不育和影响人类生殖的各种疾病、保障新生儿健康所必需的前提。

IVG 配子即体外由多能干细胞（主要是 ESC 和 iPSC）衍生获取的人造精子或卵子细胞。在动物上的研究已经显示，IVG 产生的精子可以与卵子受精，并产生胚胎和活产动物。随着动物 IVG 技术逐渐成熟，相关研究逐渐聚焦于人类 IVG 技术研究。有众多的原因推动人类体外衍生配子研究，包括但不限于：①IVG 可以推动研究和理解人类精子和卵子发育，这在过去被认为是很难研究的；②IVG 可以提供一种在比如癌症患者放化疗以后恢复生育能力的方法；③可以增加配子的研究供应，尤其是卵子的供应，从而可以在有关早期胚胎的研究中大大减少获取供体配子的需要；④IVG 可以提供一种对可遗传人类基因组编辑技术的研究路径，即其可以支持将体外衍生的配子以及胚胎模型等用于检测生殖系基因编辑技术是否能够有效纠正遗传疾病的相关研究。

2021 年新版指南区别了体外配子基础研究和人类生殖应用。[1] 如果人类 IVG 研究并不尝试将如此获得的配子（精子或卵子）进行受精和创建人类胚胎，则其仅属于 IVG 基础研究，并不需要经过特别的审查程序。同时考虑到此类研究毕竟容易引发公众和管理者的关注，2021 年新版指南还是将其归入类型 1B，仅需要经过报告或备案程序。其中，比较少见但比较特殊的一种情况是，如果将经由 IVG 产生的配子用于制备孤雌胚胎而非受精胚胎，则建议研究者将该由 IVG 配子创建孤雌胚胎的研究备案至专门的科学和伦理审查机构，以便确认未来该研究是保留在类型 1B 之中，还是转移入类型 2 中予以监管。

如果研究触及配子的体外成熟技术（in vitro maturation，IVM）以及将 IVG 研究获得的体外配子进行受精以创建 IVG 衍生的人类胚胎，即需要通过受精或创造胚胎的形式测试如此获得的配子的可育性，则必须经过科学和伦理审查的批准。此类涉及受精或创建胚胎的 IVG 研究相应归入类型 2。类型 2 可允许的 IVG 实验包括：培养 IVG 衍生胚胎至受精后 14 天之前或原胚条形成之前、自 IVG 衍生胚胎衍生下游的细胞系等。需要注意的是，此类创建 IVG 胚胎的研究仅应

---

[1] CLARK A T，BRIVANLOU A，FU J，et al. Human embryo research，stem cell-derived embryo models and in vitro gametogenesis：Considerations leading to the revised ISSCR guidelines [J]. Stem Cell Report，2021，16 (6)：1-9.

在体外进行。

如果进一步意欲将 IVG 衍生的人类胚胎转移入体内，例如转移入非人动物宿主的子宫，则无论如何此类实验不会被允许；此类研究落入类型 3B。此外，目前尚无有说服力的科学证据显示 IVG 技术用于人类生殖的安全性。

需要指出的是，除了以上基于干细胞进行配子衍生以外，还有一种通过体外组织培养获得体外配子的技术，例如通过体外卵巢组织培养、卵泡培养、睾丸组织培养等获取人类配子。有人将此类技术获得的精子和卵子与 IVG 技术获得的配子都称为人工精子或人工卵子。在对其用于人类生殖的安全性的目前认知上，很多人认为，组培配子的安全性可能大于 IVG 配子。但它们两者同真正的人类配子相比，在表观遗传和遗传上，多数都存在发育异常和质量较低的问题。因此，如果出于生殖目的使用 IVG 技术，则归入类型 3A，目前应予以禁止。

（五）类器官研究

类器官是在体外用 3D 培养技术对干细胞或祖细胞进行诱导分化形成的在结构和功能上都类似目标器官或组织的三维细胞复合体或人体器官类似物，其具有自我更新、自我组装的能力，具有稳定的表型和遗传学特征，是一类具有功能的迷你器官或组织，能够在体外长期培养。通常类器官研究很少引发伦理关注。目前引发一些关注并多少具有一些争议的仅是中枢神经系统类器官（Central Nervous System Organoids，以下简称“CNS 类器官”），围绕其的主要争论是其是否具有直觉和能否感知到疼痛。

2021 年新版指南对此指出，目前尚无有力的生物学证据支持如此说法，现在的培养系统还做不到培养出如此复杂、成熟和与相关感知系统具有连接的 CNS 类器官。因此，所有类器官研究目前均置入类型 1A，无须经过特别的伦理审查。但科研人员、ISSCR 以及后续指南更新会继续关注该领域的最新进展。如果今后类器官尤其是 CNS 类器官变得更高级更复杂，经历了长期的成熟过程以及由多个或多种类器官组装而成，则应该警惕该领域引发新的伦理问题。

（六）嵌合胚胎或人-动物嵌合体

嵌合胚胎或人-动物嵌合体主要是指通过将人类干细胞移植到动物胚胎中来创造的胚胎，其可以促进人们对人类发育的理解，并可促进用于移植的人体器官的产生。一直以来，对这一领域的监管存在着各种挑战。

2021 年新版指南将以前对此类研究的完全限制修改为条件性限制，从而使得此类研究终于能够循序渐进地进行，同时也设置了各种防线以防止其跨越伦理边界。例如，2021 年新版指南敏感地注意到，在出生后的某些动物组织中（包括神经系统和生殖细胞），需要避免人类细胞的高水平嵌合。根据研究目标的不同，这些问题可以通过禁止嵌合动物出生、限制人类细胞的发育潜能或阻止嵌合动物繁殖等来解决。具体而言，在 ISSCR 指南中，嵌合胚胎相关规则非常多也非常细，ISSCR 不再一刀切式地全面禁止此类研究，而是根据不同研究类型设置不同的伦理限制，从而几乎涵盖和跨越了前述所有研究类型❶。

（1）如果研究实验仅涉及将部分人类干细胞、其衍生细胞或其他人类细胞转移至出生后的宿主动物之中，此类研究并不涉及向胚胎转移人类细胞，对此，除了动物研究通常所需要审查的内容以外，通常无需任何特殊的伦理审查。此类研究归入类型 1A。由于涉及将人类干细胞或其衍生物直接转移至出生后的动物体内，此时需要常规的动物实验伦理方面的考虑，例如 3R 原则，并遵循 ARRIVE 指南❷。ISSCR 工作组强烈推荐，如果研究涉及将人类干细胞或其直接衍生的神经或神经胶质细胞转入至出生后宿主动物的中枢神经系统，则需要在常规动物研究审查的基础上，另外补充以干细胞或发育生物学方面

❶ HYUN I，CLAYTON E W，CONG Y，et al. ISSCR guidelines for the transfer of human pluripotent stem cells and their direct derivatives into animal hosts [J]. Stem Cell Report，2021，16（6）：1409-1405；LOVELL-BADGE R，ANTHONY E，BARKER R A，et al. ISSCR Guidelines for Stem Cell Research and Clinical Translation：The 2021 update [J]. Stem Cell Reports，2021，16（6）：1-11.

❷ PERCIE DU SERT N，HURST V，AHLUWALIA A，et al. The ARRIVE guidelines 2.0：Updated guidelines for reporting animal research [J]. PLoS Biology，2020，18（7）：e3000410.

的审查。目前，人类干细胞及其衍生物对出生后动物中枢神经系统的潜在影响还不能被完全确认。另外，意图将人类神经细胞整合入实验动物大脑的研究已经引发了有关动物道德地位的争议。❶ 工作组认为，推荐在该补充审查中，更多地强调和关注动物福利、潜在收益、临床意义，以及与遗传修饰动物相关的审查规则。

（2）如果研究实验涉及将人类多能干细胞转移入非人哺乳动物胚胎之中，构建嵌合胚胎，并且在体外进行该嵌合胚胎的培养，培养时间保持在达成科学目标所需的最短时间内，不会将嵌合胚胎进行子宫植入和孕育，则归入类型 1B。其之所以归入类型 1B，主要的原因在于，人与非人动物的嵌合研究易引发公众关注。需要指出的是，ISSCR 工作组认为，这种包含转入的人类细胞的动物胚胎并非人类胚胎，它们在伦理上并不等价于经体外受精技术产生的人类胚胎（IVF 胚胎）。

（3）如果将人类多能干细胞或其更广潜能的衍生物经宫内途径（in utero）转入非人胚胎或胎儿，或者首先在体外将人类多能干细胞或其更广潜能的衍生物转入非人胚胎然后再移植入非人动物的子宫，则应归入类型 2。比如 2021 年研究者将扩展潜能的人类多能干细胞（人 EPS 细胞）转入猕猴胚泡中，然后将该嵌合胚胎培养至原胚条时期❷，此即所谓世界首个人猴嵌合胚胎的研究。此类异种嵌合胚胎研究涉及动物子宫植入，按照规定需要经过类型 2 的专门伦理审查。伦理审查中需要考虑如下几点。①此类涉及子宫移植或孕育的嵌合胚胎研究，必须具备有说服力的科学合理性和相比于其他替代方式必须使用此类方法的必要性，以及为达成科学目需要使用最小数量的嵌合胚胎。②研究者必须说明为什么特定种类的宿主（胚胎）是必需的。此

❶ 例如包括：GREELY H T. Human brain surrogates research：the onrushing ethical dilemma [J]. American Journal of Bioethics，2021，21（1）：34-45；WU J，GREELY H T，JAENISCH R，et al. Stem cells and interspecies chimeras：past，present，future [J]. Nature，2016，540：51-59.

❷ TAN T，WU J，SiCY，et al. Chimeric contribution of human extended pluripotent stem cells to monkey embryos ex vivo [J]. Cell，2021，184（8）：2020-2032.

时，需要考虑所有实验动物种类和非人灵长类动物种类（除了大型类人猿和小型类人猿类）。③孕育嵌合胚胎的时间长度必须经过科学论证且以达成科学目的的最短时间为标准。研究者必须循序渐进，在几个清晰的时间点上客观评价嵌合体的嵌合程度和范围。④为了避免发生不受控制的广泛嵌合，研究者应尽量将人类干细胞靶向于嵌合动物的特定器官或特定区域。可以使用的技术包括胚泡互补，其中宿主胚胎中特定细胞类型或器官发育所必需的基因已经被有效去除，转而由转入的人类多能干细胞或其衍生物恰好互补替代特定器官的生成。⑤如果靶向的嵌合胚胎研究（targeted chimeric embryo studies）意图嵌合的是宿主动物的中枢神经系统，且需要完成全妊娠周期和活产，则需要参考如下有关出生后动物嵌合体的规则。也即，通常对于此类研究的一个特殊考虑是，其关系到人类细胞对动物中枢神经系统的实质贡献，一般很难预测大脑尺寸及其与动物感知系统的连接情况，因此，此类试验必须循序渐进，在每一个关键节点时刻关注动物行为和动物福利等。

需要注意的是，ISSCR 明确排除使用大型类人猿和小型类人猿作为嵌合胚胎的宿主。也即，此类试验如果涉及使用非人灵长类动物，则需要排除猿类所有物种（包括大型类人猿和小型类人猿，例如大猩猩、黑猩猩、猩猩、倭黑猩猩、长臂猿、合趾猿），因为针对猿类的侵入性生物医学研究为世界大部分地区所禁止。不允许为体外制备胚胎而从猿类体内获取必需的卵母细胞，也不允许从作为代理孕母的猿类体内去除嵌合胚胎；此外，猿类属于非人灵长类，使用猿类进行嵌合胚胎的孕育研究，已经突入到被严格禁止的类型 3A 或类型 3B 中。因此，此时需要考虑其他可选的动物宿主替代品——其他可用的非人灵长类动物，其在进化上更远离人类，且常规上被用于相似的侵入性研究。可以看出，ISSCR 对于嵌合胚胎研究，考虑存在种间嵌合障碍，尽管可以考虑人与灵长类动物嵌合，但仅赞成在使用非人灵长类动物时必须使用那些生物医药研究中广泛使用的常规实验动物，对不同的非人灵长类动物是严格界别、区分对待的。

（4）如果研究涉及将混合有人与动物细胞的人-动物的嵌合体胚

胎转移入人类或猿类（包括大型类人猿或小型类人猿）的子宫（而不论是动物细胞或人细胞占据优势），或者使带有人类细胞的嵌合动物杂交，而该嵌合动物具备产生人类配子的潜能，此类研究容易在实验动物性腺中造成人类配子或其前体物的产生，则为国际伦理规则所不允许，不允许将此类动物用于杂交，此类研究归入类型 3B。

（七）线粒体替代技术（MRT）

线粒体 DNA 唯一遗传自母亲，线粒体基因组的缺陷也会造成机体严重的问题。在母亲的线粒体携带突变并导致疾病的情况下，医生可以在 IVF 之前，将母亲卵细胞中的线粒体替换为健康供体的线粒体。通过这项技术出生的婴儿将拥有来自捐赠者（供体）的线粒体基因，但他们的核 DNA 将来自于体外受精的母亲和父亲。这种婴儿也被称为三亲婴儿。

目前，包括美国和加拿大在内的一些国家禁止进行 MRT。英国对 MRT 相对宽容，在符合相应的严格条件限制之下允许进行 MRT 临床应用，并且已经产生成功的怀孕，诞下了三亲婴儿。

2021 年新版指南对 MRT 技术的限制有所放松，将其从原来的类型 3 归入研究类型 2，并限制其仅可以被临床应用于那些高风险传递线粒体 DNA 遗传疾病至后代但又无任何其他治疗方法的情形。并且，该指南推荐，不能将 MRT 推广应用于那些尽管女性卵子和胚胎质量低下但却原因不明的女性不育。其鼓励推进 MRT 研究，多研究 MRT 的安全性和有效性，并聚焦于潜在的返祖（reversion）问题——在部分临床前研究已经发现，当将 MRT 胚胎所产生的胚胎干细胞进行培养之时，母源线粒体 DNA 可能回归并重新占据主流。

（八）线粒体基因组遗传修饰

线粒体基因组遗传修饰（genetic alteration of the mitochondrial genome）主要是指线粒体基因组编辑（genome editing of mtDNA）。除了 MRT 以外，线粒体基因组编辑提供了允许女性避免将线粒体遗传疾病传递给她的孩子的另一条路径。2021 年新版指南将针对人类胚胎进行线粒体基因组编辑的基础研究归入类型 2，但是，将此类线粒体基因组编辑过的胚胎植入子宫怀孕则是现阶段所不允许的，其被归入类型 3A。原因是目前尚无充分的临床前数据支撑其安全性和有效性——同核基因组编辑一样，其本质上也属于可遗传的基因组编辑，在部分对此有相关立法的国家，此类研究目前也是不合法的。

（九）人类基因编辑

随着对人类基因（组）编辑技术讨论的深入，人们不再对其畏之如虎，对其认识更加全面客观，对其基础研究和临床研究的管理也逐渐深入和细化。ISSCR 指南将其细分为三种情形，即将生殖系基因编辑区分为生殖目的和非生殖目的两种，再加上体细胞基因编辑。对三种情形分别处理如下。

1. 可遗传的基因组编辑（heritable genome editing）/生殖目的的生殖系基因组编辑（germline genome editing for reproductive purposes）

对于生殖目的的可遗传基因编辑，主要指在临床研究中编辑用于植入的人类胚胎、卵子或精子细胞的基因。ISSCR 指南权衡并得出结论称，这项研究仍然风险太大，目前仍不能做到安全有效，将其归入类型 3A 予以禁止。

今后随着技术发展，即使基因编辑相关的技术问题、安全问题、伦理问题得以解决，在首次将该技术用于生殖目的的生殖系基因编辑的临床试验之时，ISSCR 建议也要采取逐案而定的审查方式，对其临床应用的方法设计、社会问题、伦理问题进行评估。也即，该技术在未来可能是有价值的。2021 年新版指南也鼓励在现有的有关生物技术的法律框架基础上，建立一种全面的法律和伦理框架，包括 2021 年世界卫生组织专家顾问委员会推出的《建立人类基因编辑的全球管理和监督标准》(Developing Global Standards for Governance and Oversight of Human Genome Editing)。

2. 非生殖目的的生殖系基因编辑［non-heritable（non-reproductive）germline genome editing］

对于非生殖目的的生殖系基因编辑，或者非可遗传的生殖系基因编辑，ISSCR 指南鼓励通过临床前研究来优化基因编辑方法、减少潜在伤害。如果此类研究涉及人类胚胎，例如 IVF 中不再具有生殖目的的剩余胚胎，已经被捐赠用于科学研究，或者使用某些专门为研究目的而制备的胚胎，则应归入类型 2，在接受严格的伦理审查下可以进行此类研究。例如研究目的在于基础研究，用于探明特定基因在胚胎早期发育中的角色。如果基因编辑中所使用的不是胚胎，而是其他生殖系细胞，例如多能干细胞、配子祖细胞（包括精原干细胞），则归入类型 1A 或 1B：只有在该生殖细胞被基因编辑之后再将其用于创建胚胎之时，才会将其归入类型 2。

3. 体细胞基因编辑（Somatic genome editing）

基因编辑的体外研究或者基于动物模型进行体细胞编辑的基础研究、临床前研究，通常无需特别的伦理审查程序，归入类型 1A。至于体细胞基因编辑的临床研究和应用，则主要基于现有的基因治疗监管机制来进行管理。ISSCR 指南也推荐了 2021 年世界卫生组织专家顾问委员会推出的《建立人类基因编辑的全球管理和监督标准》，需要注意避免其被滥用或误用。比如，在体细胞基因编辑的临床应用方面，ISSCR 指南特别关注了宫内基因编辑/产前基因编辑（in utero genome editing）和宫内干细胞干预（stem cell based interventions in utero）疗法。2021 年新版指南指出，此类研究比较特殊，涉及两类患者——怀孕的妇女和未来的孩子。宫内治疗提供的益处或受益必须远远大于对孩子出生后的影响，而且需要对怀孕的妇女不具有额外的风险。

二、2021 年新版指南对我国相关发明专利伦理道德审查的启示

随着新兴生命科学技术快速发展并成为科技创新形成知识产权的主阵地，与生物科技飞速发展互相伴生的新兴科技伦理治理问题也摆在了各国专利管理机关的门前。在专利管理机关积极面对生物技术领域新技术的过程中，在对科技与伦理关系的处理上，专利管理机关不可能仅仅关注发明创造的科学的或技术的部分，而对伦理问题不闻不

问。因此，将人类胚胎干细胞技术、人类辅助生殖技术、人类胚胎基因编辑技术等科技成果纳入专利保护，具有相当的复杂性。在这个过程中，专利管理机关需要面对的不仅仅是科学技术层面的考量。

（一）发明专利伦理道德审查的普遍性

世界各大专利管理机关对于该领域专利申请，实际上都在施以相应的伦理道德约束，都在以不同方式守护着人类的道德伦理。以中美欧日韩知识产权五局（IP5）为例，它们均会或多或少涉足伦理道德审查。

欧洲专利制度非常强调伦理道德原则。1998 年欧盟通过 98/44/EC 生物技术指令（以下简称《生物技术指令》）。该指令第 6 条规定“如果发明的商业利用将违反公共秩序或道德，则该发明将被认为不具有专利性”，并且明确规定以下发明将被认为是不能授予专利权的：①克隆人的方法；②改变人生殖系遗传同一性的方法；③人胚胎的工业或商业目的的应用；④可能导致动物痛苦而对人或动物没有任何实质性医疗益处的、改变动物遗传同一性的方法，以及由此方法得到的动物。《欧洲专利公约 2000 年修订案》（以下简称“EPC 2000”）第 53（a）条中规定对下列发明将不授予专利权：“凡是其商业实施会违反公共秩序或者道德的发明，但是不能仅仅因为这种实施被某些或者全部缔约国的法律或者条例所禁止而认为其实施违反公共秩序或者道德”。EPC 2000 实施细则第 28 条与《生物技术指令》第 6 条作了相同的规定。EPC 2000 实施细则第 29（1）条中规定：不同形成和发展阶段的人体，不构成可授予专利的发明。也就是说，欧洲在法律制度中明确规定了生物技术的可专利性排除，将伦理问题纳入生物技术专利审查体系中。

美国专利制度虽然不明言伦理道德审查，并且也曾通过美国最高法院的司法判例豪言“太阳之下任何人造万物均可专利”，但在专利审查的早期阶段，实际上也在通过其专利法第 101 条实用性条款对道德行为的审理进行授权客体排除。例如美国斯托里（Story）法官在 Lowell v. Lewis 一案中的经典判词即从中得来：法律的全部要求就是，发明不应当损害社会的安宁、良好的政策和健康的道德。后来，随着 2011 年韦尔登修正案被添加到《美国发明法案》中，包括人类胚胎、胎儿在内的发明客体才真正在法律意义上被否定专利适格性。该修正案现已成为《美国发明法案》第 33 条第 1 款，即："尽管有其他法律规定，但不能对指向或包含人类有机体的申请授予专利。"

《日本特许法》及专利审查基准则直接设置有公序良俗审查条款（第 32 条），可依之进行伦理道德审查。《日本特许法》第 32 条规定，对有害公序良俗以及具有公众健康风险的发明不能授予专利权。在日本特许厅的审查指南中，进一步规定了"发明的实施必然存在有害公序良俗及具有公众健康风险的情况下，发明不能被授予专利权"。

《韩国专利法》第 32 条也规定，对违反公共秩序或道德或损害公共卫生的发明不能授予专利权。在韩国，一项被认为会扰乱公共秩序、引起严重的道德判断错误或损害公共卫生的发明不被视为可授予专利权。

我国国务院专利行政部门也根据我国《专利法》的规定进行伦理道德审查。我国于 2000 年加入世界贸易组织，而 TRIPS 第 27 条第 1 款和第 3 款规定：凡不违反公共秩序，社会公德及危害人类、动物、植物的生命与健康的任何生物技术发明，均属可专利的范围。可以看出，在 TRIPS 层面，已经要求生物技术发明不得违反公共秩序，社会公德及危害人类、动物、植物的生命与健康，对专利申请的发明创造需要符合伦理道德要求作出了明确的规定。

我国《专利法》第 5 条第 1 款规定，对违反法律、社会公德或者妨害公共利益的发明创造不授予专利权。《专利审查指南 2010》中进一步解释指出："社会公德，是指公众普遍认为是正当的、并被接受的伦理道德观念和行为准则。它的内涵基于一定的文化背景，随着时间的推移和社会的进步不断地发生变化，而且因地域不同而各异。中国专利法中所称的社会公德限于中国境内。"可见，对发明进行伦理道德（社会公德）审查，是我国《专利法》的法定要求。国务院专利行政部门的审查实践中需要审查发明创造的合伦理道德性。

（二）我国相关发明专利伦理道德审查现状

1. 发明专利伦理道德审查走过了 20 年审查历史

从技术层面而言，人类胚胎干细胞技术诞生于 1998 年。随着人类胚胎干细胞技术的诞生，相关的专利申请几乎同步出现。我国真正意义上的人类胚胎干细胞的发明出现在稍晚一点的 2000 年。从法律应用层面而言，我国就生物技术真正的伦理道德审查，应该说开始于 2001 年。因为在这一年，《审查指南 2001》第十章第 7.1.2.4 节开始提出和规定了生物技术发明的相关伦理道德审查标准。因此，我国国家知识产权局从 2000 年前后开始逐步接触和处理人类胚胎和干细胞研究的相关专利申请，直面人类胚胎干细胞技术叩响大门的挑战。《审查指南 2001》引入欧洲标准，《审查指南 2006》独立制定较为严格的审查标准，历经《专利审查指南 2010》，再到对《专利审查指南 2010》的修订，应该说，伴随着这些审查标准，我国人类胚胎和干细胞研究领域发明专利审查也走过了 20 多年。

2. 专利审查的 ELSI 1.0 时代——聚焦于“人胚胎的工业或商业目的的应用”

类胚胎和干细胞研究所涉伦理道德问题，也常被称为伦理、法律与社会问题（Ethical，Legal and Social Issues，ELSI）。通常，在 ELSI 这一大范畴下，人类胚胎研究领域的发明创造所涉及的问题实际上并不仅仅限于科研自由、科技伦理、科研伦理层面，也包括了公共利益和社会利益、社会风险、权利冲突、法律政策、生育权、健康权、个体意愿、个人利益与安全风险、人类健康、人类福祉、人类尊严等方方面面的考量。相关发明的伦理道德审查常常需要在这一大的范畴之下进行考虑。

在专利审查中，所有的考量最终都需要对接和落地于本国的专利审查标准。如前所述，根据现行《专利审查指南 2010》，在既有的审查标准之下，专利申请可能会涉及的伦理道德方面的缺陷包括但不限于人与动物交配的方法、改变人生殖系遗传同一性的方法或改变了生殖系遗传同一性的人、克隆的人或克隆人的方法、人胚胎的工业或商业目的的应用、可能导致动物痛苦而对人或动物的医疗没有实质性益处的改变动物遗传同一性的方法等，以及属于处于各个形成和发育阶段的人体等多种情形。

根据历史审查数据，《专利审查指南 2010》中列举的以上各情形在实践中适用的概率差异很大。通常很少有发明敢去碰触“人与动物交配的方法”“克隆的人或克隆人的方法”等科研禁区。干细胞领域和辅助生殖技术领域更多的发明涉及的问题可能都是使用了人胚胎或者破坏了人胚胎，因此，在专利审查的实践运行中，除了“人胚胎的工业或商业目的的应用”以外，其他情形一般很少会遇到。这一点无论是在 2019 年《专利审查指南 2010》修订之前还是之后，均是如此。“人胚胎的工业或商业目的的应用”既是人类胚胎干细胞、人类辅助生殖相关主题专利审查之中的万能出口，也是引发申请人极力争辩的焦点所集。

比如，既往审查实践中，遇到最多的情形就是，涉及剩余胚胎的发明创造《专利法》第 5 条法律适用、涉及流产胎儿的发明创造《专利法》第 5 条法律适用、涉及核移植胚胎的发明创造《专利法》第 5 条法律适用、涉及孤雌胚胎的发明创造《专利法》第 5 条法律适用、涉及 iPSC 的发明创造《专利法》第 5 条法律适用、辅助生殖技术领域涉及人胚胎培养/评估/检测等发明《专利法》第 5 条法律适用等。围绕相关发明，涌现了很多复审、无效决定和司法判决。绝大多数争议的核心均是“人胚胎的工业或商业目的的应用”。围绕“人胚胎的工业或商业目的的应用”的适用，也存在一些争议问题，预期今后会逐渐明晰。

3. 专利审查的 ELSI 2.0 时代——伦理审查先行要求之下具体伦理审查规则尚严重缺位

随着人类胚胎研究、胚胎干细胞研究和辅助生殖技术领域等相关技术的突飞猛进和快速发展，会出现许多之前专利审查中关注不多的新的伦理、法律和社会问题，必须高度重视。如果说之前的审查重点聚焦于人胚胎的工业或商业目的应用，仅属于所涉伦理、法律与社会问题的 ELSI 1.0 时代的话，现在生物技术的相关伦理问题则更为复杂，已经进入了 ELSI 2.0 时代，仅仅依靠“人胚胎的工业或商业目的应用”审查规则无法应对如此复杂的局面。比如如前所述，生殖系基因编辑技术（或者胚胎基因编辑）不明显涉及破坏人胚胎；线粒体移植三亲胚胎技术等很多辅助生殖技术不涉及破坏人胚胎；未来辅助生殖领域可能涉及大量的配子或胚胎的基因治疗也不涉及破坏人胚胎；近10年来成为研究热点的嵌合胚胎、杂合胚胎、合成胚胎、胚胎模型、类原肠胚等，它们似乎仅仅是制备了人胚胎，也不涉及破坏人胚胎。未来围绕这些技术，如何进行伦理考量，如何准确定位相关的伦理问题，才是关键。

但是，无论是在国务院专利行政部门内部，还是在国家科技伦理管理层面，具体伦理审查规则均非常滞后，尚无明确的伦理规则可供参考。我国科学技术部和原卫生部围绕人类胚胎干细胞制定的伦理审查指导原则自2003年以来已经19年没有修改，国内的法律法规及伦理审查规则的制定远远落后于该领域的高速发展，使得该类技术专利保护面临诸多的伦理和法律困境。这也导致国务院专利行政部门在面对该领域这些最新的发明创造时，一方面，伦理道德审查属于授权客体的审查条款，必须优先考虑、优先审查、优先判断，即所谓法律要求伦理道德审查必须先行；另一方面，现实又是，无论从国家和政府层面，还是从专利制度层面，我国相关伦理审查规则尚严重缺位。这势必会导致一定程度上出现专利审查无据可依和/或专利审查标准执行不一致的局面。

总之，当前的专利审查实践已经大量触及这些新出现的伦理问题，需要国务院专利行政部门直面生命科学领域这些高度争议的新兴技术。在这个过程中，一方面，需要立足于我国的《专利法》《专利法实施细则》以及相应的伦理学规则和专利审查标准；另一方面，也需要适度参考国家政策，跟踪研究国际伦理规则的最新进展，针对每一件个案，正确作出伦理道德审查的伦理判断，给出中国的伦理答案。

（三）2021年新版指南对我国相关发明专利伦理道德审查的启示

2021年新版指南为人类胚胎和干细胞领域的基础研究和临床转化

中允许或不允许的研究类型建立了明确的界限，为监管机构提供了一个可供参考的全新的伦理框架，为科学评估相关伦理问题和伦理监管提供了现实基础。尽管 ISSCR 指南没有法律强制约束力，但是该 ISSCR 文件作为代表科学界观点的唯一定期更新的指导方针，又具有不同寻常的重要性：世界范围内的科学家、研究组织和科学期刊长期依赖 ISSCR 指南，甚至国家层面制定相关伦理原则或规则对其也具有极大的依赖性。作为一项国际伦理标准，其具备较强的科学性、伦理严密性及透明度，为还没有明确建立相关监督制度的国家提供了一个很好的借鉴基础。

我们需要注意，对发明进行伦理道德（社会公德）审查，是我国《专利法》的法定要求。国务院行政部门需要审查发明的合伦理道德性。而且，《专利法》中所称的社会公德限于中国境内，也就是说，是按照中国的伦理道德观念进行审查。正如原卫生部部长陈竺所述❶，生命伦理具有世界性，也具有民族性。我们需要按照中国、中华民族的伦理道德观念作出自己的判断。另外，在我国相关伦理规则严重缺位的现实之下，ISSCR 指南中的相当一些规则可以为我国所借鉴，其部分伦理规则可以权宜性地被视为我国在尚没有与时俱进制定新的审查标准的情况下的最低标准。

1. 区分基础研究和临床研究，因地制宜制定审查标准

在伦理审查中，我国可以借鉴 ISSCR 指南中非常求真务实的态度，仔细区分基础研究和临床转化，因地制宜制定相关审查标准：既不能将人类胚胎和干细胞研究全都“一棍子打死”，也不能借着科研自由的名义突破人类伦理底线，避免“一管就死、不管就乱”。应分门别类，针对不同阶段的研究，施以不同的政策激励或限制政策，从而为国家提供一个兼顾科学和伦理的前进道路。如果一些基础研究对于提高人们对人类遗传发育和人类辅助生殖的认识具有巨大的潜力，则国家的相关科研政策、监管政策必须进行改革和激励，以使这类研

❶ 陈竺. 和而不同：生命伦理的世界性与民族性［J］. 中国医学伦理学，2006（4）：3-4.

究成为可能。对于一些饱受旧政策阻碍的极具研究前景的基础领域，有关机构也应考虑将 ISSCR 2021 年新版指南纳入修订参考，以在符合伦理的基础上获得更好的科学收益。

2. 谨慎坚持既有伦理原则，个案审查则可适度灵活

对于已经触及旧有伦理原则根本的一些 ISSCR 指南的最新进展，比如“14 天规则”，预期我国还需要一个学习、消化、评估的时间，甚至可能需要一个很长的时间进行评估和考量。ISSCR 也巧妙地将这一棘手的问题抛给了各个国家去自行作出慎重决定。预期在我国，其会遭遇到原有的基于“14 天规则”的一系列法律障碍或行政规章限制。至少在一段时间之内，对真正的人胚胎放宽 14 天培养期限的可能性会比较低，但对嵌合胚胎、胚胎模型等研究，ISSCR 澄清了它们之间存在的差异，突破 14 天的可能性比较大，也相对更加合理。

3. 人类胚胎模型技术相关发明

目前典型的专利申请和审查案例可以例举 CN201611093084.3（以干细胞为基础的哺乳动物人工胚胎构建-动物克隆繁育的方法及其模型）、CN201480028434.0（类胚体，基于细胞系的人工囊胚）等。该类专利申请中，通常要求保护相关的胚胎模型、胚胎模型的制备方法、胚胎模型的用途等。此类案件的伦理争议主要体现在以下多个方面：①如何面对胚胎模型的复杂性——不同的类胚体存在完全不同的含义及完全不同的伦理问题；②作为一种人工制备的胚胎模拟物，如何准确处理其与真正的人自然受精胚胎或人克隆胚胎的关系；③对于由 TSC 与 ESC 组成的完全型胚胎，如何处理其与克隆人的关系等。前述 ISSCR 2021 年新版指南对胚胎模型的新的分类方式及伦理审查方式，对于我们澄清相关认识、规范各类别模型的伦理审查，将会起到重要作用。

4. IVG 技术相关发明

目前典型的专利申请和审查案例可以例举 CN201510639385.0（一种体外完成细胞减数分裂的方法）、CN201880090054.8（配子发生）、CN201910311538.7（一种诱导人多能干细胞体外分化为停滞在减数分裂Ⅱ期的卵母细胞的方法）、CN201480075921.2（用于实施体外精子发生的方法和相关装置）等。该类专利申请通常要求保护生成单倍体细胞或配子的方法、所述方法制备的单倍体细胞或配子或者用于诱导产生配子的减数分裂胜任细胞、配子母细胞、这些单倍体细胞或配子的各种用途等。此类案件的伦理争议主要体现在以下方面：①发明获得的干细胞衍生配子（所谓人造精子或卵子，或者称之为类配子、类精子、类卵子）与自然形成的生殖细胞之间的异同，其是否属于专利法意义上的"各形成和发育阶段的人体"；②获得干细胞衍生配子以后，相应为这些干细胞衍生配子可能适配各种可能的应用或用途，这些应用或用途是否存在违反《专利法》第 5 条规定的情形。同理，ISSCR 2021 年新版指南也明确分析和给出了真正的人类精卵、组织培养技术获得的人工精卵、IVG 技术获得的人工精卵等不同配子之间的差异，明确了哪些研究属于被明确禁止的类型 3B 等，对于我们厘清相关伦理审查具有重要意义。

5. **嵌合胚胎和嵌合体技术相关发明**

目前典型的专利申请和审查案例可以例举 CN201680074878.7（嵌合胚胎-辅助的器官制备的组合物和方法）、CN201680074331.7（通过遗传互补对人源化肾脏的工程改造）、CN201780037423.2［使用体细胞核移植（SCNT）和囊胚补足的器官再生方法］等。该类案件伦理道德审查中的争议点主要包括：①人-动物种间嵌合体胚胎及相应的种间嵌合体应被认定为动物还是人；②如何考量该技术存在的安全风险隐患——被植入动物囊胚中的人类干细胞的发育可能是不可控的，难以预测人类细胞是否会发育为生殖细胞或大脑，也无法预测嵌合体中人类细胞的比例；③我国专利审查指南中"改变人生殖系遗传同一性的方法"这一审查标准的准确概念解释、此类案件是否应该适用"改变人生殖系遗传同一性的方法"或者"人胚胎的工业或商业目的的应用"审查标准。参见前述对 ISSCR 指南的译介，这些在专利审查实践中实际出现的疑难问题，在 ISSCR 2021 年新版指南中多数也均被给出了明确的回答。

6. **MRT 相关发明**

目前典型的专利申请和审查案例可以例举 CN201480066072.4

(用于在核基因转移的受体中产生没有发育能力的卵子的方法和组合物)、CN201410070925.3（极体基因组重构卵子及其制备方法和用途)、CN201280018195.1 及其分案 CN201610796859.7（用于自体种系线粒体能量转移的组合物和方法）等。该类申请中，涉及改造或改构的卵母细胞、重构卵、基因修饰的卵子、改造后的胚胎等，保护主题比较多。存在争议的包括但不限于：①在自体线粒体移植技术中“改变人生殖系遗传同一性”的适用是否合理；②“人胚胎的工业或商业目的的应用”是否适用于线粒体移植技术相关专利申请；如果保护主题已经直接触及将线粒体移植技术进行辅助生殖应用，比如相应的方法包括了线粒体移植的卵母细胞的制备以及体外受精、胚胎移植等，是否直接违反原卫生部《人类辅助生殖技术规范》和 2003 年修订的相关技术规范、基本标准和伦理原则；③对线粒体移植技术的基础研究是否应该积极鼓励而不要加以更多的伦理限制等。根据 2021 年新版指南，对其所作限制尽管进行了适度放宽，但还是对其应用场景进行了严格的限定。鉴于我国人类辅助生殖相关政策偏严，对 MRT 临床应用还是应该从严规制，而对基础研究则可以适度放宽限制和予以鼓励。

7. 基因编辑技术相关发明

典型的专利申请可以例举 CN201580030358.1（猪中的多重基因编辑)、CN201680078207.8（用于治疗肌联蛋白类肌病和其他肌联蛋白病变的材料和方法)、CN201580063428.3（使用成对向导 RNA 进行靶向遗传修饰的方法和组合物)、CN201680053489.6（核酸酶非依赖性靶向基因编辑平台及其用途)、CN201710491304.6（用于特异性修复人 HBB 基因突变的碱基编辑系统、方法、试剂盒及其在人生殖系中的应用）等。该类专利申请通常要求保护基因编辑系统，针对体细胞、生殖细胞或胚胎等的基因编辑方法，该基因编辑方法获得的人或动物的体细胞、生殖细胞或胚胎，该基因编辑方法获得的基因编辑动物或人等。此类案件的伦理争议主要体现在以下方面：①对于人类生殖系基因编辑，尤其是可遗传的人类生殖系基因编辑，在伦理审查中的主要法定理由应该如何认定（是“改变人生殖系遗传同一性”、

“人胚胎的商业或工业目的的应用”，还是该技术现阶段存在的安全风险)；②专利审查中是否有必要进行基础研究与临床应用的区分对待，以及是否针对不同发育能力或发育潜力的人类胚胎或生殖细胞作出区分处理；③对基因编辑与基因增强、基因治疗的相关交叉问题的态度，例如针对人类成体而非胚胎的在体人生殖系内特异性修复人基因突变的方法；④我国对于基因增强与基因治疗如何区分及伦理学立场等。2021 年新版指南对其分成四个方面予以讨论：线粒体基因组遗传修饰、生殖目的的生殖系基因编辑、非生殖目的的生殖系基因编辑、体细胞基因编辑。可以看出，相关认识越来越客观，越来越全面。此外，2021 年世界卫生组织专家顾问委员会通过推出《建立人类基因编辑的全球管理和监督标准》向全世界提供了一个人类基因编辑技术的全新伦理监管框架。围绕人类基因编辑的相关法律、伦理和社会问题的答案会越来越明晰。相信我国也不会错过这些历史机遇，在看清前方道路的基础上，选择一条科学与伦理兼顾的道路。

三、小　结

面对生物科技伦理领域的最新争议，ISSCR 直面挑战，及时向全世界推出了最新的《干细胞研究和临床转化指南》。2021 年新版指南的出世，在很多疑难方面——既包括技术层面，也包括伦理层面，廓清了之前的争论与扰攘，保障了科技与伦理的兼顾，预期在世界范围内会产生极其重要的影响。

虽然我国发明专利的伦理道德审查已经走过了 20 余年的历史，但随着技术的快速发展，有关人类胚胎和干细胞研究领域的发明专利审查现在面临一系列新的待决问题，相关伦理审查标准严重缺位。相信 2021 年新版指南的推出，会极大有助于我们对相关问题的思考，从而在专利制度体系之下，选择一条适合我国的合理的伦理规制之路。

关于完善我国发明专利授权后更正制度的思考

陈正军[1]

摘　要

本文在收集、翻译、整理和分析国内外相关专利授权后修改制度的基础上，就在我国专利实审程序中设置授权后更正制度进行研究，根据国情探索在我国专利法律程序中设置授权后更正制度，并进一步探讨完善与现有制度设计衔接上的程序细节。

[1] 作者单位：国家知识产权局专利局专利审查协作北京中心。

关键词

授权后更正　修改　专利审查

一、序　言

2015年12月国务院印发的《国务院关于新形势下加快知识产权强国建设的若干意见》中明确指出应完善授权后专利文件修改制度，以减少低质量专利给社会带来的潜在经济负担，提升整体专利质量，助力营造更好的营商环境和创新环境。

法律始终承认专利授权文件中存在错误的可能性，小到打字错误，大到实质性缺陷，尤其在目前我国专利申请文件撰写质量不高、专利审查员审查负荷日益增加的情况下，由于申请人和撰写人之间的沟通问题，抑或是其他“非故意欺骗”的原因，或是从国务院专利行政部门角度来看，也难以避免向存在错误或者保护范围并不合适的权利要求授予专利权现象的发生，这些情形造成的授权后专利申请文件中的某些文字缺陷或专利的部分或全部不可实施是不可避免的。❶ 目前我国《专利法》赋予发明专利授权后的修改路径较为单一，低撰写质量引发的专利申请质量低、权利要求不清楚以及得不到支持等而导致专利无效的情形经常出现。存在缺陷的专利在取得授权以及后续的专利实施阶段，会影响向公众传递专利信息，妨碍公众对授权专利的实施应用以及专利权人的利益保护。

目前《专利审查指南2010》中设置的更正程序中可提出更正请求的主体和允许更正的内容受到限制，应用面很窄。因此实践中，专利权人或利益相关人为删除某些有瑕疵的权利要求，寻求更为清晰稳定的专利权时，往往只能通过无效宣告程序获得修改和更正的机会。但

❶ 李新芝，谭红．专利无效宣告程序中专利文件的修改［J］．法律适用，2012（8）：89-91.

是出于对公示制度的遵守及平衡专利权人和社会公众利益的考虑，无效宣告程序对专利文件的修改提出了较为严格的限制；同时无效宣告程序耗时较长，专利权人极少会适用无效宣告程序对专利文件进行修改，使得部分获得授权的具有瑕疵或问题的专利由于缺乏适当的修改途径而不能有效投入运用。

而在美、日、欧等国家和地区，与授权后修改相关的程序设置种类多，层次丰富。例如，美国在《美国发明法案》（Leahy-Smith America Invents Act，AIA）之前，专利权人可通过以下五种方式对专利文件进行修改：订正证书（certificate of correction）程序、声明放弃（disclaim）程序、再颁（reissue）程序、单方再审程序（EPR）、双方再审程序；《美国发明法案》生效之后，双方再审程序取消，专利权人可通过以下七种方式进行修改：订正证书程序、声明放弃程序、再颁程序、单方再审程序、双方复审程序（IPR）、授权后复审程序（PGR）、涵盖商业方法复审程序（CBM），满足了各方对修改的需求，促进了专利质量的整体提升。

我国处于一个加强专利保护的时期，并且也确实存在一些质量不是很高的专利，需要借鉴国外制度设计，探索相对于无效宣告程序成本更低、效率更高的更正程序，制定符合我国国情的授权后更正制度，为《专利法》后续修正以及《专利法实施细则》和《专利审查指南 2010》相应的修改提供有益的建议。本文希望通过收集、翻译、整理国外关于授权后更正/修改的相关法律、指南以及操作上的具体规则，并梳理目前国内授权后更正和修改的相关规定，在进行比较研究的基础上，尝试在现有法律框架下完善以及增设制度，构建授权后更正制度的具体方式和相应的程序设计，实现与现有的发明实审程序及无效宣告程序的良好衔接和融合，解决目前存在的实际问题，并提供具体可行的建议。

二、国外授权后修改制度比较研究

（一）美　国

从20世纪80年代初起，美国通过一系列司法、立法和行政措施加强了专利权的保护，扩大了专利权的保护范围，如对计算机软件和商业方法实施专利保护，专利权人可以取得巨大的利益。专利数量的急剧增加给专利审查带来了严峻挑战。在专利诉讼中，超过46%的专利权最终被认定为无效。低质量专利导致专利诉讼增加，而专利诉讼极其昂贵，由此导致个人和整个社会的诉讼成本增加。[❶] 而专利审查质量不佳的一个必然结果就是大批低质量的专利涌入市场，并进而带来诸多社会问题。为提升专利质量，美国除了加强授权阶段的审查质量外，还对专利授权后程序进行了一系列的改革。

实际上，美国专利体系中一直包含对已授权专利中所存在的错误进行更正的制度，例如早期出现的再颁规则就是为发明人提供一种可以更正说明书中所存在的错误以及缩小其不适当的宽泛保护范围之机制。随着专利无效制度的改革和现实需要，美国建立了内容更为丰富的专利授权后行政制度体系。对于专利挑战者而言，可以根据证据类型、法律依据、提告时机等不同情形选择美国专利商标局（USPTO）专利审判和上诉委员会（PTAB）的单方再审、双方复审、授权后复审或涵盖商业方法复审等程序挑战专利权有效性。对于专利权人而言，也可以根据不同的情形和目的，通过美国专利商标局的再颁、订正证书、声明放弃、补充审查（supplemental examination）等程序修改和完善权利要求，提高专利权稳定性。[❷] 下面详细介绍下其中美国专利商标局的订正程序和再颁程序。

---

❶ 张玉蓉．美国专利授权后的复审制度及其启示［J］．知识产权，2015（2）：87.

❷ 宋蓓蓓，吕利强．美国专利无效制度改进进展与思考［J］．电子知识产权，2017（6）：59-60.

1. 订正证书程序

专利订正证书程序是对于美国专利商标局的错误或申请人的错误进行更正并核发订正证书的程序，专利权人可以通过这一程序修改专利中的细微错误。美国专利法第 254～256 条（35 USC 254～256）以及专利法实施细则第 1.322～1.325 节（37 CFR 1.322～1.325）均规定了对于美国专利商标局之错误和申请人之错误可以进行更正并核发订正证书。美国专利法第 254 条[1]规定："当专利中存在因专利商标局的过错而导致的错误被专利商标局保留的存卷记录所披露时，局长可以免费核发订正证书，载明该错误的事实与性质，盖上局印，并登载于专利的存卷记录上。订正证书副本应附于原专利副本之后，且该订正证书应被视为原专利证书的一部分。附有订正证书的专利证书，因其后所发生之原因而涉及诉讼时，其在法律上都具有同样的效力和作用，如同该专利最初就是以这样订正后的形式颁布。局长可以免费核发订正后的专利证书以替代订正证书，其效力与订正证书相同。"美国专利法第 255 条[2]规定："当专利中存在并非专利商标局而导致的打字、印刷或其他的小错误，且该错误经证实系出于善意时，局长可以

[1] 35 U. S. Code § 254-Certificate of correction of Patent and Trademark Office mistake: Whenever a mistake in a patent, incurred through the fault of the Patent and Trademark Office, is clearly disclosed by the records of the Office, the Director may issue a certificate of correction stating the fact and nature of such mistake, under seal, without charge, to be recorded in the records of patents. A printed copy thereof shall be attached to each printed copy of the patent, and such certificate shall be considered as part of the original patent. Every such patent, together with such certificate, shall have the same effect and operation in law on the trial of actions for causes thereafter arising as if the same had been originally issued in such corrected form. The Director may issue a corrected patent without charge in lieu of and with like effect as a certificate of correction.

[2] 35 U. S. Code § 255-Certificate of correction of applicant' s mistake-Whenever a mistake of a clerical or typographical nature, or of minor character, which was not the fault of the Patent and Trademark Office, appears in a patent and a showing has been made that such mistake occurred in good faith, the Director may, upon payment of the required fee, issue a certificate of correction, if the correction does not involve such changes in the patent as would constitute new matter or would require re-examination. Such patent, together with the certificate, shall have the same effect and operation in law on the trial of actions for causes thereafter arising as if the same had been originally issued in such corrected form.

在申请人缴纳费用后，核发订正证书，但该订正的内容不能包含可以产生新内容或者需要复审的变化。附有订正证书的专利证书，因其后所发生之原因而涉及诉讼时，其在法律上都具有同样的效力和作用，如同该专利最初就是以这样订正后的形式颁布。”

此外，美国专利法实施细则第 1.323 节也是关于就并非美国专利商标局的错误而进行订正的条款。Novo Industries，L. P. v. Micro Molds Corporation 案[1]中指出：当美国国会在 1952 年确定美国专利商标局有权进行订正时，它并不否认地方法院的更正权力。但是，法院只有在如下情形下才能更正：①该更正不属于根据对权利要求文字和说明书进行的合理辩论；②审查历史没有提出不同的解释。[2] In re Arnott 案也具体明确了关于美国专利法第 255 条的判定标准，即在核发订正证书之前必须满足两个法定要求：其一，错误的性质必须是打字类的错误、印刷类的错误或性质微小的错误；其二，订正的内容不能包含可以产生新内容或者需要复审的变化。如果上述要求得不到满足，美国专利商标局将不能核发订正证书，此时专利权人就只能选择再颁的方式来“订正”错误。[3]

2. 再颁程序

再颁程序允许专利权人在不超出原申请范围的前提下对专利中的各种错误进行修改。专利权人可以通过再颁程序拓宽或缩窄权利要求、改正说明书和附图错误、修改发明人关系等。审查通过后授予的再颁专利与原始专利具有等同效力。美国现行专利法第 251～252 条（35 USC 251～252）以及专利法实施细则第 1.171～1.178 节（37 CFR

[1] 350 F. 3d 1348，1354 (Fed. Cir. 2003).

[2] The common law allows district courts to correct obvious errors in patent claims. However，that correction can only apply where “the correction is not subject to reasonable debate based on consideration of the claim language and the specification and (2) the prosecution history does not suggest a different interpretation of the claims.” 350 F. 3d 1348，1354 (Fed. Cir. 2003).

[3] 19 USPQ2d 1049，1053.

1.171～1.178）涉及再颁程序。例如美国专利法第 251 条规定[1]："无论何时，任何专利，由于没有欺骗意图的错误，因为说明书或绘图有缺陷，或者因为专利权人在专利中提出的权利要求多于或少于其有权要求的范围，全部或者部分无法实施或者无效的，在交回此种专利和缴纳法律规定的费用后，局长应就原始专利中披露的发明，按照新的、经过修改的申请，重新颁发专利，其有效期限为原始专利期限的未届满部分。重新颁发专利的申请不得增添新的内容。局长根据申请人的要求，在申请人就每一重新颁发的专利缴纳规定的费用后，可以就原取得专利的内容的各个清楚可分的部分发给数件重新颁发的专利。"[2] 启动再颁程序的基础必须是已授权的专利存在能够导致该专利之全部或部分不可实施或无效的错误，而该错误一般产生于专利申请的准备与实施过程，但其中的拼写、语法、排版印刷、编辑或打字错误由于不会导致专利全部或部分不可实施或无效而不能单独作为启动再颁程序的基础（可以在提出再颁申请时一并作出修改，或者通过订正证书的途径来解决）。由此，根据美国专利商标局《专利审查程序手册》第 1400 章第 1402 节的规定，启动再颁程序的基础主要有：①已授权的权利要求的保护范围太窄或者太宽；②公开的内容中包含不准确的信息；③申请人未请求外国优先权或者请求的外国优先权错误；

---

[1] Whenever any patent is, through error without any deceptive intention, deemed wholly or partly inoperative or invalid, by reason of a defective specification or drawing, or by reason of the patentee claiming more or less than he had a right to claim in the patent, the Director shall, on the surrender of such patent and the payment of the fee required by law, reissue the patent for the invention disclosed in the original patent, and in accordance with a new and amended application, for the unexpired part of the term of the original patent. No new matter shall be introduced into the application for reissue. The Director may issue several reissued patents for distinct and separate parts of the thing patented, upon demand of the applicant, and upon payment of the required fee for a reissue for each of such reissued patents. The provisions of this title relating to applications for patent shall be applicable to applications for reissue of a patent, except that application for reissue may be made and sworn to by the assignee of the entire interest if the application does not seek to enlarge the scope of the claims of the original patent. No reissued patent shall be granted enlarging the scope of the claims of the original patent unless applied for within two years from the grant of the original patent.

[2] 国家知识产权局国际合作司翻译。

④申请人未引用或者错误引用在先的共同待决申请。

在正义和公平之法律精神的引导下，美国专利再颁制度以其程序上的特色和优势增强了专利权的稳定性，并给予公众一定程度上的合理预期。该程序不仅为专利权所有人所用，而且有效地降低了社会成本。美国建立了丰富的专利授权后行政体系，对于申请人而言，无论是细微错误，还是因诉讼纠纷需要增加、修改或放弃权利要求，都有多样化的救济渠道可以选择；对于公众而言，也可以根据不同时机、不同理由和不同证据等选择合适的程序挑战专利权有效性。体系中每个程序的设计都有较强的针对性，权利人和公众的需求得到了满足，也使行政资源的利用更加聚焦、高效。

（二）日　本

现行的日本专利授权后程序主要包括由日本特许厅审判部管辖的订正审判、无效审判以及后续的由司法部门管辖的审理决定撤销诉讼。订正审判是由专利权人在权利登记后自行订正申请文件的程序，也即主动修改程序。无效审判是由公众对存在瑕疵的专利权提出无效请求，从而取消或部分取消专利权的程序。当事人对日本特许厅审判部作出的审理决定不服的，可以向法院提起审理决定撤销诉讼。订正审判的请求对象是包括说明书、权利要求书和附图在内的专利文件（《日本特许法》第 126 条第 1 款）。请求订正审判的，必须在请求书中随附订正的说明书、权利要求书或者附图（《日本特许法》第 131 条第 4 款）。专利权人在订正审判程序中可以对其说明书、权利要求书和附图进行订正，但对于订正的内容存在诸多限制。首先，订正的目的仅限于：①缩小权利要求的保护范围；②更正笔误或译文错误；③释明不清楚的记载（《日本特许法》第 126 条第 1 款）。其次，原则上订正不得超出授权登记时的说明书、权利要求书和附图所记载的范围（《日本特许法》第 126 条第 5 款）。再次，订正不得实质上扩大或变更权利要求的保护范围（《日本特许法》第 126 条第 6 款）。最后，为缩小权利要求的保护范围或者更正笔误或译文错误而进行订正时，订正后的权利要求所限定的发明必须满足新颖性、创造性等专利要件（《日本特许法》第 126 条第 7 款）。订正审判请求成立的审理决定生效后，可视为根据订正后的说明书、权利要求书或附图已进行了专利申请、公开、授权（包括审查阶段授予专利权的决定和审判阶段授予专利权的审理决定）以及专利权的登记（《日本特许法》第 128 条）。也就是说，该审理决定的效力可以溯及申请时，因此可以撤销以订正前的说明书、权利要求书或附图作出的审理决定或判决，并发回重审。此外，在对专利无效审理决定提起诉讼之日起 90 天内提出订正审判请求的，如果法院允许该订正请求，则原无效的审理决定将被自动撤销，由日本特许厅审判部进行该订正审判，并同时进行无效审判。专利权存在瑕疵时，可就专利权提起无效审判请求（《日本特许法》第 123 条第 1 款）。无效审判属于当事人系审判，采取了无效审判请求人以专利权人为对象请求审判的双方当事人对立结构。

（三）欧　洲

《欧洲专利公约实施细则》第 139 条和第 140 条[1]对授权专利文件的更正作了相应规定，只有语言错误、打字错误和明显错误可以更正。根据第 139 条的规定，提交到欧洲专利局的任何文件中的语言错误、打字错误和其他错误可以应要求得到更正。但是，如果这种更正涉及说明书、权利要求书和附图，则这种更正应当是直接和明显的。根据第 140 条的规定，在欧洲专利局的决定中，只有语言错误、打字错误和明显错误可以更正。根据《欧洲专利公约》第 99 条的规定，在授权后 9 个月内，任何人可以向欧洲专利局提出异议请求。根据《欧洲专利公约实施细则》第 80 条的规定，在异议程序中专利权人对专利文件作出修改，这样的修改仅限于针对《欧洲专利公约》第 100 条所规定的异议理由，即使该理由未被异议人提及。在异议程序中始终允许对《欧洲专利公约实施细则》第 139 条所规定的错误进行更正。该条涉及的是对提交给欧洲专利局文件中的错误的修改，其规定"根据请求可更正提交欧洲专利局的任何文件中的表述错误和抄写错误，以及申请文件中包含的其他错误。"对于更正的后果，其要求

[1] 参见：https：//documents. epo. org/projects/babylon/eponet. nsf/0/53A0FE62C259803BC12586A90058BCAD/ $ File/EPC _ 17th _ edition _ 2020 _ en. pdf。

“经更正后明显不会产生申请人未考虑过的内容”。当存在维持异议专利的合法请求时，无论该专利是依照授权时还是修改过的专利，都不允许下列情形的修改：①提交另外的权利要求；②全面改写独立权利要求；③全面改写说明书。如果请求的修改超出所允许的范围，专利权人将被告知撤回修改。如果其坚持请求，该请求将不能获准。更正错误时，必须考虑以下原则：①任何情况下均允许更正专利说明书中的印刷错误；②只有对决定负责的部门可以更正决定；③向欧洲专利局提交的任何文件中的语言错误、翻译错误或者明显错误均可应请求而进行更正。《欧洲专利公约实施细则》第 139 条没有包括任何时间限制，但作为更正的前提条件是欧洲专利局程序未决[1]。

（四）韩　国

韩国专利制度中设置了订正审判程序。订正审判的目的是为专利权人提供对已经授权的专利中所存在的瑕疵进行纠正的机会，从而避免由于这种瑕疵的存在而导致任何第三方的利益受到损害。专利权人可以依据《韩国专利法》第 47（3）条所列举的任何一种理由，请求对说明书或附图进行订正审判，除非知识产权审判官正在针对该专利进行无效审判。对说明书或附图进行的订正必须被限制在授权发明的说明书或附图所公开的主题范围内。对说明书或附图进行订正应当不实质上扩大或改变专利权的范围。订正审判程序是在专利授权且发行发明专利公报（登记）之后，由专利权人提出的纠错程序。订正审判原则上可以在权利登记之后的任何时候提出，且请求的次数没有限制，甚至在专利权消灭后也可提出订正审判请求。

通过以上对国外专利授权后修改相关制度的梳理，可以发现，在美、日、欧、韩等专利制度成熟的国家和地区，其专利授权后修改的途径和形式多样，相关的程序设计也具有层次性。如美国专利商标局程序中设置的订正程序和再颁程序以及丰富的专利授权后三种行政审查机制，均可以对授权后专利文件进行修改。日本和韩国均设立了专

[1] 参见：https：//documents. epo. org/projects/babylon/eponet. nsf/0/53A0FE62C259803BC12586A90058BCAD/ $ File/EPC _ 17th _ edition _ 2020 _ en. pdf。

利授权后的独立订正审判制度和被吸收到无效宣告程序中的订正请求制度，专利权人可以通过这些制度对专利权范围进行调整。前述国家和地区通过精良的制度设计，响应专利权人和社会公众多样的需求，提高了制度运行效率，切实推动了专利权的稳定性，也有利于专利的实施运用和构建健康有序的专利保护环境。

三、我国发明专利授权后更正制度完善建议

1. 目前我国发明专利授权后可修改的主要途径

（1）授权更正程序中的修改

《专利法实施细则》第 58 条规定："国务院专利行政部门对专利公告、专利单行本中出现的错误，一经发现，应当及时更正，并对所作更正予以公告。"《专利审查指南 2010》第五部分第八章对此又进行了详细操作上的规定："专利局对专利公报上出现的印刷及其他错误，一经发现，应当在更正栏中及时更正。各种不同类型错误的更正分别公布。公布的项目包括：主分类号、申请号（或专利号）、原公告所在卷号、更正项目、更正前内容、更正后内容。"审查实践中，"授权更正"是指对已进入国家知识产权局流程部门的授权案件进行更正的审查程序，分为实审员主动要求更正、非实审员发现错误更正两种情况。在授权更正过程中，审查员只能对授权通知书和授权文本进行更正，不能改变已作出的授权结论。在实际操作中，若审查员发现授权文本或授权通知书存在错误，应及时进行主动更正；如已授权的专利文件中存在明显错误，专利权人也可以通过提交意见陈述书等文件，请求国家知识产权局进行修改更正。需要修改更正的案件将返回原审查员的系统中进行更正回案操作。对于授权文本中可更正的错误类型尚未有明确规定，审查实践中一般仅限于由国家知识产权局自身原因造成的授权文本错误、明显的文字错误，明显的形式问题等，对于授权后申请人出于自身原因主动提交的文本修改更正一般不予接受。

（2）无效宣告程序中的修改

《专利审查指南 2010》第四部分第三章第 4.6 节中对于专利文件

的修改原则、方式和时机作了相应的限制。众所周知，出于对专利权应当具有稳定性以及平衡专利权人与社会公众利益的考虑，在专利无效宣告程序中，法律对专利权人修改专利文件进行了限制，又由于无效宣告程序是在授予专利权并向社会公众公告之后进行的，因此无效宣告程序阶段对专利文件的修改比专利申请审查阶段更为严格。[1] 无效宣告程序中发明或者实用新型专利文件的修改仅限于权利要求书，并且应受到以下限制：①不得改变权利要求的主题名称；②与授权的权利要求相比，不得扩大原专利的保护范围；③不得超出原说明书和权利要求书记载的范围；④一般不得增加未包括在授权的权利要求书中的技术特征。根据 2017 年《国家知识产权局关于修改〈专利审查指南〉的决定》修改权利要求的具体方式一般仅限于权利要求的删除、技术方案的删除、权利要求的进一步限定、明显错误的修正。其中权利要求的进一步限定是指在权利要求中补入其他权利要求记载的一个或者多个技术特征，以缩小保护范围。可见，我国的专利权无效程序中，专利权人修改权利要求的机会和自由受到了严格的限制。

2. 专利授权后更正制度设置的几个途径

在国内外专利授权后修改制度规则比较的基础上，基于目前我国国情和专利法律规则及其程序设计，本文基于成本、效率以及与现有法律、法规、规章、制度良好融合和衔接的考虑，提出以下几个途径。

（1）完善和扩充现有授权后更正程序

世界各国专利制度中普遍存在授权后的订正程序或类似的制度。除日本外，其他各国的订正（或称更正）程序主要用于解决授权文本中的明显错误。这一制度在一定程度上适合我国当前专利撰写水平普遍不高的国情，尤其是对可能存在诸多形式缺陷的、未经实审的实用新型和外观设计专利，不允许主动予以订正则难以解决相关问题。借鉴美、日、韩等国的订正程序，将在现有的授权后更正程序基础上进行完善以及功能扩充——该路径无须对现有的制度有大的变动，修改

[1] 吴贵明．谈专利无效宣告程序中专利文件的修改［J］．电子知识产权，2011（1）：118-120.

成本低。

《专利法》和其实施细则中均未明确规定有授权后更正程序，《专利审查指南 2010》中涉及的授权后更正程序相应规定也较为模糊，仅说明国家知识产权局对专利公报上出现的印刷及其他错误，一经发现，应当在更正栏中及时更正，而并未明确提及专利权人可以提出更正，也未明确指明对具体哪些错误可以更正。经调查，公众或专利权人对该现有的程序不知晓或不知如何具体操作，因此，建议在《专利法》或其实施细则中增加，并对《专利审查指南 2010》中的授权后更正程序加以明确，以使专利权人和社会公众明确知悉该制度的存在以及如何具体应用。

为满足专利权人和社会公众对专利授权后修改的需要，可以对现有的更正程序进行扩充：一是在更正提出主体方面，除基于专利局的错误和专利权人的错误，由国家知识产权局和专利权人提出更正请求外，也允许第三人在一定期限提出更正请求；二是对更正内容可以扩充，除了明显的文字、标点、序号以及印刷错误外，还增加明显不清楚、明显不简要等形式问题的更正内容。更正请求成立后，所属案件退回原审查员重新审查；重新审查后，国家知识产权局以修改更正通知书的形式告知专利权人，同时将修改更正的内容进行公告。

（2）增设授权后再审（再颁）制度

根据我国实际情况，借鉴美国专利体系中的再颁程序，可以在完善和扩充现有更正程序的基础上，增设一项授权后再颁程序：允许专利权人在不超出原申请范围的前提下对专利中的各种错误进行修改，可以拓宽或缩窄权利要求，审查通过后授予的再颁专利与原始专利具有等同效力。

授权后再审（再颁）程序提出的主体限定在专利权人，如有其他第三人认为已授权的专利之全部或部分不可实施或无效，可以利用现有的无效宣告程序。

再审程序中提出的理由可以是不清楚、公开不充分、不支持等形式问题，也可以是新颖性或创造性等实体问题。再颁请求人应当提出具体的证据，阐述详细的再颁理由。

3. 建议途径的可行性分析

专利授权后更正程序的设立应遵循符合专利制度本意的相关原则，即在保障专利权人对授权文本修改权利的同时，应兼顾保障授权文本的公示效力和整体制度效率。需要从整个专利行政程序的角度以及专利行政、司法全部程序的角度进行考虑，既要保障授权后更正程序的定位和价值得到体现，也需要协调处理好授权后更正程序和授权程序之间的角色关系。授权程序，尤其是经过实质审查的授权程序，是确定专利权保护范围并向社会公众予以公告的基础程序。专利权人在该程序中拥有较为充分的对其申请文本进行规划、布局和修改的机会，社会公众也由公告的授权专利文本而知晓权利的边界。因此，无论是从保障授权程序制度价值的角度，还是从保障授权文本公示作用的角度，在授权后程序中都需要对授权文本的修改作出一定的限制，不得使授权之后的专利保护范围发生不可预知的、反复的改变，从而损害社会公众对授权文本的信赖和期待，也易导致专利权人在申请—授权阶段怠于对权利要求进行布局和修改。[1] 因此，无论是增设授权后再审制度还是完善和扩充现有授权更正程序，都应将专利文件修改限定为不得超出原说明书和权利要求书记载的范围，并将不得扩大原专利的保护范围作为基本原则。

对于扩充现有授权后更正程序的内容和提出主体的这一途径，即将授权更正提出主体扩展到第三人以及增加明显不清楚等问题的更正内容，该程序无须对现有程序进行较大的修改，仅需要在操作规则上适当扩充。例如第三人提出更正请求可以现有的第三方意见的方式提出，国家知识产权局在规定期限内收到第三方意见之后，即可启动将案件返回原审查员进行修改更正，并进行授权更正公告。而对于可更正内容上的扩充，可以以内部规程或者指南修改的方式规定可更正的范围；如果属于可更正范围内，则给予更正，并依照现有更正程序进行后续操作即可。

[1] 蒋彤，国家知识产权局学术委员会2014年度专项课题研究项目“专利复审和无效程序的制度优化及规则完善研究”第119页。

对于增设授权后再审制度这一途径，主要目的在于希望给予专利权人再次对专利文件进行弥补修改以获得与其技术贡献相匹配的保护的机会，也使社会公众能够得到一个更为清晰准确的保护范围。但这一途径不可避免地会带来与无效宣告程序重叠或冲突的问题。为更好地与无效宣告程序、授权程序衔接，设置的授权后再审程序中可以将提出的主体限定在专利权人，而第三人可以利用现有的无效宣告程序，相互补充。此外，还可以将再审的提出期限设定在授权后的某一段时间内，比如 6 个月内。这样既能够使之与无效宣告程序有所区分，也能促使专利权人积极行使其更正权利。在具体的程序设计上，仅需在前述授权后更正程序的基础上以类似方式增设即可，无须对现有系统和程序作出大幅度改动，成本较低。另外，国家知识产权局在专利权人放弃原专利、缴纳法律规定的费用后，将原专利所公开的发明退回原审查员或审查部门重新审查，重新审查后依据新的、经修改的申请重新颁发专利。重新颁发的专利的有效期为原专利未届满的期限。为保护社会公众的信赖利益，重新颁发的专利不得加入新的实质性内容，不得扩大原专利权利要求的保护范围。

四、结　语

授权后的专利通过修改程序确定一个更加稳定的专利权保护范围，无论对专利的实施、许可、转让、开发、运用，都是更有实际意义的做法。从保护发明创造专利权、鼓励发明创造的基本原则出发，应该在允许专利权人对授权后的专利文件进行修改的同时，使其修改的范围更宽泛，修改的方式更灵活；但同时又要防止专利权人对这一权利的滥用，保证专利权的稳定性，确保授权程序的基础作用，维护社会公众的信赖利益和期待。本文提出的几个途径能够在一定程度上解决现有授权后更正制度不完善的问题。当然，由于不同程序的定位和价值存在差异，可能在某些程序上会出现交织和混同，这些都需要进一步探讨或进行程序细节的补漏，以使得授权后更正程序能够完全融入中国专利制度，与现有的制度设计良好衔接，达到其预期的效果，真正促进整体专利质量提升，助力营造更好的营商环境和创新环境。

论外观设计的功能性原则

郭小军[1]

摘　要

各国和地区为功能性外观设计包括功能性外观设计特征的判断创设了不同的标准，但是其出发点皆在于引导理论，以在外观设计与发明专利之间划出相对清晰的界限，特别是防止借用外观设计在事实上提供发明专利保护，进而侵入公有领域或者损害竞争。然而，若仔细分析功能性原则的实践及其效果，就会发现通过外观设计为功能性提供一定程度的保护并不会损害引导理论的法理基础。若以外观为外观设计权的保护对象，则有利于提高外观设计确权、侵权判断的客观性，建立于功能性与装饰性区分基础之上的功能性原则也失去了其存在的意义。

---

[1] 作者单位：中国贸促会专利商标事务所有限公司。

关键词

外观设计　功能性　发明专利

一、问题的提出

根据《专利法》第 2 条第 4 款关于外观设计的定义，外观设计需同时满足装饰性（富有美感）与功能性（适于工业应用）两方面的要求。所以功能性是外观设计普遍具备的特性，在美国被称为“事实上的功能性”（de facto functional）；而功能性设计与此相对，在美国被称为“法律上的功能性”（de jure functional），泛指那些仅由产品功能决定的设计。❶

功能性原则是调和发明专利（包括实用新型专利，本文以“发明专利”概括代之）与外观设计保护制度（例如外观设计专利、注册外观设计等）的主要机制❷，因此是以引导理论（channeling doctrine）维持各种知识产权保护形式的边界，将对某一对象的保护准确地划归于相应知识产权部门的重要手段❸。功能性原则在外观设计领域的运用包括在确权、侵权程序中对功能性设计（包括功能性设计特征）进行识别：若外观设计整体是功能性的，则宣告其无效；若外观设计的某一或者某些特征“主要由技术功能决定”或者“仅由其技术功能决定”❹，则不考虑该设计特征或赋予其较低权重。通常，只要外观设计

❶ In re Morton-Norwich Prod.，Inc.，671 F. 2d 1332，1337（C. C. P. A. 1982）.

❷ DU MONT J J，JANIS M D. Functionality in design protection systems［J］. Journal of Intellectual Property Law，2012，19：261，263.

❸ MCKENNA M P. An alternative approach to channeling?［J］. William & Mary Law Review，2009，51（2）：873.

❹ 参见：《最高人民法院关于审理侵犯专利权纠纷案件应用法律若干问题的解释》（法释〔2009〕21 号）第 11 条；Council Regulation（EC）No 6/2002 of 12 December 2001 on Community designs，Article 8（1）。

中包含了非功能性的设计特征，该外观设计整体就不属于功能性设计。[1]

总体上，对功能性设计不予保护已经成为世界主要国家和地区外观设计法的主流规定和实践。然而，在关于功能性原则比较一致的理论背后，是差异化较大的判断标准与实践。作为与外观设计保护相关的根本性问题，功能性原则在界定外观设计与发明专利之边界时有多大的制度意义，如何掌握功能性设计的判断尺度，值得进一步探讨。

二、功能性原则的适用

（一）功能性原则在我国的适用

首先，《专利审查指南 2010》规定，由产品的功能唯一限定的特定形状对整体视觉效果通常不具有显著的影响，例如凸轮曲面形状、汽车轮胎的圆形形状。[2] 所以，功能性设计仅限于外观设计的形状要素，而不涉及图案、色彩。其次，功能性设计在我国主要指功能性设计特征。如果设计者能够证明某一功能可以通过不止一种形状实现，那么该种形状通常不会被认定为功能性设计特征。最后，功能性设计特征对外观设计的整体视觉效果并非绝对没有影响，仍然会对外观设计的保护范围产生一定影响。《最高人民法院关于审理侵犯专利权纠纷案件应用法律若干问题的解释》（法释〔2009〕21 号）（以下简称《解释》）第 11 条亦对功能性设计特征的认定及其作用作了规定：功能性设计特征指的是主要由技术功能决定的设计特征，在侵权判定中应当不予考虑。

最高人民法院在司法实践中指出，功能性设计特征是指在外观设计产品的一般消费者看来，由所要实现的特定功能所唯一决定而并不考虑美学因素的设计特征，即使某设计特征仅仅是实现特定功能的多

[1] CARANI C V. Design Rights: Functionality and Scope of Protection [M]. Montreal: Wolters Kluwer, 2017: 32.

[2] 《专利审查指南 2010（2019 年修订）》第四部分第五章第 6.1 节。

种设计方式之一；因为如果允许给予有限的替代设计特征外观设计保护，申请人就可以通过分别申请外观设计专利的方式实现对特定功能的垄断，从而违背外观设计专利保护具有美感的创新性设计方案的立法目的。[1] 由此，最高人民法院在对功能性设计特征的认定中采用了“一般消费者”标准，是否存在替代设计仅是这一标准的考虑因素之一。

北京市高级人民法院《专利侵权判定指南（2017）》第 85 条对功能性设计特征的判断作出了更具体的规定：“在判断相同或相近似时，由产品功能决定的设计特征不予考虑。由产品功能决定的设计特征，是指由功能有限或唯一决定、不考虑美学因素而形成的设计特征。技术标准规定的或者为了实现机械上的配合关系必须采用的不可选择的设计特征属于功能性设计特征。”

（二）功能性原则在域外的适用

1. 美国的规定和实践

美国外观设计专利的功能性主要指“法律上的功能性”，其来源于对外观设计定义中“装饰性”要求的司法阐述。[2] 后者是 1902 年美国专利法规定的内容。功能性原则的政策考虑是在可保护的外观设计和那些不允许垄断实用特征的外观设计之间划出一条明确的界限。[3] 所以，为了获得保护，外观设计必须呈现出美观、愉悦的外观，而不是仅仅由功能决定。[4]

---

[1] 国家知识产权局专利复审委员会与张迪军、慈溪市鑫隆电子有限公司外观设计专利权无效行政纠纷案，参见最高人民法院（2012）行提字第 14 号行政判决书。最高人民法院第 85 号指导案例“高仪股份公司诉浙江健龙卫浴有限公司侵害外观设计专利权纠纷案”［最高人民法院（2015）民提字第 23 号民事判决书］重申了这一观点，并认为“一般而言，功能性设计特征对于外观设计的整体视觉效果不具有显著影响”。

[2] 参见例如：OddzOn Prod.，Inc. v. Just Toys，Inc.，122 F. 3d 1396，1405（Fed. Cir. 1997）。

[3] CHISUM D S. Chisum on patents [M]. New York：LexisNexis，2006：§ 23.03 [4]. 转引自：SAIDMAN P J. The demise of the functionality doctrine in design patent law [J]. Notre Dame Law Review，2017，92（4）：1471，1483.

[4] Bonito Boats，Inc. v. Thunder Craft Boats，Inc.，489 U. S. 141，148，109 S. Ct. 971，976，103 L. Ed. 2d 118（1989）.

在一些案例中，法院认为外观设计的侵权判断应当基于装饰性设计特征，在解释权利要求时需要区分功能性特征与非功能性特征，并且仅仅基于非功能性特征进行侵权分析。[1] 但是，这并非否定“整体外观”判断方式而进入一种仅仅对非功能性特征进行逐一比对的判断方式。[2] 此外，即使产品的构成部件是功能性的，但是其特定的组合方式包括相对位置和取向也可以是装饰性的。[3]

在判断外观设计是否属于功能性设计时曾经出现过类似于商标领域适用的多因素判断标准，其中包括将是否存在发明专利作为判断功能性的考虑因素之一。[4] 但是，主流的测试方法仍然是判断是否存在实施相同功能的替代设计。[5] 即：如果存在众多替代设计，则通常可以认定满足装饰性要求；如果没有替代设计，则可以考虑其他因素。[6] 根据“替代设计”标准，如果与设计相关的功能或目的可以通过许多其他方式来实现，那么就足以推翻该设计主要是功能性的主张。[7]

由于只要证明存在合理数量的替代方案即可，“替代设计”标准是一个非常宽松的标准，即使是例如美国外观设计专利 D590，992 所示“墨盒”的外观设计也不被认为是功能性的。

2. **欧洲的规定和实践**

《欧盟理事会共同体外观设计保护条例》[（EC）No. 6/2002] 第 8

---

❶ Richardson v. Stanley Works，Inc.，597 F. 3d 1288，1293（Fed. Cir. 2010）.

❷ Apple Inc. v. Samsung Elecs. Co.，786 F. 3d 983，999（Fed. Cir. 2015），rev'd and remanded，137 S. Ct. 429，196 L. Ed. 2d 363（2016）.

❸ Ethicon Endo-Surgery，Inc. v. Covidien，Inc.，796 F. 3d 1312，1334（Fed. Cir. 2015）.

❹ Berry Sterling Corp. v. Pescor Plastics，Inc.，122 F. 3d 1452，1456（Fed. Cir. 1997）.

❺ 参见：Best Lock Corp. v. Ilco Unican Corp.，94 F. 3d 1563，1566（Fed. Cir. 1996）；Seiko Epson Corp. v. Nu-Kote Int'l，Inc.，190 F. 3d 1360，1368（Fed. Cir. 1999）；Ethicon Endo-Surgery，Inc. v. Covidien，Inc.，796 F. 3d 1312，1330-32（Fed. Cir. 2015）。

❻ Ethicon Endo-Surgery，Inc. v. Covidien，Inc.，796 F. 3d 1312，1329-30（Fed. Cir. 2015）.

❼ Avia Grp. Int'l，Inc. v. L. A. Gear California，Inc.，853 F. 2d 1557，1563（Fed. Cir. 1988），abrogated by Egyptian Goddess，Inc. v. Swisa，Inc.，543 F. 3d 665（Fed. Cir. 2008）.

条规定了两种不予保护的设计特征：仅由技术功能决定的功能性设计特征以及必须匹配（must-fit）的设计特征。该条例的序文第 10 条指出：不应通过对仅由技术功能决定的特征授予外观设计保护来阻碍技术创新；同样，不同品牌的产品之间的互操作性也不应因将保护范围扩大到机械配件的设计而受到阻碍。

英国早期曾经采用“设计者意图”标准来判断设计特征的功能性。[1] 该标准在英国被纳入欧盟《外观设计协调指令》（98/71/EC）后即停止适用。此后，主流的测试方式是“形式多样性”（multiplicity-of-forms）标准，也被称为“替代设计”标准，指的是仅在没有替代设计特征可以实现产品的技术功能时，才认为相关设计特征是功能性的。关于该方法的担心在于：在大多数情况下均会找到实现技术功能的替代手段，从而导致功能性原则几近消亡，并且申请人可以通过对有限的设计形式主张外观设计权实现事实上对功能性的垄断。[2] 与此相似的还有“设计者的设计自由度”标准，即如果设计者在形成设计特征时仍有一定程度的自由，则设计特征不被视为仅由其技术功能所决定。[3]

欧盟知识产权局（EUIPO）上诉委员会认为，当美学完全无关紧要，仅关注产品功能是否良好时，那么根据外观设计法就没有什么可保护的，因此应当采用“理性观察者”（reasonable observer）标准（也称“Lindner”标准）。[4] “设计者意图”标准与“理性观察者”标准被统称为“因果关系”标准（causative criteria）。

欧盟法院确认了“因果关系”标准，并对“理性观察者”标准作出了改进，指出应当基于所有客观情况进行评估，即如果产品实现其技术功能需求以外的考虑因素，特别是与视觉方面有关的考虑因素，

---

[1] Amp Inc v Utilux Pty Ltd，(1972) RPC 103.

[2] European Commission，Legal review on industrial design protection in Europe，86-87 (15 April 2016).

[3] ICD 9231 decision of the Invalidity Division of 30 April，2014.

[4] R 690/2007-3 Lindner Recyclingtech GmbH v Lars Franssons Verkstäder AB (Board of Appeal，22 October 2009).

在选择这些特征时没有发挥任何作用，那么根据《欧盟理事会共同体外观设计保护条例》第8（1）条规定相关特征不在保护范围之内，是否存在替代设计并非决定性的。欧盟法院认为，如果采用“形式多样性”标准，那么申请人可以通过对仅由技术功能确定的可能的设计形式主张外观设计权实现专利所提供的排他保护，但不受获得专利所需条件的限制。❶ 所述客观情况可以是产品宣传广告的描述用语、产品的实际使用情况、市面上实现相同技术功能的替代设计等。❷

3. 日本的规定和实践

根据《日本外观设计法》(《意匠法》）第5条第3款及关联说明，仅由为确保产品功能而必需的形状或为建筑物使用所必需的形状构成的设计或仅由图像预期用途所必需的显示构成的设计，不得注册外观设计，因为如果赋予上述功能性设计以外观设计保护，那么第三人实施具有该功能的产品就会构成侵权，从而不当限制经济活动、阻碍产业的发展。

《日本外观设计法》第5条第3款是随着平成十年（1998年）局部外观设计制度的引入而新增设的规定。立法者认为，确保产品功能所必需的形状属于技术构思的创造，应受到专利法和实用新型法的保护，这样的形状如果受到外观设计法的保护，就会产生与赋予技术构思的创造以排他垄断权相同的结果，而通过使产品的局部外观设计受到保护，这种不利影响可能变得明显。❸ 功能性原则在日本主要适用于企图通过局部外观设计注册来垄断某一技术功能的极端情形，例如油罐的球形、轮胎的圆形等。

日本《外观设计审查基准》[令和三年（2021年）3月31日修正]第6章“不能注册的外观设计”重申了上述思想，认为对功能性

❶ C-395/16 DOCERAM GmbH v CeramTec GmbH ECLI：EU：C：2018：172.

❷ 杨菲．外观设计功能性外观特征排除标准在欧盟的新发展：由DOCERAM有限责任公司诉CeramTec有限责任公司侵犯外观设计案说起［J]．电子知识产权，2019（1）：57.

❸ 「平成10年改正意匠法　意匠審査の運用基準」概要，V．意5条3号（機能にのみ基づく意匠の保護除外）[EB/OL]．［2021-05-18]．https：//www.jpo.go.jp/system/laws/rule/guideline/design/shinsa_kijun/kaitei/document/h10_isho/i53.pdf.

设计授予外观设计的排他垄断权是不合适的。在确定外观设计是否属于为确保产品功能所必需的形状构成的设计时，只关注产品或建筑物形状，而不考虑作为外观设计构成要素的图案和色彩，包括：是否存在可能的替代形状以保证产品的功能或建筑物的用途；设计中是否包括除不可避免的形状外、在设计评价中应予考虑的形状等。此外，功能性设计还包括为确保产品的互换性或根据建筑物的用途等由标准化规格确定的形状构成的设计。

实践中，例如“电路板”和“弹簧”等产品的外观设计均可获得注册。[1] 对于正常使用状态下看不到的产品，其外观设计在日本一样可以获得注册，例如发动机引擎活塞的外观设计。[2] 已有案例和行政决定还表明，功能性设计特征在两外观设计的相似性判断中不予考虑，因而被从外观设计的保护范围中排除，但是对于实现产品功能而言仅仅属于优选的、并非必需的设计特征仍然构成设计之整体外观的一部分。[3]

（三）小　结

上述各国和地区关于功能性原则的规定，法理上均源自引导理论，字面表述相差亦不大，但是实践中却存在较大差异。如果按照由严格到宽松的标准排列的话，依次分别是欧盟、中国、美国、日本。

其中，欧盟关于功能性设计的审查采“因果关系”标准，该标准在具体适用中与美国采用的“替代设计”标准存在递进关系，在后一标准的基础上对功能性设计作进一步过滤。我国最高人民法院也采用了类似的标准。因为评价因素较多，且在评价这些因素的时候必须对功能性与装饰性（所谓“视觉方面有关”）作区分，这种评价标准较为主观且存在循环论证的问题。更重要的是，与功能性原则相关的一

[1] CARANI C V. Design Rights：Functionality and Scope of Protection ［M］. Montreal：Wolters Kluwer，2017：384，387.

[2] CARANI C V. Design Rights：Functionality and Scope of Protection ［M］. Montreal：Wolters Kluwer，2017：386.

[3] CARANI C V. Design Rights：Functionality and Scope of Protection ［M］. Montreal：Wolters Kluwer，2017：388-389.

些最基本的问题被普遍忽略了，例如功能性与装饰性之间的伴生关系、外观设计保护与商标专用权以及发明专利保护的区别等。

三、外观设计对功能性的保护实践

（一）外观设计对功能性的附带保护

在一项外观设计中，装饰性与功能性对于最终外观设计之形成的贡献可能不同。按照产品设计特征的三分法，“设计特征可以分为功能性设计特征、装饰性设计特征以及功能性与装饰性兼具的设计特征”，“功能性与装饰性兼具的设计特征对整体视觉效果的影响则需要考虑其装饰性的强弱，其装饰性越强，对于整体视觉效果的影响可能相对大一些，反之则相对较小”。[1] 无论如何，外观设计事实上的功能性，作为产品的固有属性，始终存在。尤其对产品的形状而言，外观设计必然会通过“外观”这种形式延伸到其“功能”。例如，具有不同外观设计的饮料瓶会带来不同的强度、握持性能、放置后的稳定性等，对壁炉加热器隔栅外观设计的保护同样会在一定程度上延伸至对其功能（结构）的保护[2]。

虽然一般认为功能性设计仅限于形状要素，但是产品的图案亦可能成为功能性问题的焦点。例如，法院认为轮胎在考虑安全、转向、刹车、磨耗、滑水、散热和降噪等功能的前提下，其主胎面上的花纹布局、图案构思等方面仍然具有较大的设计自由度，可能使得不同轮胎形成不同的整体视觉效果，因此可以作为外观设计予以保护。[3] 然而，也需要承认这样的事实，即当权利人基于这样的外观设计主张权利的时候，其同时也在主张该轮胎触轨面花纹所带来的上述功能，尽管此处所定义的功能非常具体。

---

[1] 深圳市亚冠电子有限公司与深圳市战音科技有限公司侵犯专利权纠纷案，参见最高人民法院（2014）民提字第 34 号民事判决书。

[2] Bergstrom v. Sears，Roebuck & Co.，496 F. Supp. 476，498-99（D. Minn. 1980）.

[3] 株式会社普利司通与浙江杭廷顿公牛橡胶有限公司、北京帮立信轮胎有限公司侵害外观设计专利权纠纷案，参见最高人民法院（2010）民提字第 189 号民事判决书。

显然，对“功能”的认定是确定功能性设计的关键。最典型的例子是钥匙的外观设计：如果以与特定的钥匙孔配合为其功能，则法院可认定钥匙头为功能性设计；[1] 但是，如果以开锁为其功能，则钥匙头不属于功能性设计。对功能作较概括的限定意味着更多的替代设计，而作较具体的限定会导致更少的替代设计。[2] 所以，在没有对设计或者设计特征所对应的功能作限定的前提下讨论功能性设计是没有意义的。

（二）外观设计对功能性的专门保护

在我国授权且被认为有效的外观设计专利中，很多外观设计对于终端用户来说并无装饰性意义，包括设计者没有装饰性设计意图或者设计在正常使用状态下对于终端用户不可见等情形。为支持这类外观设计专利的正当性，在司法实践及学术中提出了“中间产品”的概念，并且外观设计确权、侵权判断主体扩张到了诸如经销商、维修者等。[3]

以“逻辑编程开关（SR14）”外观设计专利权无效行政纠纷案[4]为例，法院基于举证责任以及专利权有效的事先推定认定该案所涉产品的矩形凹槽不属于功能性设计特征。然而，对于这类产品而言，不管是从设计者的设计意图还是终端用户的角度出发，该矩形凹槽的装饰性有多大的价值或者意义都值得商榷。

“型材”类外观设计专利是另一典型的例子。型材在安装之后展现的通常是其平坦的一面，赋予其专利性的横断面形状并不向终端用

---

[1] Best Lock Corp. v. Ilco Unican Corp.，94 F. 3d 1563（Fed. Cir. 1996）.

[2] SAIDMAN P J. Functionality and design patent validity and infringement [J]. Journal of the Patent and Trademark Office Society，2009，91：313，318-320.

[3] 参见：张晓都．外观设计专利的侵权判断主体与授权条件判断主体［M］//国家知识产权局条法司．专利法研究 2010. 北京：知识产权出版社，2012：112；胡充寒．外观设计专利侵权判定理论与实务研究［M］. 北京：法律出版社，2010：99-100；浙江万丰摩轮有限公司与国家知识产权局专利复审委员会、浙江今飞机械集团有限公司外观设计专利无效行政纠纷案，参见最高人民法院（2010）行提字第 5 号行政判决书。

[4] 国家知识产权局专利复审委员会与张迪军、慈溪市鑫隆电子有限公司外观设计专利权无效行政纠纷案，参见最高人民法院（2012）行提字第 14 号行政判决书。

户展示。但是这样的外观设计专利数量颇多，且普遍被认为应当受到外观设计专利保护。[1] 类似的还有例如安装在空调室外机内部的“风轮”的外观设计专利[2]、电气领域的“真空接触器”的外观设计[3]等。

为了实现对技术方案的充分保护，申请人可以为同一发明创造申请发明专利与外观设计专利。例如，名称为“一次性卫生口罩”的第5074746号日本专利（参见图1），该口罩具有缓解佩戴口罩时从所述耳朵佩戴部施加的张力的张力缓解装置，即形成于所述耳朵佩戴部的下缘部分的切口。同一申请人的名称为“卫生口罩”的第1286491号局部外观设计及该局部外观设计的第1286747号、第1286748号、第1286749号、第1286750号关联外观设计（参见图2～图6）则分别显示了卫生口罩不同形状的切口。权利人显然通过注册外观设计实现了保护特定技术功能的目的。

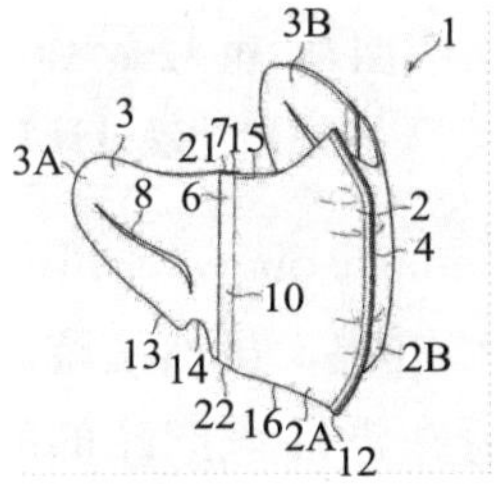

图1　第5074746号日本专利视图

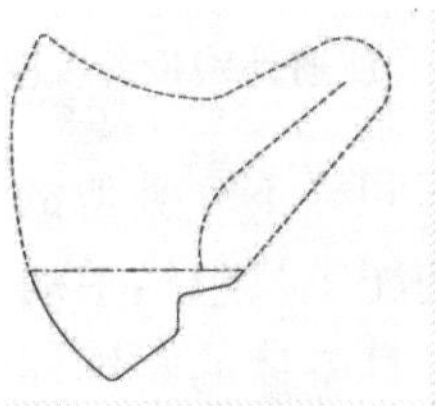

图2　第1286491号日本注册外观设计视图

❶ 例如欧介仁诉佛山市南海区雍兴门业有限公司侵犯外观设计专利权纠纷案，参见上海知识产权法院（2015）沪知民初字第427号民事判决书。

❷ 珠海格力电器股份有限公司与广东美的电器股份有限公司外观设计专利权无效行政纠纷案，参见最高人民法院（2011）行提字第1号行政判决书。

❸ 洛阳晨诺电气有限公司与天津威科真空开关有限公司、张春江、天津市智合电器有限公司侵害外观设计专利权纠纷案，参见最高人民法院（2014）民提字第193号民事判决书。

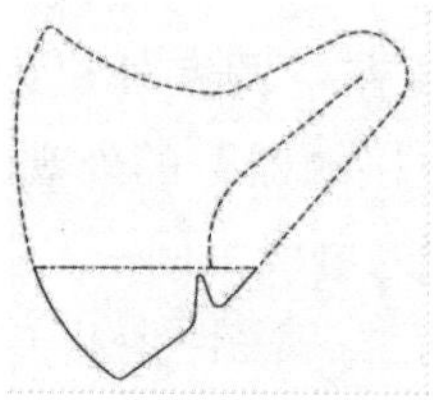

图 3　第 1286747 号日本注册外观设计视图

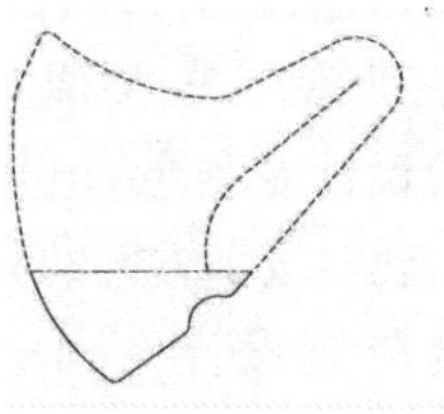

图 4　第 1286748 号日本注册外观设计视图

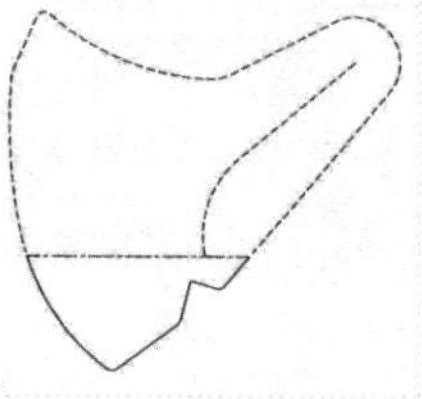

图 5　第 1286749 号日本注册外观设计视图

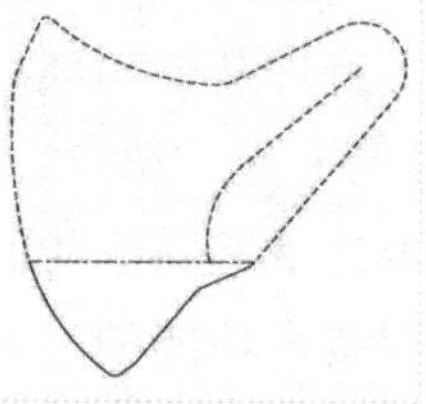

图 6　第 1286750 号日本注册外观设计视图

美国同样不乏类似的例子。例如 Richardson v. Stanley Works 案中的多功能工具包括手柄、锤头、钳口和撬棍，虽然法院并没有因此否定该工具整体的装饰性[1]，但是设计者在设计该产品的时候以及用户在使用该产品的时候，作为美国外观设计专利侵权判断主体的“产品的购买者”或者“对该物品感兴趣的人”会将多少关注投向该种工具的装饰性呢？

四、从竞争视角看外观设计专利对功能性的保护

（一）外观设计专利与发明专利为功能性提供了差异化的保护

显然，引导理论的法理不在于简单地确保部门法边界的清晰，更重要的是保证授予的权利与发明创造作出的贡献对应，并防止阻碍技

[1] Richardson v. Stanley Works，Inc.，597 F. 3d 1288，1294（Fed. Cir. 2010).

术创新和侵蚀公有领域。中国和欧盟的法官皆表达了这样的担忧：如果采用“形式多样性”标准，那么申请人可以通过对有限的设计形式申请外观设计专利而在事实上获得发明专利保护，而无须适用发明专利的授权条件，这将导致其他竞争者无法提供具有相同技术效果的产品，阻碍可能的技术革新。然而，这一担忧误解了外观设计专利与发明专利之区别，以为二者提供了同等性质的权利。事实是，二者在对功能性的保护上具有本质的区别。

首先，外观设计专利对功能性的保护通过对外观的保护而间接实现，地位上具有从属性。

根据《解释》第 7 条、第 9 条、第 11 条的规定，外观设计专利的保护范围在我国延及相同或者相近种类产品上的相同或者近似外观设计。对外观设计相同或者近似的判断遵循“整体观察、综合判断”的方法，考察外观设计的整体视觉效果或者视觉印象是否相同或者近似。其中，不同的设计特征根据其对外观设计整体视觉效果的贡献会被赋予不同的权重。通过外观设计专利，产品外观所对应的功能或技术方案也被赋予了垄断权，例如前述“卫生口罩”耳朵佩戴部的下缘部分的切口形状。发明专利则基于说明书披露的内容，通过权利要求书的文字来描述请求保护的技术方案。根据发明人作出的技术贡献，可以直接对要求保护的产品的技术方案作出合理限定。

其次，虽然从技术角度看，外观设计专利的授权条件似乎比发明专利低，但同时外观设计专利对功能性提供的保护也弱于发明专利。

每一项外观设计所表现的形状只有一种形式，相当于发明专利的一种具体实施方式，其限定的保护范围因而只能以此为基础进行解释。法律为外观设计提供的保护更接近于版权，实质上都是一种“外观与感觉”，不同于发明专利的保护方法，因而是一种更弱的保护。[1] 发明专利通过文字对保护范围作概括性限定，其可以包括例如部件结构、部件之间的相互关系、材料、数值范围、工艺步骤、功能等，由

[1] MCKENNA M P. What's the frequency, Kenneth? channeling doctrines in trademark law [M] //YU P. Intellectual Property and Information Wealth. Santa Barbara: Praeger, 2007: 215, 216.

此确定的保护范围涵盖了数个甚至无数可能的具体实施方式。除了文字本身的概括性和弹性，在侵权诉讼程序中，通常还允许通过等同原则对发明专利的保护范围作进一步扩张，这种扩张会随着技术进步而不断扩大。❶

显然，发明专利的保护强度比外观设计专利大很多，因为通过外观间接实现对技术方案的保护，从技术角度来看，第三人一般较容易通过对设计作出改变来规避外观设计专利的保护范围。

（二）外观设计权对功能性的保护不具有反竞争效果

在对商业外观功能性的分析中，最重要的考虑是维护自由竞争。❷所以，如美国的 TrafFix 案对于功能性的审查分为两个层次：适用 Inwood 标准即审查产品特征是否“对产品的用途或目的是必要的”或“影响产品的成本或质量”；如果根据 Inwood 标准，产品特征是非功能性的，那么法院必须适用 Qualitex 标准，即审查独家使用该产品特征是否“会使竞争者处于与声誉无关的重大劣势”，防止纯美学、任意或附带的产品功能的不当保护。❸ 因为外观设计保护与商标保护的相似性，有必要考察外观设计专利对功能性的保护是否会产生反竞争效果。

首先，外观设计权不同于商标权——后者提供了无限期的保护，因而在商标权与发明专利权之间划分边界的意义远较在外观设计权与发明专利权之间划分边界的意义重大。

在商标领域，功能性原则的核心基于一个简单的前提：商标法不应成为实现永久发明专利保护的捷径。❹ 北京市高级人民法院在“之宝打火机”案中对此作了详细阐述：功能性条款是为了维护公有领

---

❶ 《最高人民法院关于审理专利纠纷案件适用法律问题的若干规定》（2020 年修正）第 13 条。

❷ 王小丽．商标法美学功能性的误读与澄清［J］．学术论坛，2016（8）：136.

❸ Christian Louboutin S. A. v. Yves Saint Laurent Am. Holdings，Inc.，696 F. 3d 206，220（2d Cir. 2012）.

❹ DRATLER J，Jr. Trademark protection for industrial designs［J］．University of Illinois Law Review，1988，887：907.

域，禁止将能够促进技术进步的形状通过注册商标的形式获得永久的“垄断权”，阻碍技术发展和公众对技术的利用；具有功能性的形状可以通过发明专利权的保护来获取鼓励技术创新的“对价”，但是在专利权到期之后就必须允许公众自由使用，如果再允许将该功能性形状注册为商标，则将阻碍公众自由利用该技术。❶ 因此，法院在该案中适用了与美国相似的多因素标准来认定功能性。实际上，对于商业外观而言，产品特征只需具有某些实用性优势就可以被认为是功能性的而得不到保护。❷ 因此，功能性原则为商标保护设置了相当高的门槛，且包含了实用功能性与美学功能性两方面的内容。❸

外观设计权通常提供最长约 25 年的保护期限，而我国外观设计专利的保护期仅为 15 年。所以，即使外观设计权为功能性设计提供了垄断权，这一垄断权的保护期限与发明专利权相差不多，并不会长期甚至永久垄断设计创新，竞争者可以在外观设计权到期后自由地使用该设计。

其次，外观设计权的授权条件例如新颖性、创造性（或者类似标准）等保证了权利人无法免费“拿走”本属于公有领域的内容。

不管是我国还是美国、欧盟、日本，均建立了以现有设计为参照系进行侵权判断的方法，即一种基于三方比较的侵权判断方法。❹ 现有设计一方面有助于限制外观设计权的不当扩张，另一方面也有助于更准确地认定外观设计特征对整体视觉效果的贡献。例如，《解释》第 11 条就规定，授权外观设计区别于现有设计的设计特征相对于授权外观设计的其他设计特征，通常对外观设计的整体视觉效果更具有影响。功能性设计通常很容易落入现有设计当中，因为该设计既然是

---

❶ 之宝制造公司等诉国家工商行政管理总局商标评审委员会商标异议复审行政纠纷案，参见北京市高级人民法院（2015）高行（知）终字第 4355 号行政判决书。

❷ Apple Inc. v. Samsung Elecs. Co.，786 F. 3d 983，991（Fed. Cir. 2015），rev'd and remanded，137 S. Ct. 429，196 L. Ed. 2d 363（2016）.

❸ 参见《商标法》第 12 条、《最高人民法院关于审理不正当竞争民事案件应用法律若干问题的解释》第 2 条第 3 款。

❹ 郭小军．论外观设计专利的整体观察、综合判断原则［J］. 电子知识产权，2018（4）：18.

为了实现特定功能所必需的或者有限的选择之一，那么很多产品的制造者都会采用该设计，能够获得保护的外观设计必然是对现有设计作出一定贡献的设计。换言之，外观设计保护的既有制度已经基本实现了功能性原则防止侵入公有领域的预定目的。

如果功能性设计在现有设计中没有出现过，那么往往意味着主张权利的外观设计所体现的形状或者构造确实代表了一种技术进步或者至少是一种区别，尽管这种进步在外观设计的语境中表现为不同于现有设计的外观。赋予其相对弱的、一定期限的保护似乎并无不妥。

最后，设计者的设计自由度或者设计空间同样影响设计特征对外观设计整体视觉效果的贡献。

《欧盟理事会共同体外观设计保护条例》第 6 条第 2 款和第 10 条第 2 款分别规定，在评价外观设计的独特个性（individual character）以及在评价外观设计的保护范围时必须考虑设计者开发外观设计的自由度。《最高人民法院关于审理侵犯专利权纠纷案件应用法律若干问题的解释（二）》（法释〔2016〕1 号）第 14 条也规定了与设计自由度类似的设计空间的概念。通过对设计者的设计自由度进行评价可间接排除部分功能性设计特征。[1] 如果一项设计特征属于标准或者在很大程度上受到技术要求的客观影响，可选择性较小，则其对外观设计整体视觉效果的影响通常也小。

因此，外观设计领域的现有规则已经保证了可以渐进式地评价所有设计特征对外观设计整体视觉效果的影响。这种评价方式完全可以替代功能性设计“全有全无”的评价方式。此外，外观设计制度与商标制度具有很大的差别，后者可以为商标提供永久保护，而不要求该商标是新的、有创造性的和实用的。所以功能性原则对于商标制度来说意义重大。但是在外观设计领域，经过现有规则的过滤，即使通过外观设计权为功能性提供一定程度的保护，也不会阻碍技术创新、技术传播以及技术自由使用。

---

[1] DU MONT J J，JANIS M D. Functionality in design protection systems［J］. Journal of Intellectual Property Law，2012，19：261，288.

五、结　语

功能性与装饰性之间的边界在现代设计中是非常模糊的。很多产品在设计之时可能并无装饰性考虑，在设计完成之后才逐渐发现其存在的美感。比如在某一时期其因没有替代设计而被认为是功能性设计，但因为技术进步，在若干年后人们可能会意识到有无数种方法来实现相同甚至更好的功能，因而其成为装饰性设计。反之亦有可能，因为或许某种装饰性的设计会培养出一种行为习惯甚至形成一种标准。❶ 除非采用“替代设计”标准，否则只要涉及对外观设计功能性的评价，就必然会陷入装饰性与功能性的循环论证，加剧外观设计保护的复杂性。与其纠缠于此，莫如放弃外观设计装饰性与功能性的区分，将外观设计的保护对象限定于产品的外观。由此，在确权、侵权程序中仅需结合例如设计者的设计自由度（设计空间）、现有设计群等的状况来判断相关特征对外观设计整体视觉效果的影响，进而根据主张权利的外观对现有设计的贡献，给予其相应强度的保护。

若以外观为外观设计权的保护对象，外观设计确权、侵权判断时不再需要专门识别并排除功能性设计特征，相关设计特征的外观及其相对于周边设计的比例、取向、位置关系等皆可被完整保留并进行比较和评价，因此有利于提高判断的客观性。建立于功能性与装饰性区分基础之上的功能性原则也失去了其存在的意义。❷

❶ RISCH M. Functionality and graphical user interface design patents [J]. Stanford Technology Law Review，2013，17：53，92-93.

❷ 类似的观点亦可见于 SAIDMAN P J. The Demise of the Functionality Doctrine in Design Patent Law [J]. Notre Dame Law Review，2017，92（4）：1471，1490。但是该文主要从“替代设计”标准丧失其价值的角度来进行论证。

局部外观设计专利制度

——基于《专利法》第四次修改的解读

韩　月[1]　曹　坤[2]

摘　要

法律制度的不足、产业发展与国际制度接轨的需求等多因素发酵，促成《专利法》第四次修改中新增对“局部外观设计”的保护。一方面，局部外观设计引发了笔者对相似外观设计、零部件、图形用户界面等产品保护方式的增加以及产业的创新发展与优先权制度中“相同主题”判断的思考。另一方面，笔者基于相关域外法与我国外观设计专利自身特点，提出局部外观设计专利的客体要求、申请文件要求、侵权判定标准、局部之于整体贡献度判断等方面的建议。

[1][2] 作者单位：中国（南京）知识产权保护中心。韩月、曹坤均为第一作者。

关键词

专利制度　局部外观设计　整体与局部

一、局部外观设计概述

第四次修改后的《专利法》将第2条第4款修改为“外观设计，是指对产品的整体或者局部的形状、图案或者其结合以及色彩与形状、图案的结合所作出的富有美感并适于工业应用的新设计”。该款从法条上明确了我国专利保护的客体包括产品的局部外观设计，意味着我国正式以法律形式明确了局部外观设计保护制度。

在此之前，外观设计定义是2008年修改《专利法》时新增：“外观设计，是指对产品的形状、图案或者其结合以及色彩与形状、图案的结合所作出的富有美感并适于工业应用的新设计。”从文义解释来看，外观设计的定义并没有限定其是产品的整体外观设计还是局部外观设计，但在实践中，我国并不承认和保护局部外观设计。这体现在以下三个方面：第一，《专利审查指南2010》明确规定“产品的不能分割或者不能单独出售且不能单独使用的局部设计”属于“不授予外观设计专利权的情形”[1]；第二，我国也不承认以局部外观专利申请为基础的外国优先权；第三，在侵权判定中，均将产品整体外观作为观察对象，遵从“整体对比、综合判断”的原则，而不支持将局部独立出来单独判断。

从唯物辩证法的角度看，整体与局部本身就是辩证统一的关系，两者既相互区别又相互联系。首先，整体和局部相互影响，在一定条件下局部关键部分设计会对整体设计起到决定作用，例如把手的设计可能对于水杯整体美观起到关键作用。其次，在一定条件下，两者也

[1] 《专利审查指南2010（2019年修订）》第一部分第三章第7.4节。

可以相互转化，例如零部件的外观设计既可以作为整体产品的局部设计，也可以被视为独立的整体外观设计。从产业发展角度看，产品设计日趋精细化，部分领域的产品发展因较为成熟而逐步固定化，故其整体外观设计的改进可能愈发减少，设计者便着眼于对其局部的改进和创新。[1] 因此，将局部外观设计排除在外观设计专利保护的范围外显然是不合理的，建立局部外观设计专利制度势在必行。事实上，世界主要知识产权国家和地区例如美国、日本、欧盟和韩国等都在我国之前确立了局部外观设计专利制度。

《专利法》第四次修改将局部外观设计纳入了专利保护的客体，极大地满足了国内创新设计主体的需求，弥补了外观设计整体保护的局限，同时也符合知识产权国际发展趋势，有利于我国企业“走出去”。

二、我国局部外观设计专利制度的发展历程

我国局部外观设计专利制度的建立并不是一蹴而就的，而是在吸收了国际先行实践和法律经验的基础上，结合我国专利行政部门及司法部门在实践中对局部外观设计保护的长期探索逐步发展起来的。

虽然我国之前不授予局部外观设计以专利权，但为了弥补整体保护的各种不足，我国专利体系仍然提供了另外一种路径对局部外观设计给予一定程度的保护。2008 年《专利法》第三次修正中对外观设计申请的简要说明赋予了写明设计要点的重要功能。2010 年第二次修订的《专利法实施细则》明确规定设计要点可以包括产品中区别于现有产品的部分，允许申请人在简要说明中指出其创意的局部设计。2014 年修改的《专利审查指南 2010》将图形用户界面（Graphical User Interface，GUI）纳入外观设计专利保护的范围。GUI 设计可以不提交最终产品视图，而只提交包含该 GUI 的显示面板的正投影视图，这在一定程度上可被视为局部外观设计，为我国建立局部外观设计专利

[1] 许纯纯．局部外观设计专利制度研究［D］．广州：华南理工大学，2020.

制度进行了初步探索。2015 年,《专利法修订草案(送审稿)》说明中首次明确指出我国外观设计的专利保护客体应该增加局部外观设计。除此之外,在实际的审查实践以及司法实践中,也常常对局部外观设计专利申请/专利网开一面——通过简单检索不难发现一些被授权的局部外观设计以及与之相关的司法判决。

三、对局部外观设计保护制度的思考

(一)保护方式的增加

局部外观设计受到法律保护,无疑增加了外观设计专利的保护方式。笔者将尝试从相似外观设计、组件、零部件以及 GUI 几类产品出发,探析外观设计专利保护方式增加的问题。

1. 相似外观设计

《专利法实施细则》第 35 条第 1 款中规定:"一件外观设计专利申请中的相似外观设计不得超过 10 项。"这一规定从两方面限定了专利权人基于同一设计构思的保护:一方面,申请保护的设计须与原设计相似,即与基本设计实质相同但形式上有所差别;另一方面,申请的总数不可超过 10 项。即便申请人将相似外观设计 10 项之外的设计另行提交专利申请,基于我国采取的整体观察、综合判断的审查原则,再次提交的专利申请往往会因为与在先申请具有相似性而不予授权。由此可见,现行法律法规对相似外观设计专利的保护范围与具体数量的限制较为严格。相比之下,对局部外观设计的认可增加了相似外观设计的保护方式和力度。[1]

2. 组件产品

组件产品是通过使用时各构件间的密切关系组合成一件产品,所述的"密切关系"有两层含义:一是有组装关系(如豆浆机与底座、积木)和无组装关系(如象棋、扑克牌);二是必须同时使用、同时出售。两层含义同时具备就具有了密切关系。依据传统的保护客体和

[1] 许纯纯. 局部外观设计专利制度研究[D]. 广州:华南理工大学,2020.

其中的“密切关系”，组件产品只能作为一件产品进行专利申请（尽管不同组装关系的组件产品的审查及无效判断标准是不一样的，但我们在这里仅讨论专利申请方式的问题），对局部外观设计的认可让组件产品中的构件作为独立的外观申请专利成为可能。

3. 零部件产品

有学者给出定义：“局部外观设计，即产品不可分割的局部，指针对产品诸如图案、形状或者位置关系的局部内容作出新的设计”，如键盘上的按钮设计、水杯的把手设计或水杯上图案的设计。站在其观点看，局部外观设计与零部件设计的本质区别在于能否与产品本身分离：局部外观设计与产品不可分割、无法单独使用或单独出售，而零部件则完全可以从产品中独立出来，如螺钉。而在笔者看来，在《专利法》第四次修改之前，作为一个局部独立的整体的产品，是可以独立申请外观设计专利的，修改后的《专利法》增加的关于局部外观设计的规定不应当将其排除在外，反而应该给其多一种申请的方法，即其还可以作为大整体的局部申请局部外观设计专利。而与整体不可分割、不能单独售卖的局部设计，在之前是没法申请外观设计的，但是在第四次修正后的《专利法》下，可以作为局部设计申请局部外观设计专利。

4. GUI

外观设计的新型客体 GUI 以显示装置为媒介实现人与人、人与机器间的信息交互。2014 年国家知识产权局对《专利审查指南 2010》进行了修改（国家知识产权局令第 68 号），规定 GUI 可以作为外观设计提出专利申请，为 GUI 提供了新的保护途径。2019 年《专利审查指南 2010》修改，不再严格限制使用 GUI 必须依托产品，如“手机的天气预报动态图形用户界面”“带视频点播图形用户界面的显示屏幕面板”都可以作为专利名称[1]。GUI 通常通过显示装置（如 MP3 播放器、电脑、手机等）呈现，显然属于外观设计产品的局部。此次修改《专利法》将“局部外观设计”列入保护范围让 GUI 的保护多了

[1] 《专利审查指南 2010（2019 年修订）》第一部分第三章第 4.4 节。

一层制度保障。

（二）优先权中“相同主题”判断

1. 外观设计专利相同主题的基本内涵

《专利法》第四次修改前，外观设计专利申请的优先权仅限于外国优先权，即申请人自外观设计在外国第一次提出专利申请之日起 6 个月内❶，又在中国就相同主题提出外观设计专利申请的，且两国相互承认，可以将在外国在先申请的申请日作为中国在后申请的申请日。是否能享有优先权，关键在于相同主题的判断。《保护工业产权巴黎公约》（以下简称《巴黎公约》）第 4 条第 H 款对相同主题的规定为：“不得以要求优先权的发明中的某些要素没有包含在原属国申请列举的权利要求中为理由，而拒绝给予优先权，但以申请文件从全体看来已经明确地写明这些要素为限。”由此可以得出“相同主题”不等同于保护范围必须相同。《专利法》也并未规定在先申请与在后申请的内容必须相同；《专利审查指南 2010》对外观设计专利相同主题有两条规定，一是中国在后申请和在先申请必须是相同产品，二是在后申请内容必须被在先申请完全公开，否则社会公共利益将会遭受侵犯。故而，外观设计专利申请的主题是否相同由申请的实质内容决定。❷

2. 局部外观设计专利相同主题的判定标准

局部外观设计属于外观设计，因此外观设计专利相同主题的判断规定当然适用于局部外观设计专利。因局部外观设计专利涉及产品的局部，笔者希望在此梳理其主题相同判断的区别之处。

巴黎公约第 4 条 H 款对优先权中相同主题的判断作出了规定：如果申请优先权保护的发明中存在部分未出现在原始申请中的要素，不可仅仅因此而拒绝其优先权的申请，而是应将原始申请整体看待，若原始申请清楚披露了申请内容亦可授予其优先权。日本局部外观设计

❶ 《中华人民共和国专利法》（2020 年修正）第 29 条。

❷ 宋妍，洪婧．外观设计专利相同主题的判断［N］．人民法院报，2017-07-20（7）．

专利申请优先权中相同主题的判断，不依赖于外观设计专利的表现形式[1]，而以申请文件为依据，在先申请与在后申请的申请文件内容实质相同即认为属于相同主题，如果两份申请的保护内容不一致则无法享有优先权。我国台湾地区对相同主题的判断标准区别于日本，其侧重于在先申请与在后申请公开内容的比较：如果在先申请公开了在后申请的全部保护内容，属于相同主题；反之在后申请包含在先申请未公开的内容则不属于相同主题，不能享有优先权。

笔者认为在局部外观设计相同主题判断中应侧重判断内容是否实质相同。一方面，不能因为在先申请公开了整体产品的外观设计，在后申请仅包含其中局部或某一元素，而认为不是相同主题，不能享有优先权。例如，在先申请公开了一扇门的外观设计，同时申请文件中公开了门上面的门锁，而在后申请请求保护该门锁，不能因为门和锁不是同一产品而拒绝在后申请享有优先权。另一方面，尽管在先申请与在后申请主题相同，但如果在后申请对在先申请的实质内容作出了改变，则在后申请不能享有优先权。同样以门的外观设计专利申请为例，在先申请保护了门和门上的门锁，在后申请对该门锁作了改进，不能认为两申请属于相同主题而享有优先权。

四、对我国局部外观设计专利制度的建议

根据第四次修改后的《专利法》的规定，自 2021 年 6 月 1 日起，申请人可以向国务院专利行政部门提交请求保护产品局部外观设计的专利申请。但因配套的《专利法实施细则》《专利审查指南 2010》尚在修改过程中，针对局部外观设计专利申请究竟应当如何审查还未给出明确说法，因此，国务院专利行政部门在回答相关问题时指出，申请人可以暂时以纸件或离线电子申请形式，提交上述局部外观设计专利申请，国务院专利行政部门将在新修改的《专利法实施细则》施行后对上述申请进行审查。针对于此，笔者在总结域外法关于局部外观

[1] 许纯纯．局部外观设计专利制度研究［D］．广州：华南理工大学，2020.

设计专利的一些规定的基础上，结合我国外观设计专利自身特点，提出以下建议。

（一）局部外观设计专利的客体

如前文所述，从广义上说，局部外观设计包含两种：一种是与整体能够分割的、可以单独售卖的局部（零部件）的外观设计，另一种是与整体不可分割、不能单独售卖的局部的外观设计。对于能够分割且可单独售卖的局部外观设计，如前文所述，在《专利法》第四次修改之前，可以作为一个局部独立的整体的产品独立申请外观设计专利的，修改后的《专利法》增加的关于局部外观设计的规定应该给其多一种申请的方式。而与整体不可分割、不能单独售卖的局部设计，在之前不能单独申请外观设计专利的，在《专利法》第四次修改后可以作为局部设计申请局部外观设计专利。简而言之，局部外观设计专利的客体应当包含上述两种情形下的局部设计。

（二）局部外观设计专利的申请文件要求

1. 主题名称要求

局部外观设计专利原则上只关注局部细节的变化，对于整体形状或图案不作要求，但这并不意味着局部外观设计专利的保护范围可以扩大到任何包含该局部设计的产品上。例如在一件花瓶上的局部外观设计，一般消费者可能联想到水瓶上，但不会联想到与之形状相似的柱子上。同时，局部之于整体的位置关系是否会对局部外观设计专利的权利范围产生影响，例如花瓶瓶颈上的环形图案设计是否能够容易让人想到将其应用到瓶身上，也是不确定的。因此，局部外观设计的名称应与整体外观设计的名称存在差异，方能更清楚地表达所申请保护的具体内容。秉持贡献与权益相匹配的原则，建议申请局部外观设计专利的主题名称应当包含其应用到的产品的名称以及其应用的位置，例如“一种花瓶瓶颈的局部设计”。

2. 图片或照片的要求

当前外观设计专利申请的视图允许有两种格式：绘制形式的视图以及照片形式的视图。基于表现形式的差异，两种视图格式在强调局部外观设计保护部位时的具体表达方式亦有所不同。为了突出局部外观设计专利保护重点，借鉴国外经验，对于绘制形式的视图，建议采用虚实线结合方式，实线表示要求保护的局部外观设计，虚线表示其应用到的产品的形状。而对于照片形式的视图，则可以要求对于请求保护的局部突出处理，对其余部分淡化处理，或者要求提交两组照片，一组聚焦局部设计本身，体现申请保护的局部外观设计的内容，另一组则需要清晰明了地表达该局部外观设计在整体产品中位置的内容。

3. 简要说明的要求

局部外观设计的简要说明应当能够充分区分局部设计与整体设计，因此，需要在简要说明中明确说明哪些部分属于需要保护的局部部分，哪些是作为参考的外观部分。同时，在用途部分允许申请人概括或罗列局部外观设计所应用的产品类别，同时要求这些产品必须是同类或相似产品，不允许用于多个截然不同的类别的产品之上。

（三）局部外观设计专利的侵权判定标准

1. 局部与整体的关系

授权标准与侵权判定标准在一定程度上存在相通之处：用于判定是否具备新颖性的现有设计，反过来说，亦构成拟授权设计所侵权的主题。在对局部外观设计进行初审、制作专利权评价报告以及进行侵权判定时，需要对局部外观设计中的相同或相似设计进行判断。一般有两种观点：一种仅考虑局部设计中各设计要素，不考虑整体视觉效果；另一种将局部设计置于整体设计中并同时考虑该局部设计应用的产品及其在产品整体设计中的位置和尺寸大小等。考虑到局部设计于整体设计中的位置、大小等在很大程度上能够对整体视觉效果产生显著影响，笔者倾向于后一种观点——这在一定程度上可以防止局部外观设计专利权的滥用。同时，在具体案件的侵权判定中，可采用“整体观察、局部比对、综合判断”的原则，将整体观察与局部比对结合起来，不仅考虑局部设计中的各设计要素，同时考虑局部对于整体的影响。

2. 局部之于整体贡献度判断

局部外观设计体现在产品中，其对产品最终成果的贡献，即局部外观设计的贡献度是一个在司法实践中值得考虑的问题。2009 年 12 月 21 日通过的《最高人民法院关于审理侵犯专利权纠纷案件应用法律若干问题的解释》第 16 条在司法解释层面首次体现了“专利贡献度”或“专利贡献率”这个概念，其与美国专利法中的分摊原则和日本专利法中寄与率概念的核心含义基本一致，指的是侵权成分中有多大比例可以归因于专利技术特征。据此，在确定因侵权所获利益时，应当将侵权所获利益中的其他因素贡献的利益刨除，仅限于侵权人因侵犯专利权行为所获得的利益。有鉴于此，对于局部外观设计产品的侵权数额作判断时，首先要判断外观设计对于产品整体的贡献度，然后判断局部外观设计对于整体外观设计的贡献度。对于前者，司法实践中已经存在一些相对成熟的办法，本文不作讨论。对于后者，按照局部设计与整体设计是否可以分割分成两种处理方式：对于能够分割的、可以单独售卖的，可以按照单独售卖的零件的价值占产品总价值的比重乘以一定的权重作为局部之于整体设计的贡献度；而对于不可分割的、不能单独售卖的局部设计可以引入设计单元的概念，将整体外观设计按照设计原则分成多个设计单元，然后评估各设计单元对于整体设计贡献的权重，按照局部设计中设计单元贡献的占比评估局部外观设计对于整体外观设计的贡献。

外观设计专利一般消费者原则的缺陷及修正

刘　强[1]　陈　毅[2]

摘　要

本文结合典型外观设计专利侵权案例，通过探讨一般消费者原则的起源以及国外相关法律法规，揭示了一般消费者原则存在针对人群和能力不明确、适应性差、评判创新度差等缺陷，建议在确权程序中将一般消费者修正为普通设计人员，有助于优化外观设计专利申请结构、提高专利质量、激励创新主体创新热情，契合时代发展需要，具有必要性、可行性、紧迫性。

关键词

外观设计　侵权判断主体　一般消费者　普通设计人员　确权

---

[1][2] 作者单位：国家知识产权局专利局专利审查协作北京中心。

一、典型案例回顾

（一）案例1：“路灯案”

2002年，请求人戴某以一项产品名称为“高压钠灯”的在先专利申请（申请号为CN01343627.9）作为证据，请求原国家知识产权局专利复审委员会（以下简称“复审委”；2019年改名为国家知识产权局专利局复审和无效审理部）宣告另一件外观设计专利“路灯”（申请号为CN02306975.9，以下简称“涉案专利”）无效。图1为“路灯案”中涉案专利与在先专利申请的视图对比。

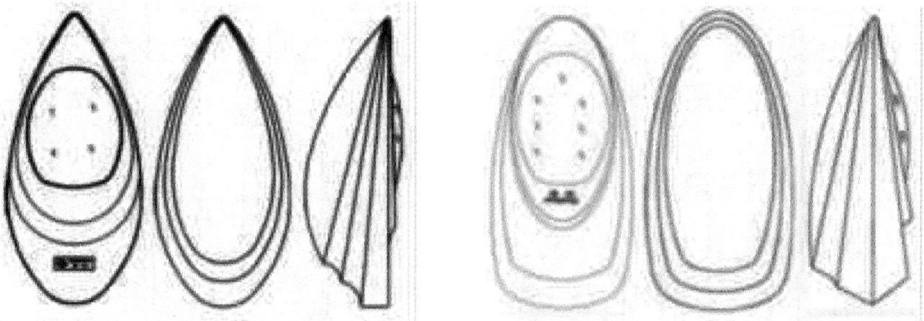

图1　“路灯案”中涉案专利与对比设计的视图对比

以“谁作为路灯的一般消费者”判断二者是否构成相同或相近似，是该案暴露出来的既核心又棘手的问题。复审委认为一般消费者为路灯下的过往“公众”，认为在通常情况下，路灯是安装在电线杆顶部的，与公众距离较远，在使用状态下公众很容易将二者混淆，据此，复审委作出专利权无效的决定。被请求人不服该决定，上诉到北京市第一中级人民法院（以下简称“一审法院”）。一审法院认为，对于路灯类产品，具有关注此类产品的心理状态并具有一定的知识水平和认知能力的一般消费者，应当是这类产品的购买者、安装以及维护人员，鉴于判断主体的不同必将导致该判断主体的知识水平和认知能力以及判断原则等方面的差异并最终影响判断结果，故判决撤销复审委的无效宣告决定。复审委不服，上诉至北京市高级人民法院（以下简称“二审法院”）。二审法院认为，在界定路灯类产品的一般消费者的时候，应当注重该类产品的使用状态，而路灯的最终使用者及路灯功能的享用者显然是不特定的过往行人，并非仅仅是专门从事路灯的制造、销售、购买、安装及维修的人员。据此，二审法院判决撤销一审判决，维持复审委的无效宣告决定。

（二）案例 2：“空调案”

2009 年，宁波某公司请求宣告的一项名称为“空气调节器”的外观设计专利（申请号为 CN200430120532.6）无效，理由是该专利与一项名称为“空调机”的在先申请（申请号为 CN200430003591.5）相近似。该案中，各机构争论的焦点是二者的区别点是否会对外观设计的整体视觉效果产生显著影响。图 2 为“空调案”中涉案专利与在先专利申请的视图对比。

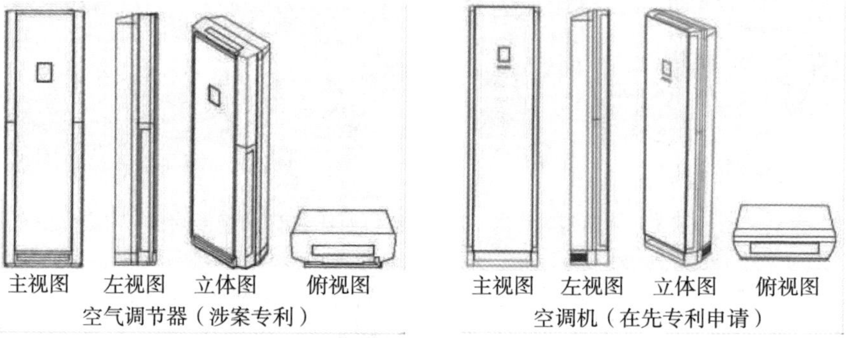

图 2　“空调案”中涉案专利与对比设计的视图对比

复审委总结了涉案专利与对比设计主要区别点：①对比设计面板上多出四个小圆；②对比设计前面板的侧边略窄，中部没有腰线；③对比设计侧面底部多出进风口。复审委同时认为，二者的区别点属于局部细微变化或者使用时不常见部位，不足以引起一般消费者的注意，不会对整体视觉效果产生影响，因此二者相近似，于是作出涉案专利权无效的决定。请求人不服该决定，起诉到一审法院。一审法院认为，对比设计与涉案专利的区别使得二者在整体上差别明显，并非细微变化，故判决撤销复审委的无效决定。复审委不服该判决，上诉至二审法院。二审法院认为，对于空调产品来说，在考虑本领域现有设计状态后，可以认定二者的区别非属细微变化，其使得二者在整体上差别明显，故维持一审判决。复审委请求最高人民法院再审。最高人民法院认为：涉案专利与对比设计的区别均属于局部细微变化，不会对整体视觉效果产品影响，并于 2012 年作出终审判决，维持复审委的无效决定。

二、一般消费者原则的演化与内涵

谁作为评判涉案申请/涉案专利与现有设计之间“是否相同相近似”或“是否具有明显区别”的判断主体，《专利法》《专利法实施细则》均未作出明确规定；现行相关法规中规定应为“一般消费者”，对其内涵的解释也在逐步进化与完善。

《审查指南 1993》中规定：“按一般购买者水平判断。一般购买者指一般知识领域的人员，而不是指专家或专业技术人员。”

2000 年，《专利法》第二次修正，外观设计专利的授权条件被修改为“授予专利权的外观设计，应当同申请日以前在国内外出版物上公开发表过或者国内公开使用过的外观设计不相同和不相近似”。

《审查指南 2001》规定应以一般消费者对外观设计产品是否产生混淆作为判断相同或相近似标准，并对一般消费者的内涵作出解释：一般消费者并非指专业设计人员或者专家，而是一种假想的人，其在使用外观设计产品时并不会特别注意到产品的形状、色彩以及图案的微妙变化。同年北京市高级人民法院下发的《关于专利侵权判定若干问题的意见（试行）》第 65 条规定：“进行外观设计专利侵权判断，即判断被控侵权产品与外观设计专利产品是否构成相同或者相近似，应当以普通消费者的审美观察能力为标准，不应当以该外观设计专利所属领域的专业技术人员的审美观察能力为标准。”

2008 年，《专利法》第三次修正，强化对外观专利创新的考量，对外观设计专利的授权条件作了重大修改，将“是否相同或相近似”

修改为“是否具有明显区别”。该次修改后的《专利法》第 23 条第 1 款、第 2 款规定，授予外观专利专利权的条件为：“应当不属于现有设计”，且“与现有设计或者现有设计特征的组合相比，应当具有明显区别”。

为配合《专利法》的修改，《专利审查指南 2010》规定了具体执行标准（以下简称“一般消费者原则”），主要内容有：“在判断外观设计是否符合专利法第二十三条第一款、第二款规定时，应当基于涉案专利产品的一般消费者的知识水平和认知能力进行评价。不同种类的产品具有不同的消费者群体”；“如果一般消费者经过对涉案专利与现有设计的整体观察可以看出，二者的差别对于产品外观设计的整体视觉效果不具有显著影响，则涉案专利与现有设计相比不具有明显区别”；“在确定涉案专利与相同或者相近种类的产品现有设计相比是否具有明显区别时，一般还应综合考虑如下因素”，比如“应当更关注使用时容易看到的部位”“当产品上某些设计被证明是该类产品的惯常设计时，其余设计的变化通常对整体视觉效果更具有显著影响”等。

同时，《专利审查指南 2010》第四部分第五章第 4 节对一般消费者的特点、能力给出了更详细的说明：“作为某种类外观设计产品的一般消费者应当具备下列特点：(1) 对涉案专利申请日之前相同种类或者相近种类产品的外观设计及其常用手法具有常识性的了解。例如，对于汽车，其一般消费者应当对市场上销售的汽车以及诸如大众媒体中常见的汽车广告中所披露的信息有所了解。常用设计手法包括设计的转用、拼合、替换等类型。(2) 对外观设计产品之间在形状、图案以及色彩上的差别具有一定的分辨力，但不会注意到产品的形状、图案以及色彩的微小变化。”

《专利审查指南 2010》及法院的有关规定，使得外观设计在确权及侵权判断思路上与发明、实用新型区分开来，形式上少了所谓的新颖性、创造性的提法，实践时遵循类似于商标相同相近似的“外观混淆论”，这构成当前外观设计专利确权及侵权中的整体判断基调。数年来的司法实践证明，以一般消费者作为判断主体的作法存在缺陷，上述“路灯案”与“空调案”暴露的困惑和分歧不是个例，在现行的一般消费者原则的框架下，上述困惑和分歧具有普遍性和必然性。

三、国外法规借鉴

中国外观设计审查制度的建立过程中，可借鉴美、欧、日等国家和地区的相关经验。下文以美国、日本、欧盟有关外观设计授权标准、判断主体的法律规定为例加以分析。

（一）美　国

美国专利法第 103（a）条规定：“一项发明，尽管未曾如第 102 条所述的已被完全相同地披露过或者叙述，但如果申请专利的主题与现有技术之间的差异是这样的微小，以致在作出发明时，该主题整体对其所属技术领域普通技术人员来说是显而易见的，则不得授予专利权。”根据该条款，在判断外观设计专利是否具有“新颖性”“创造性”时，大体和发明专利是一样的。按照美国的法律制度，具体的操作规则均来自判例，从 1966 年的 In re Laverne 案开始，一直使用“普通观察者”的标准，直至 1981 年被 In re Nalbandian 案修改纠正——该案中法院认为外观设计的显而易见性必须以“本设计领域中的一般水平”进行评估，根据涉案专利与对比文件的差别，认为“其改进对普通设计人员是显而易见的”，并由此判断专利权是否无效。[1]

（二）日　本

《日本外观设计法》（《意匠法》）2011 年版第 3 条之一第 2 款规定“具有该外观设计所述领域一般常识的人根据在日本国内或者国外已知的形状、图案或者色彩及其结合能够容易地创作出该外观设计的，不受前款规定所限，不能就该外观设计取得外观设计注册”[2]，因此评

[1] 参见国家知识产权局外观设计专业委员会 2008 年课题“外观设计创造性判断标准研究”研究成果。

[2] 国家知识产权局专利局外观设计审查部．美欧日韩外观设计法律法规汇编［M］．北京：知识产权出版社，2018：699.

价一项外观设计的创作是否容易时，判断的主体是“具有所属领域的一般常识的人”或称“本行业技术人员”。“本行业技术人员”是指在制造或销售与该外观设计有关物品的特定领域具有普通知识的人。具体判定“创作非容易性”，本行业技术人员是否能够很容易地创作是非常关键的，在作出正确判断时，要对本行业技术人员所掌握的知识有所了解。此外，现有设计之间的结合以及现有设计与常规设计之间的结合同样可以评价申请注册外观设计的创作非容易性。

（三）欧　盟

新颖性和独特性是欧盟外观设计受保护的两大要件。根据欧盟知识产权局外观设计保护条例规定，如果没有相同的外观设计为公众所知晓，则该外观设计被视为具有新颖性：如果一项外观设计给予知情使用者（informed user）的整体印象与任何能为公众所知的外观设计给予该用户的整体印象不同，则该外观设计具备独特性（individual character）。新颖性条款未提及判断主体的问题，只是在独特性条款中引出了“知情使用者”的概念。至于知情使用者的具体人群和能力，在百事可乐公司与 Grupo Promer Mon-Graphic S. A. 的专利权纠纷案中在欧洲法院（Court of Justice）2011 年的判决书中可见一斑：知情使用者的注意力水平处于普通消费者的注意力水平与相关领域设计专家的水平之间；该知情使用者是个特别细心的人，这是由其个人经历及相关行业的丰富知识而决定的；因此，知情使用者通常关注设计的整体，不会过分分析其各种细节；此外，其不会像设计专家一样能够察觉在冲突设计之间可能存在的细微差别。[1]

可以看出，对于授权（确权）程序判断创新度或“创造性”的标准，法律层面，美国、日本明确采用“本领域设计人员”的“创新标准”，只不过表述上有所不同。具体而言，美国的表述是“普通设计人员判断是否显而易见”，日本的表述为“本行业技术人员判断创作非容易性”。中国的“一般消费者判断整体视觉效果是否具有明显区别”与欧盟“知情使用者对整体印象是否具有独特性”较为接近。

[1] 参见：欧洲法院 2011 年 10 月 20 日判决：C 281/10 P，“百事可乐”。

四、一般消费者原则形成的根源

由于一般消费者与普通技术人员在能力和关注点上存在较大区别，一般消费者倾向于“外观混淆标准”，而“普通设计人员”倾向于“创新标准”，因此谁作为外观设计专利授权、确权、侵权程序中的判断主体，关系到外观设计专利授权及保护制度的根基。至于采取“普通设计人员”还是“一般消费者”，先前学术界争论较多。为何实践中逐步确立了一般消费者原则，这有着复杂的主客观因素。大致原因有三点。

其一，中国专利制度建立时间较晚，缺少大量的实践经验，专利申请从数量到质量的转变、制度设计从重授权到重保护的转变均需要一个漫长的过程。专利制度确立初期，主要任务是处理大量的外观设计专利申请。考虑到审查效率，采用初审制，初审中不对“创造性”进行审查，并引入一般消费者原则作为初审时评价“新颖性”的“权宜之计”。这可以从国家知识产权局致北京市高级人民法院的复函中找到依据。早在2003年，北京市高级人民法院即察觉到一般消费者原则存在的问题，并为此给复审委发出司法建议函，明确建议将外观设计相近似性的判断主体改为“本领域普通设计人员”。国家知识产权局复函中阐述了采用“一般消费者”而非“普通设计人员”的主要理由：我国发明、实用新型创造性判断时采用本领域普通技术人员为判断主体，美、日、欧等一些国家和地区的外观设计法律在判断创造性时才引入“普通专业设计人员”的概念，它们在新颖性或相近似性判断上均未采用甚至明确排除采用专业设计人员作为判断主体，而采用诸如“普通观察者”“一般消费者”或者“用户”的概念。目前我国外观设计专利的授权条件只有不相同和不相近似，无创造性要求，因此判断主体为一般消费者。在外观设计专利审查中，需要引入一个可以代表普通消费者一般共性的假想的人，以统一审查员之间对相近似判断的掌握尺度，这与在发明、实用新型创造性判断中引入假想的本领域普通技术人员的概念的作用是相同的。[1] 笔者认为，上述复函中忽略了初审授权与确权的区别：初审授权只是专利确权的一个环节，并不代表专利权就是合法的、稳定的，授权的外观设计专利后续还可能被宣告无效，或者被专利权评价报告否定。当时，为方便判断“新颖性”而设置“权宜之计”，但未对“创造性”评判标准预留后续制度安排。

其二，专利审查制度成形于 20 世纪八九十年代，整体背景是：我国的外观设计水平与国际先进设计相比，仍处于创新度较低的模仿跟随阶段，若对外观设计专利的创新水平要求过高，将构筑更高的专利壁垒，反而不利于保护民族创新力量成长壮大。

其三，虽然理论上“普通设计人员”适合确权，“一般消费者”适合维权，二者不应当为同一标准，但在理论和实践中对二者区分存在难度，从业人员易把二者混淆。比如，法院易把维权时的标准带入确权程序中，使确权维权标准“一刀切”，均采用一般消费者原则。

五、一般消费者原则的缺陷

（一）一般消费者原则不适合专利确权（授权）标准

外观设计专利业务大致可分为确权程序和维权程序两大块。根据《专利法》第 1 条规定的部分立法宗旨“鼓励发明创造，推动发明创造的应用，提高创新能力”，设置专利制度的根本目的是保护创新，提高创新能力。专利确权的主要任务是判断发明创造是否可以授权，特别是创新度是否较高。外观设计专利涉及确权的程序有：初审、无效宣告审查、专利权评价报告制作等。值得注意的是，法院处理的部分专利纠纷案中涉及对专利权的侵犯及专利是否无效的问题，实质上是判断专利权是否合法。此种情况下，侵权判断实为专利确权问题。专利维权的主要任务是保护专利权，使专利产品获取市场垄断经济利

[1] 张晓都．论完善我国外观设计专利授权条件判断主体［J］．科技与法律，2011，90（2）：77—82.

益，进而激发更多创新。维权针对的是“商品对专利权的侵害”，不再涉及专利权是否合格的问题。涉及维权的程序有行政上对假冒伪劣商品的查处以及法院对侵犯专利权的商品或行为的审判等（本文所述的确权、维权均为此内涵）。法理上，专利确权程序和维权程序的目的不同、时间阶段不同、涉及的对象不同，其判断标准未必相同。

虽然《专利审查指南 2010》仅规定外观设计专利无效判断中的判断主体为一般消费者，但事实上一般消费者原则变成了授权、侵权、维权中全阶段的判断主体。专利确权阶段的重要任务是评判专利申请的创新高度，一般消费者的身份和能力是否胜任是值得商榷的。相较之下，美国与日本等国专利法中明确规定专利授权（确权）时判断主体为“普通设计人员”或“本行业技术人员”是值得借鉴的。

维权程序的目的是保护专利权不受侵害，维护专利权人的经济利益，以消费者或购买者作为侵权判断主体判断“是否造成混淆”，是符合法理的。此种情况在学术上及实践中并不存在大的争议和困难，本文不再涉及此种情况的论述。

（二）一般消费者不适合评判外观设计的创造性

“普通设计人员”契合“创新标准”，而一般消费者天然与“外观混淆标准”相连接。虽然《专利审查指南 2010》对一般消费者评判“创新”的赋能越来越多，但消费者善于判断“混淆”而不关注“创新”的本质并没有改变。消费者往往关注产品外观是否符合自己的审美和需要，侧重于判断产品之间的差异是否造成（购买时的）整体“外观混淆”，而不善于对差异的创新度进行评判。笔者在处理大量外观设计专利权评价报告时发现，如果按照一般消费者原则，从“整体视觉效果”出发，涉案专利与现有设计之间存在较大差别，涉案专利不能被否定掉。比如，一个手提包的专利外观设计与对比设计的形状完全相同，但其图案、色彩在视觉上与对比设计存在显著区别，从整体视觉上看，涉案专利与现有设计存在明显区别，符合《专利审查指南 2010》的规定，可以授予专利权；但从创新的角度，涉案专利大量盗取现有设计创新成果，自身创新明显不足，不被否定似乎又违背了《专利法》的宗旨。此时就会面临采用“整体视觉效果标准”还是

“创新标准”的两难选择。正因为一般消费者的身份、能力与评判“创造性”的要求不匹配，实践中在考虑视觉效果之外或多或少还会考虑专利的创新属性。比如，在对比产品之间视觉效果的差别之外，还要综合考虑产品的设计空间、创新难度等因素。前述“路灯案”“空调案”中能隐约感受到复审委对专利“创新”属性的考量与坚守，而综合考虑设计空间、创新难度的做法在《专利审查指南 2010》等规定中找不到依据。

（三）一般消费者的适用性差，司法实践中争议不断

即使不讨论是否适合评价外观设计的创造性，一般消费者原则在判断“外观混淆”上也充满困惑与争议。实践中一般消费者原则遇到的问题是：“消费者”概念模糊，具体针对群体易产生分歧，能力不容易理解，对多种产品适用性差。外观设计产品包罗万象，产品有中间产品、最终产品之分，比如沙发面料、螺丝钉等；还有购买与使用时暴露面不同的产品，比如开关面板、型材等；也存在大量购买者、拥有者、使用者并非同一人的产品，比如路灯、火车、汽车发动机等。上述类型的产品，其不同消费者群体的能力、性质差别很大，其一般消费者具体指哪些人群，实践中容易产生分歧。上述“路灯案”即充分暴露了这一点。

正因为“消费者”概念模糊，针对群体不明确，《专利审查指南 2010》用大量篇幅对一般消费者的能力进行了抽象的定义说明，但实践中发现该定义不能减少对一般消费者具体人群及能力的争议。如前述路灯案中，“过往行人”被纳入“一般消费者”囊括人群，可是按照一般消费者的定义中其应具有的能力——“对外观设计产品的相同种类或者相近种类产品的外观设计具有常识性的了解”，显然“对路灯了解甚少的行人”并不符合上述定义，这暴露了对一般消费者的能力的定义晦涩难懂，即使业内人也难以理解掌握，也说明“细化一般消费者能力的解释说明，而不细化人群”的做法并不是一个好用的策略。张晓都等人认为，将“一般消费者”修正为“一般购买者”（含义为接近产品的直接购买者），可以解决“一般消费者”针对人群及

能力不明确的缺陷。[1] 笔者认同该观点。较一般消费者，一般购买者才是市场上的“真正当事人”，“谁掏钱，谁说话”或者“谁购买时混淆，谁判断”在法理上更合理，而且产品的直接购买者只占产品相关消费者群体中很小一部分，人群定了，其能力和关注点也就较为明确，已无须在相关规定中对一般购买者的能力进行详细解释，司法实践中从业人员很容易被带入购买者的视角，对其判断能力的争议将大幅减少。

六、结论及建议

20 世纪末日本对其外观设计法的修改给了我们可以借鉴的范本。与 1959 年时隔 39 年后，日本于 1998 年对其外观设计法进行了大规模修订，其 2002 年的审查基准也配合外观设计法进行了相应的修订。此次修订最大的改动是提高了“本行业设计人员”判断“创作非容易性”的审查标准。经过对相关资料的搜集发现，日本作出这一修改的背景和目的是：日本产业设计开发能力比制定 1959 年外观设计法时有了很大的提高，随着产业结构的变化，企业在经营中对设计的重要性有了更深刻的认识；创新主体为了使得外观设计得到有效保护，防止他人抄袭，不得不尽力将周边外观设计均申请注册；由于设置了较低的授权门槛，当时注册的外观设计专利混杂了大量创造性较低的案子，同时也存在不少相近似的外观设计，为此，通过修改审查标准确立新的保护机制，激励更多具有高创新水准的设计。

中国近年所处的发展阶段与 20 世纪八九十年代的日本存在相似之处，外观设计专利申请结构同样存在日本当年面临的问题。《审查指南 1993》规定的“按一般购买者水平”作为侵权判断标准已经在争论和困惑中运行了近 30 年。近年来，国内外的经济科技发展形势、国内的创新环境和创新能力均发生很大变化，我国的专利制度及审批

[1] 张晓都．论完善我国外观设计专利授权条件判断主体 [J]. 科技与法律，2011，90(2)：77-82.

规则也有“与时俱进”的内在要求。在此背景下，笔者认为，应继续大幅提高对外观设计专利创新度的考量，在确权程序中彻底解决一般消费者原则带来的诸多问题，在评判涉案专利与对比设计“是否具有明显区别”时，可考虑将判断主体由一般消费者修正为普通设计人员，使判断重心从“比较整体视觉效果差异”向“考量创新度的高低”倾斜（即使坚持“一般消费者”，至少应将对设计空间、创新难度等因素的考量明确写入有关法规中）。

该修正具有一定的必要性、可行性、紧迫性，具体体现在以下几点：

（1）有利于优化外观设计专利申请的结构，为外观设计专利提质增效提供制度保障。不同于二三十年前，我国的专利发展由重数量向重质量转变，一大批创新主体由模仿、改进逐步走向自主创新、引领超越。有必要对外观设计专利的质量提出更高的要求，将判断重心由“视觉效果差异”修正为“创新度的高低”，才能从源头上阻止大量创新度低劣的专利申请，节约社会及审查资源。正因为一般消费者原则在评判创新度上存在不足，创新主体不得不申请大量相似外观设计专利以防止篡改抄袭。而这些相似外观设计之间的区别一般为局部细微差异或者惯常设计的替换，基本不存在较高创新度。若重点考量创新性而非视觉效果，则创新主体无须提交大量缺少创新区分度的申请，也可以有效防止低水平的抄袭修改。

（2）把外观设计专利的重心放到对“创新”的要求上，有利于端本正源，激励创新，迎合创新主体对优秀创新设计加强保护的诉求和渴望。由专利制度长期经验发现，适当提高专利的创新门槛和保护范围，有利于提高专利价值，进而激发创新。由于改变“视觉效果”的难度小于“实质创新”的难度，一般消费者原则导致对创新度较高的外观设计专利的保护力度大大降低，不仅在对创新点的保护上存在偏差，而且保护范围也较为狭窄，他人可以通过简单修改“视觉效果”绕过创新主体构建的专利壁垒，使专利失去应有的价值，无形中挫伤了创新主体创新的积极性。

（3）有利于打通外观设计初审及无效确权全环节评判标准的统

一，以及外观设计、实用新型、发明三种专利的评判原理的统一。由于近年来外观设计专利初审系统中加入了电子辅助检索系统等，初审中可以根据智能检索结果，以原属于“实审”阶段的《专利法》第23条第2款的标准进行评判，初审和实审的界限逐渐模糊。在此趋势下，无论是初审确权还是后续专利侵权或无效案中确权，其审查和评判标准应当是一致的、统一的。发明专利判断新颖性、创造性的判断主体在初审、实审阶段均为“本领域技术人员”，外观设计专利可借鉴发明专利领域的做法，引入“普通设计人员”作为初审授权、后续无效等确权全环节的判断主体，不仅实践上可行，也使得外观设计、实用新型、发明三种专利的评判原理得到统一（也本应统一）。

总之，该修正有助于贯彻《专利法》的立法宗旨，是新发展阶段对审查标准的匡正、改进，是外观设计专利制度着眼未来的治本之策，希望业内人士对此给予足够的重视。

参考文献

[1] 中华人民共和国专利局．审查指南 1993 [M]. 北京：专利文献出版社，1993：57.

[2] 国家知识产权局条法司．《中华人民共和国专利法》修改条文的逐条说明 [G] //国家知识产权局专利法研究所．专利法研究 2000. 北京：知识产权出版社，2000：47.

[3] 中华人民共和国国家知识产权局．审查指南 2001 [M]. 修订版．北京：知识产权出版社，2001.

[4] 课题组．外观设计相同和相近似判断主体研究 [R]. 北京：国家知识产权局外观设计专业委员会，2007.

[5] 课题组．外观设计创造性判断标准研究 [R]. 北京：国家知识产权局外观设计专业委员会，2008.

[6] 张晓都．美国外观设计专利侵权判定标准 [M] //张晓都．专利侵权判定：理论探讨与审判实践．北京：法律出版社，2008：171-186.

[7] 中华人民共和国国家知识产权局．专利审查指南 2010 [M]. 北京：知识产权出版社，2010.

[8] 张晓都．论完善我国外观设计专利授权条件判断主体 [J]. 科技与法律，2011，90 (2)：77-82.

[9] 胡充寒．外观设计侵权判断“一般消费者”标准的反思与修正［J］. 法学杂志，2013（12）：54-60.

［10］李冀骛．欧盟与我国外观设计专利性判断主体的对比［J］. 中国发明与专利，2016（10）：28-30.

［11］国家知识产权局专利局外观设计审查部．美欧日韩外观设计法律法规汇编［M］. 北京：知识产权出版社，2018.

创新条件下的专利估值研究

程　骅[1]

摘　要

党的十九届六中全会提出党坚持实施创新驱动发展战略，把科技自立自强作为国家发展的战略支撑。中国加强科技领域建设，鼓励培育和发展大量“专精特新”的中小企业。对于这部分企业而言，如何将其技术型无形资产，尤其是以专利技术为核心的无形资产用以融资，这是一项跨学科的课题。本文主要探讨研究专利估值，为企业科学合理地评估专利价值提供指导，帮助企业进入跨越式发展。

关键词

创新　专利估值　无形资产　融资

❶ 作者单位：上海天知澜律师事务所。

一、引　言

党的十九届六中全会提出党坚持实施创新驱动发展战略，把科技自立自强作为国家发展的战略支撑。作为创新体系的最小单位，科技型企业是实现这一目标的坚实力量。在现有条件下，科技型企业面临的问题主要体现在“人、财、物”上，其中最核心的是“财”，也就是发展资金。拥有足够的发展资金，才能获得更多的“人、物”。科技型企业基本属于传统意义上的轻资产公司，很少存在可以进行抵押或者质押的传统财产，例如土地使用权、机器设备、房屋等，但是它们却拥有大量可以在未来产生巨大收益的技术型资产，尤其以专利资产为重。原本可以利用科技优势形成的专利资产进行企业融资，解决企业自身发展的资金问题，但是资金提供方对于这一新型资产始终无法确定其真实的价值，从而不愿意以其为担保提供资金，这使得大量科技型企业无法解决有效融资问题。上述问题的核心在于缺乏有效合理的价值评估体系以评估科技型企业的专利资产价值。一旦这个问题得以解决，科技型企业的资金问题将得到改善。“2021 年中国创业板无形资产研究报告发布暨健全知识产权评估体系”研讨会上，专家们一致认为，以知识产权为核心的无形资产在现代经济发展中日益重要，应进一步强化对上市公司无形资产的分析研究，健全知识产权评估体系，激发企业创新活力。因此，作为知识产权行业的从业者，应当有所作为，同资产评估行业相关专家一起，制定科学合理的评估体系，为专利确定真正的价值。

二、资产评估体系对于专利资产的评估方式

中国资产评估协会发布的《资产评估执业准则——无形资产》（中评协〔2017〕37 号）对于包括专利权在内的无形资产给出了概括性的评估方法和规范的描述。笔者认为，无形资产应当被分为传统型无形资产、商誉型无形资产和技术型无形资产。以下简述不同无形资

产的特征。

（1）传统型无形资产。该类资产以土地使用权为代表，特征是资产具有稳定性、持久性。对于评估行业而言，该类资产是最易于评估的无形资产。可以同时采用成本法、市场法、收益法进行评估。评估价值同真实交易价较为接近，容易获得资金提供方的认可，同时资金提供方乐于接受该类资产作为抵押。

（2）商誉型无形资产。该类资产以商标权为代表，特点是具有持久性和可感知性，不需要专业的知识即可以初步判断该类资产的大致资产情况。对于评估行业来说，比较推荐采用收益法进行评估。同时对于该类资产，每年的收益额大体可以确认，只要折现率估计合理，其价值评估还是比较准确的。由于商标权可以无限续展，因此评估时可以近似采用永续年金法进行评估。市场交易不需要深入的专业知识，可以从商标产品的市场反应程度大致判断一个价格，并形成活跃的交易市场，因此有些时候市场法也是适用的。

（3）技术型无形资产。专利是典型的技术型无形资产，尤其是实用新型专利或者发明专利。该类资产不具有上述两类无形资产的任何特征，在目前行业情况下，也没有任何活跃交易市场，且每一项专利的特征不同，无法使用其他市场交易案例进行类比，因此市场法完全不适用。专利形成具有极大偶然性，其技术的应用价值和创造它的成本是弱对应关系，成本无法正确表示其价值，故成本法不适合专利资产价值的评估。目前来看，唯一适合专利评估的方法就是收益法。然而，专利资产的特性，使得使用收益法评估市场价值也是困难重重。下面分析一下专利资产的特性。

三、专利资产的特性

专利资产不能同时满足易授权、稳定性、可诉讼，而上述三种特性从本质上决定了专利资产的经济价值。基于对《专利法》和《专利法实施细则》的深入理解，我们可以形成如下的结论：保护范围过大的专利虽然有足够的诉讼价值，而诉讼价值是专利获取未来收益的基础，但是请求过大保护范围的专利申请不易被授权，授权后也可能被竞争对手请求宣告无效，因此上述未来收益较大的专利，其折现率必然也较大——收益法评估中折现率是同风险直接相关的，折现率越大其专利价值则越小。反之，具有稳定性的专利，则保护范围可能较小，获取未来收益的金额也会相对较小，虽然折现率可能也会随着减小，但是最终价值始终不大。这两点是直接导致专利价值评估中不容易取得较高估值的根本原因。

专利资产依赖的技术和产品未来收益期不确定，如发明专利的极限收益期为 20 年，理想收益期为 17.5 年（理想收益期等于极限收益期减去授权审查期），但是其依赖的技术产品可能在未来任何时间被其他技术所替代，因此实际收益期一般短于理想收益期。同时，专利技术所依赖的实施主体也各有不同，不同主体的管理能力和效率直接影响专利收益的金额，同样一件专利在不同管理水平的企业会获得不同年收益额。

专利资产存在突然失去任何价值的可能性。不论何种专利均存在被宣告无效的可能性，而一旦专利被宣告无效其价值会突然归于零，这使得以专利为担保的融资行为存在极大的安全隐患，资金提供方因为惧怕这种风险而不愿意提供资金。

专利资产的上述三种特性是阻碍专利融资的根本原因。本文将提出一种方法解决上述三个问题。

四、专利评估困难的解决方案

单件专利资产被宣告无效的可能性较大，使得专利资产价值存在突然归零的可能。使用由多件专利组成一个技术专利池，在专利池足够大的前提下，依据概率论，专利池组成的专利资产组被全部宣告无效的可能性非常低，因此专利资产组很少存在资产价值归零的可能性。充分利用专利池组成专利资产组，可以解决上述专利资产引起的问题。

进行核心技术收益期的市场调研，确定以专利池为基础的专利资产组最具可能性的收益期限，并且确认后续技术发展的状况，在专利池中添加战略性专利布局，延长专利资产组的经济寿命和收益期限，并且给予专利池足够的收益期缓冲，这有利于解决收益期不确定的问题。

使用独立第三方进行试探性专利无效申请，对专利池中的核心专利的稳定性进行评测，也可以使用第三方查新报告的形式确认专利的稳定性。通过适当的打分机制，确认待评估专利对其所指向的技术或者产品是否能够产生持续稳定的法律保护。打分由独立第三方实施，分数的高低同待评估专利法律层面的稳定性和技术层面的通用性相关。分数越高则说明其未来可能产生的收益额越高。同时辅以前述的查新手段，科学评价收益法中折现率的数值。

基于上述方案，可以有效解决利用收益法评估专利资产组价值的问题，作为专利融资的第一步。

五、专利资产的改进评估方式

第一步，专利技术市场调研，确定初步的专利资产经济寿命。

第二步，根据市场调研，确认专利资产组的组成方式，确认资产组的核心专利。

第三步，考察核心专利的稳定性，进行第三方独立查新或者尝试进入无效宣告程序。

第四步，根据考察稳定性的结果，确认专利评估中的折现率数值。

第五步，根据市场调查报告，合理确认专利收益额，推荐采用增量收益法。

第六步，总体评估确认折现率、收益期、增量收益，确认评估价值。

第七步，复核评估值的合理性。

六、专利资产的融资担保规范操作方式

第一，针对以上七步评估做出资产评估报告或者其他形式的价值评估报告，资金提供方需要和专利质押方签订相关的法律文件。

基于新型专利评估方法的特性，前期调研阶段的费用分配环节尤其重要。对于市场调研部分的费用需要采用合同约定，也可以参考专利质押方提供的报告。调研成本需要被控制在拟融资额的0.5%之内。

根据无形资产的评估方法，对于专利资产较为适用增量收益法作为评估方法。

关于无形资产评估中的增量收益法通用公式，可以参阅中国资产评估协会编写的教材《资产评估实务（二）》，本文不再赘述。

结合本文所提出的专利评估理念、想法和本文所指出的专利资产的特殊性，可以一个构建资产评估数学模型。如下为整个模型的推导过程。

假设一件稳定的专利（或者一个专利池）在其有效期内能够对其所指向的最终产品或者技术形成足够的法律保护，基于上述法律保护，此最终产品或者技术能够形成一定的垄断经济利益，例如专利药品在专利保护期内能够阻碍竞争对手制造同类药品，从而以极高的售价出售该药品。因此，可以定义基于专利保护而形成的垄断经济利益为增量经济收益。

基于以上分析，将产品售价进行分解。初步假设市场上产品分为两类，相应地，可将产品定价分解为含待评估专利技术的最终产品售价（$P_{专利}$）和不含待评估专利技术的最终产品（即最普通的、不具有任何先进性的产品，其没有任何其他无形资产的增量收益）售价（$P_{普通}$）：

$$P_{专利}=人工成本+物料成本+制造费用+管理费用+合理利润+待评估专利增量收益+其他无形资产增量收益$$

$$P_{普通}=人工成本+物料成本+制造费用+管理费用+合理利润$$

通过上述公式可以推导得出，$P_{专利}-P_{普通}$=专利增量收益+其他

无形资产增量收益，即有专利保护的最终产品的售价高于竞争对手同类无专利保护的最终产品售价的部分可以被认为是待评估专利资产带来的增量收益加其他无形资产增量收益。考虑到所得税的影响，应修正为：税后专利增量收益＋税后其他无形资产增量收益＝（1－所得税税率）×（$P_{专利}-P_{普通}$）。由于评估机构可以直接观察到两类产品的市场最终售价，因此只需要知道企业所得税税率，就可以立即计算出税后专利增量收益和其他无形资产增量收益的总和。

另外，引入专利增量贡献率概念，定义为：

专利增量贡献率＝待评估专利增量收益/（待评估专利增量收益＋其他无形资产增量收益）

其中其他无形资产增量收益包含其他例如商誉、商标、其他专利等的增量收益。专利增量贡献率为一个预计的百分数，根据待评估专利资产的行业状况（是否为高科技行业）、专利类型（发明专利、实用新型专利还是外观设计专利）、公式内其他无形资产的数量和质量进行判断。

对于高科技行业，且专利为发明专利，所指向的最终产品为核心部件或者核心技术的，则可以将专利增量贡献率设定为50%～80%的数值，反之则数值不宜设定过高。

根据以上推导，我们定义如下概念：

待评估专利资产的增量收益＝（1－所得税税率）×（$P_{专利}-P_{普通}$）×专利增量贡献率

上述公式内的所有数据均能被观察或者估算得到。进一步假设，不存在应收账款，每年因待评估专利资产流入的增量现金流等于待评估专利资产的增量收益。

根据价值评估理论，只需要计算评估时点的净现值（NPV），即可获得专利资产的价值。

确认收益期时，收益期以待评估专利资产所指向的最终产品的市场寿命和待评估专利资产的法定保护期剩余年限孰短为准。对于技术更新较快的行业，例如电子产品行业，一般取5～8年，反之则可以取大于8年，但不得超过专利法定保护期剩余年限。

确认折现率方面，折现率同如下因素相关：

折现率 i=无风险利率+专利资产风险因素引起的折现率上升

专利资产风险因素引起的折现率上升=
待评估专利被宣告部分或者全部无效的风险+
待评估专利所指向产品市场风险因素+专利权属等风险因素

结合本文所引入的专利池评估的概念，假设待评估专利为一个专利池，则待评估专利被宣告部分或者全部无效的风险较低。单一实用新型专利或者外观设计专利的风险较高。待评估专利所指向产品市场风险因素和专利权属等风险因素需要律师和市场咨询机构进行估算。

取得上述所有数据后，可以得到：

待评估专利资产的价值=

$$\sum_{n=1}^{t}\frac{(1-\text{所得税率})\times(P_{\text{专利}}-P_{\text{普通}})\times\text{专利增量贡献率}\times Q}{(1+i)^{n}}$$

站在资金提供方的立场，设置一个保险系数，因此：

待评估专利资产的融资额=

$$\sum_{n=1}^{t}\frac{(1-\text{所得税率})\times(P_{\text{专利}}-P_{\text{普通}})\times\text{专利增量贡献率}\times Q}{(1+i)^{n}}\times\text{保险系数}$$

上述公式中，i 为折现率，t 为收益期，Q 为销售量。

如果用于专利融资，融资机构可以根据自身判断或者风险承受能力，设定合理的保险系数，保险系数小于等于 1。

下文以专利药为例，尝试计算药物专利资产的评估价值。假设某专利药品售价为 1000 元/盒且仅仅在中国销售和拥有专利，普通药物或者仿制药的售价为 100 元/盒；每年销售量为全国 10000 盒，并且保持每年 10000 盒的销量；专利为核心专利且该产品属于高科技领域，则取专利增量贡献率 80%；该专利属于创新性极强的专利资产，经过多家第三方请求宣告无效后始终维持有效，取折现率 10%；融资机构认为该专利流动性较好，设置保险系数为 0.6；收益期为剩余 3 年，所得税率为 25%。

代入上述公式：

待评估专利资产的融资额= (1－25%)×(1000－100)×80%×10000×

$$0.6\times\left[\frac{1}{(1+10\%)^{1}}+\frac{1}{(1+10\%)^{2}}+\frac{1}{(1+10\%)^{3}}\right]=8057400.45\text{ 元}$$

根据本文推荐的计算公式，该专利的质押融资额在 8057400 元较为合适。

第二，针对专利资产的稳定性，需要进行查新报告。

查新报告费用控制在拟融资额的 0.5%之内，必要时可以采用风险无效体系，并且约定专利被宣告无效之后的无效检索和申请费用由质押人负担。整体费用控制在拟融资额的 1%之内，通过上述操作可以基本确保核心专利的稳定性，从而确定专利池资产组的稳定性。

第三，对专利质押进行保险和再保险。

笔者认为，国内保险公司可以投入资源，开展相关业务，为专利质押提供保险和再保险服务。根据本文所述的公式，只需要调整保险系数，即可以估算出专利担保融资的融资金额。同理，只需要调整保险系数，例如调小保险系数，保险公司就可以在此基础上计算出专利融资保险的保额及其对应的保费。通过上述的保险和再保险的操作，可以减少资金提供方的风险，并且开展中国知识产权融资新服务。

通过以上三点操作，可以最大限度估算专利价值作为融资的参考，并且保障资金提供方的利益。

七、结　论

科技型企业的融资难问题，需要借助其自身拥有的无形资产解决。当前环境下，资产评估机构单单凭借其自身能力可能无法合理确定专利评估方法和待评估专利的价值。专利资产作为创新型企业拥有的优良资产，若无法进行流通和用于质押融资，会极大阻碍创新型企业的发展，也同时阻碍中国科技发展进程和党的十九届六中全会提出的科技发展目标的实现。法律领域、知识产权领域和资产评估领域各个专业机构和专业人员应当通力合作，争取解决上述问题，进而帮助中国实现党的十九届六中全会提出的科技发展目标，这是这些领域机构和人员的义务和责任。本文抛砖引玉，提出了初步的专利估值模型和估值方法，并进一步提出在估值模型和方法的基础上设置保险系数，作为专利估值和专利融资的桥梁，基于此模型背后的原理，进一步发展完善专利融资保险和再保险服务。按照本文提出的方法，可以最大限度确定专利的价值和专利融资的合理额度，保障投融资双方的利益，同时有助于今后形成专利交易活跃市场。

商标续展时提交商标使用证明制度的建构

杜　颖[1]　稣　乌[2]

摘　要

在肯定我国采取商标注册制具有巨大优势的同时，也应看到其在运行过程中存在的诸多问题，如商标囤积、闲置现象突出等。因此，应全面增强商标使用义务。但结合我国商标存量等实际情况，建立商标续展时提交商标使用证明制度相比之下具有较强可行性，总体来看利大于弊，对解决商标囤积、闲置等问题具有重大意义。应将无合理理由未投入使用商标的最长存在期限限定在10年。尽管建立该制度可能会造成工作量增加，且可能会与现行规范相矛盾，但是这些风险完全可能被化解。由于《商标法新加坡条约》等国际条约的禁止性规定，在立法中不宜将该制度直接规定为商标续展时提交使用证明，而应当借鉴域外经验，将该规定置于商标有效期条款之下，规定商标注册人应当自核准注册之日起每满10年之前的12个月内，提交商标实际使用的证明，包括使用或有正当理由不使用

[1][2] 作者单位：中央财经大学。

的说明以及相关证据材料。

关键词

商标续展　商标使用　新加坡条约

一、商标续展时提交商标使用证明制度的意义

在我国《商标法》的发展进程中，商标注册制度几经改变，形成了现行立法以使用为补充的在先申请制度。但我国的商标注册制过于强调商标注册而忽视了对商标的使用，使市场主体不论有无使用需求都对商标注册趋之若鹜，产生了“符号圈地”的现象，商标囤积、闲置等问题突出。这些问题不仅限制第三人选择商标的范围，还会加重商标行政机关的负担，造成审查延迟，进而导致商标制度的功能不能正常发挥并损害公众对于商标制度的信赖。❶ 因此，近年来，我国越发注重对商标使用情况的审查，如《商标法》第 49 条确立了“撤三”制度：注册商标……没有正当理由连续三年不使用的，任何单位或者个人可以向商标局申请撤销该注册商标。但是“撤三”制度作用的发挥有赖于他人的申请，而申请撤销商标耗时耗力，许多作为潜在申请人的商标需求者或就此放弃使用该商标，或宁愿通过商标转让或许可使用程序取得商标使用权。这样一来，商标囤积或者闲置等问题仍然无法得到有效解决。

想要彻底解决我国目前商标囤积、闲置等问题，需要全面增强商标存续期间的商标使用义务，如增加商标依职权撤销制度、增加商标转让时提交商标使用证明制度、增加商标续展时提交商标使用证明制度等。但就现阶段来说，我国作为申请注册量第一的商标大国，商标存量巨大，如建立依职权撤销制度等制度以每三年或五年为界频繁提交使用证明会造成商标审查机构压力过大，而商标转让时提交使用证

❶ 张鹏.《商标法》第 49 条第 2 款“注册商标三年不使用撤销制度”评注［J］. 知识产权，2019（2）：4.

明等制度又可能招致商标注册人的挑战，面临财产自由属性的诘问。相比之下，我国到期商标续展比例不到60%，且已存在成熟的续展审查环节，循环周期较长，要求续展申请人在商标续展时提交商标使用证明给商标审查机构带来的工作压力以及商标注册人使用证据的收集压力均较小，具有较强的可接受性。❶ 因此，本文旨在讨论商标续展时要求续展申请人提交商标使用证明制度（以下简称“商标续展时提交商标使用证明制度”）的可行性及其建构问题。

商标续展时提交商标使用证明制度是指，在注册商标有效期满后，需要继续使用的，商标注册人应当在按照规定办理续展手续的同时提交商标使用证明；如果不能提交使用证明，同时也无合理理由的，对商标续展将不予准许。在商标续展时要求商标续展申请人提交使用证明，可以有效解决我国商标领域目前面临的问题。该制度在第一个续展期间的意义是确认该商标已经基本被排除商标恶意注册的嫌疑，且在以后年度内很大可能会被持续使用；而在之后续展时点的意义在于确保该商标在每10年的有效期内确实被持续、实际使用，具有再次续展的价值。该制度将不使用商标的最长存在期限限定在了10年，可以为解决商标囤积、闲置等问题设置一个兜底条款。

但我国在商标申请注册中尚未要求提交商标使用或者意图使用证明，如建立该制度就需要面临在续展中提出使用证明要求是否适当，以及如何处理随之而来的工作量增加等问题。因此，需要对该制度进行风险和可行性两方面的分析，并对我国实际建立该制度提供切实可行的立法建议。

二、商标续展时提交商标使用证明制度的国外立法例

目前，许多国家都注意到了商标续展时增加商标使用义务的重要

❶ 国家工商行政管理总局商标局，商标评审委员会．中国商标品牌战略年度发展报告（2017）［EB/OL］．（2018-05-13）［2022-01-20］．http：//sbj.cnipa.gov.cn/sbtj/201805/W020180513829986812509.pdf.

性，要求在商标续展时提交商标使用证明，如宣誓书、声明及相关证据等。

以目前已经对续展时提交使用证明建立起较为完善制度的美国为例，其《兰哈姆法》第 1058 条规定，商标注册有效期为 10 年，从注册之日起算满 10 年之前的 1 年期间内，且在接下来注册之日起算的每个 10 年期间届满前的 1 年期间内，商标注册人应该向美国专利商标局提交符合该条（b）款条件的宣誓书，需列明在注册中指定的该商标在商业中使用的或与之相关的商品或服务，并按照美国专利商标局局长的要求附上一定数量能表明该商标当前使用情况的图样或复制品；或者列明在注册中指定的该商标未在商业中使用的或与之相关的商品或服务，并提供能够解释未使用的特殊情况，并说明没有任何放弃该商标的意图。

根据该条规定，美国并未直接要求续展时提交使用证明，而是以续展前 1 年内提交宣誓书的方式予以替代。事实上，1998 年之前，美国《兰哈姆法》一直以提交连续使用证据为商标续展的必要条件。但要求权利人在商标续展中提供使用证据是为《商标法新加坡条约》（包括其前身《商标法条约》）所禁止的。因此，为了规避该禁止规定，美国开始修改相关条款，并没有在其商标续展条款即《兰哈姆法》第 1059 条中规定续展时提供使用证据的制度，而是在第 1058 条中规定在商标注册后的第9～10 年提交使用证据，实际上是变相规定了续展时提供使用证据的制度。这样区分处理的意义就在于允许美国继续遵守其以使用为导向的体制，同时又能符合相关国际条约的规定。[1] 且在实际操作中，根据美国专利商标局的网上申请说明所述，第 1058 条的使用宣誓书需要与第 1059 条的续展申请书合并提交、合并归档。

美国是典型的使用取得制国家，要求续展时提交使用证明符合商标使用取得制的本质。尽管要求续展时提交使用证明制度与注册制国

[1] 哈尔彭，纳德，波特．美国知识产权法原理［M］．3 版．宋慧献，译．北京：商务印书馆，2013：317.

家注册取得商标的规定可能存在冲突，也与《商标法新加坡条约》等国际条约的要求相违背，但是还是有许多商标注册制国家为缓解注册制弊端建立起了该制度，如阿根廷、墨西哥、菲律宾等国。

在美洲国家中，阿根廷《第242/2019号法令》提出："从法令生效之日起，注册满5年的注册商标应提交使用声明。不提交使用声明将被视为缺乏商标使用，除非有相反的证据。如果不提交使用声明，续展申请将不予受理，直至申请人履行相关义务并支付相关费用。"此外，墨西哥在其《工业产权法》第134条也明确提出除有正当理由外，商标需要在至少一种适用的商品或服务中使用商标，并且在该法第130条所述的期限内未停止使用该商标才能获准续展。

在亚洲国家中，菲律宾知识产权总局2017年7月7日发布No.17-010通知，并公布了《商标、服务标识、商号、标记容器条款和规则2017》，其中第204条明确商标注册人应在商标注册续展日起1年内提出商标实际使用声明书（DAU），如未提交DAU，则续展注册申请将会被驳回，或者该注册商标会被菲律宾知识产权局从注册簿中撤销。根据其第210条，以下内容可作为商标的实际使用证据：①使用商标时的商标标签；②从网站下载的能够明确表明商品已在菲律宾销售或进行了服务交易的页面；③实用商标被印在商品上，或被印记，或被标记在商品容器上或提供服务的设施上的照片（包括用普通纸印刷的数码照片）；④在菲律宾销售商品或能够表示服务商标实际使用的宣传册或其他广告文件；⑤所提供的商品或服务的销售收据或发票等同类型使用证据，即能够表示商品在市场上流通或在菲律宾使用的证据；⑥显示该商标使用的服务合同副本。菲律宾知识产权局可随时发布可用证据清单及其不接受的证据的清单。

综上所述，尽管在商标续展程序中对商标续展申请人提出使用要求并非一种国际通行的普遍操作，但是在上述国家中已建立起一套完整的制度。建立该制度也并非商标使用取得制国家的"专利"，注册取得制国家亦有建立该制度的可能性。

三、商标续展时提交商标使用证明制度的风险与可行性分析

（一）建立商标续展时提交商标使用证明制度的风险

1. 使用证据审查将带来工作量的增加

2020 年 12 月 16 日至 2021 年 12 月 15 日，我国商标申请量 9192675 件，注册量 7545358 件；截至 2021 年 12 月 15 日，有效注册量达到 35322797 件，❶ 我国商标申请数量已居世界第一。目前对商标续展的审查主要是形式审查，只要求提交申请书并缴纳费用，申请书仅包含申请人名称、地址等申请人相关信息及代理机构、商标注册号及类别等项目，并不对商标使用情况等进行实质审查。要落实商标续展时提交商标使用证明制度，必须要对提交的使用证据进行审查。如果对使用证据的审查采取形式审查的方式，该规定将流于表面。如果对使用证据的审查采取实质审查的方式，无疑会大大提高相关部门的工作量，就目前有效注册商标的庞大规模来说，该规定可能会难以落实。

2. 与现行规定前后矛盾

根据《商标法》第 4 条的规定，所有商标申请人均应当符合“使用意图”要求，而使用意图属于主观因素，原则上审查员需要借助申请人提交的证明材料才能确定申请人的使用意图。然而，在目前的商标申请注册程序中，关于使用意图的证明不是必要的申请材料。因此，虽有些许不合理，但申请人在商标申请注册阶段确实无须提交使用意图的相关证明材料。❷

如此一来，商标权的初始取得尚不强制要求提交使用证明，商标

❶ 国家知识产权局商标局．2021 年四季度全国省、市、县三级行政区域商标注册申请［EB/OL］．（2021-12-31）［2022-01-20］．http：//sbj.cnipa.gov.cn/sbtj/202112/W02021123127 5404643454.pdf.

❷ 郑悦迪．商标注册制度中的“使用意图”要求比较研究［J］．知识产权，2020（4）：75.

权的续展却提出要求，有前后矛盾的嫌疑。而且商标权利人在实际操作中也可能会以主动注销商标后再行注册的方式规避使用证明的提交，商标续展时提交商标使用证明制度也会因如此简易的规避措施而失去其存在的意义。

（二）建立商标续展时提交商标使用证明制度的可行性

1. 建立该制度具有法理依据

第一，该制度以洛克的劳动财产理论为支撑。洛克在《政府论》第五章“论财产”中提出了人们靠劳动获得财产权，却也需要对财产权加以限制。如果一个人获得财产，但这些财产却未经适当使用而遭到破坏，一方面违反了人类公认的自然法，糟蹋或破坏了上帝的恩赐，另一方面这样的浪费超出了他应得的份额（供自己享用的财产份额），是对他人份额的侵犯。❶ 对于商标权人来说，在其注册后即享有商标专用权，使得他人无法再使用被注册的标识。如果权利人迟迟不将该标识投入使用，是对社会资源的浪费，也是对其他意图使用该标识的人的利益的损害。由此，商标续展时要求提交使用证明有利于避免资源浪费，剔除十年都未曾使用闲置商标也是对作为财产权的商标权的天然的、合理的限制。

第二，该制度符合权利与义务的基本关系理论。“没有无义务的权利，也没有无权利的义务”，权利与义务具有一致性。商标法的一个重要任务在于保护商标专用权，商标权人在权利受到保护的同时，也应当履行相应的义务。首先，从商标权人对注册商标的专有使用和对商标资源的独占角度看，商标权人应负有及时使用注册商标的法定义务，若不使用则应将商标资源释放到公共领域。商标权人应以使用注册商标这一积极作为的方式，履行对他人和社会的义务。❷ 其次，在我国商标注册制实践下，商标权人也负有实际使用和持续使用商标的义务。如我国《商标法》第 4 条、第 44 条、第 48 条、第 64 条等都规定了我国申请人的使用义务，《商标审查审理指南》中明确规定了

❶ 洛克．政府论［M］．刘晓根，译．北京：北京出版社，2007：74.

❷ 孙国瑞，董朝燕．论商标权人的商标使用义务［J］．电子知识产权，2020（4）：8.

“商标注册人负有规范使用和连续使用注册商标并积极维护注册商标显著性的法定义务”。因此，商标注册人在享有《商标法》对其专有权保护的权利的同时，也应当履行作为商标专有人的使用义务，否则就应当承担不利后果。简言之，实际使用注册商标是商标权人的基本义务，在商标续展时提交使用证明也是商标权人基本义务的延伸，具有合理性，且有利于督促商标权人在行使其权利的时候履行其基本义务。

第三，该制度可以更好地实现商标功能。商标最初始及最核心的功能就在于其来源识别功能，想要在商标与特定经营者之间建立联系就需要商标权人对商标的使用。商标使用义务来源于商标的基本功能，没有经过使用的商标无法实现商标基本功能，不具有商标的存在价值，也自然失去了对其进行商标保护的意义，理应不予续展保护期限。因此，续展时对使用证明进行审查是基于商标功能理论的合理选择。

第四，建立该制度符合权利失效理论。根据民法上广泛承认的权利失效理论，行为不得自相矛盾，当相对方合理信赖权利人不再行使权利时，则权利人不得再行使权利。若商标权人在商标续展时无法提出商标使用的相关证明材料，则表明其未积极行使其权利。权利人长期不行使权利会被其他经营者认为商标权人可能已经放弃了该注册商标，并因而进行使用，甚至扩大生产规模，投入广告宣传，逐步在市场上形成自己的商誉。如果对此类长期不予使用的商标的保护期予以续展，一旦商标权人主张权利，其他经营者的合理信赖利益就无法获得保护。[1]

2. 建立该制度与我国立法实践相兼容

首先，续展时提交使用证明并不会与商标申请注册的相关规定相冲突，符合《商标法》的立法目的。2019 年《商标法》对第 4 条进行了修改，规定“不以使用为目的的恶意商标注册申请，应当予以驳

---

[1] 张玉敏．注册商标三年不使用撤销制度体系化解读［J］．中国法学，2015（1）：228.

回”，虽然没有明确规定注册时提交使用证明，但是也体现了我国加强商标使用的倾向。我国之所以没有在该第 4 条要求提交使用证明，一部分原因在于我国实行商标注册取得制，商标注册不以实际使用为条件和基础，因而在商标注册申请阶段不可能对于申请资格有太严格的限定。此外，在申请审查阶段对是否有实际使用目的进行实质审查，并不现实。尤其是 2001 年修订《商标法》时允许自然人申请注册商标，以及目前的商标注册便利化改革，都说明立法朝着更便利申请人申请的方向发展。在申请程序中附加太多的使用目的证明和审查要求，与商标注册申请制的初衷不匹配。因此，商标注册取得制决定了不宜在商标注册申请阶段要求申请人承担过于具体的使用证明提交义务。[❶] 而商标续展则不同，其应更加偏重于回归商标权保护的正当性。根据《商标法》第 39 条的规定，我国注册商标有效期为 10 年。在此 10 年间，有意图使用商标者必然会将商标投入使用，如果未投入使用只能证明其无意图或者其能力尚不足以生产产品或者提供服务，也无必要再次续展其商标权利。在商标续展时要求提交使用证明，既不会阻碍商标注册、违背商标注册取得制的初衷，也有利于将未经使用的闲置商标归还于社会，让资源流入有使用意图或使用能力的申请人手中。

其次，建立该制度可以与我国商标异议、无效或撤销程序相匹配。为了弥补第三次修正后的《商标法》的不足，更加严厉地规制商标恶意申请行为，第四次修正的《商标法》第 4 条将规制恶意申请商标的关口前移，即指申请人如果在申请环节不具有使用目的则商标审查员可直接予以驳回，并在商标的异议和无效程序中将第 4 条设定的情形纳入异议和无效的理由。[❷] 如《商标法》第 33 条规定：“对初步审定公告的商标，自公告之日起三个月内，……任何人认为违反本法第四条……，可以向商标局提出异议。”《商标法》第 44 条规定：“已经注册的商标，违反本法第四条……，或者是以欺骗手段或者其他不

❶ 孔祥俊．论非使用性恶意商标注册的法律规制：事实与价值的二元构造分析［J］．比较法研究，2020（2）：62.

❷ 王莲峰．新《商标法》第四条的适用研究［J］．政法论丛，2020（1）：107.

正当手段取得注册的，由商标局宣告该注册商标无效；其他单位或者个人可以请求商标评审委员会宣告该注册商标无效。”此外，根据《商标法》第 49 条规定，“注册商标……没有正当理由连续三年不使用的，任何单位或者个人可以向商标局申请撤销该注册商标”，即对三年不使用的商标可依任何单位或个人的申请而撤销。

以上《商标法》的规定说明在我国现有的商标异议或者无效、撤销程序中，存在“注而不用”行为或者意图的商标绝对无效，那么在商标续展中拒绝“注而不用”的商标继续获得保护也是一脉相承，无甚不妥。

3. 建立该制度具有可接受性

近年来我国市场实践和法律规制愈发关注商标的使用，出台了一系列新规定，商标权人也越来越重视对商标使用证据的收集。因此，要求商标权人在商标续展时提交使用证明并不会造成其额外压力，具有可接受性。

首先，“撤三”制度步入正轨使得收集使用证据成为商标权利行使中的关键一环。当被提起“撤三”请求时，在没有正当理由，又提不出有效的使用证据的情况下商标将面临被撤销的危险。在实践之中越来越多的注册商标被提出“撤三”申请，仅 2019 年上半年，“撤三”案件申请量就达到了 47626 件，同比增长 36.2%。[1] 这就意味着收集使用证据已经逐渐成为商标权人维持商标有效性的一个重要事项。

其次，商标权人希望证明商标的知名度以获得更好的保护，也需要收集使用证据。如商标相同或近似的审查、在先权利的认定、商标混淆等都需要考虑商标的知名度，这就需要商标权人提供证据加以证明；又如商标权人希望获得驰名商标的保护时，也需要提供该注册商

[1] 国家知识产权局商标局 . 2019 年上半年商标注册工作情况分析［EB/OL］. （2019-10-21）［2022-01-20］. http：//sbj.cnipa.gov.cn/sbtj/201910/W020191021371345959639.pdf.

标的大量使用证据证明该注册商标在相关公众中的熟知程度与影响力。❶

综上所述，对于一个意在长期使用的商标权人来说，收集使用证据已经成为一个近乎必要的行为。在续展时要求提交使用证明不会增加权利人的额外成本，具有可接受性，不会引起制度排异反应。

四、我国增设商标续展时提交商标使用证明制度的立法建议

综上所述，在我国建立商标续展时提交商标使用证明制度，既具有制度风险，也具备可行性，总体而言利大于弊。

第一，该制度可以有效解决我国商标注册取得制带来的弊端。商标注册取得制具有提供统一的公示制度的作用，这使得通过注册取得商标具有稳定性，其对商标归属的确定更具有效率。❷ 但由于注册取得制度将商标权的取得系于注册，与商标在市场上发挥识别作用和产生市场价值的实际过程不相符合，因而存在固有缺陷，如容易诱发抢注、囤积商标，利用未实际使用的注册商标打击诚实的商标使用人等问题。❸我国目前对商标续展的审查过于简单，即使通过“撤三”等制度可以对部分闲置、囤积商标予以过滤，但大部分商标仍可通过形式审查并缴纳极少费用的续展方式继续受到保护。如果可以建立商标续展时提交商标使用证明制度，就可以有效排除在商标有效期内未经使用的闲置商标，有效缓和商标闲置等问题，使一个未经使用的商标至多存在 10 年。

第二，尽管该制度的建立具有风险，但是该风险并非无法化解。首先，我国已建立了商标续展审查体系，需要审核申请书及有无处在

❶ 卢松杰．商标在使用过程中为什么要大量收集使用证据？［J］．中华商标，2020（7）：31.

❷ 刘铁光．规制商标“抢注”与“囤积”的制度检讨与改造［J］．法学，2016（8）：42.

❸ 张玉敏．注册商标三年不使用撤销制度体系化解读［J］．中国法学，2015（1）：227.

异议、不予注册复审、不予注册复审诉讼的情况。因此对商标续展使用证据的审核只是在原有审核程序中增加一项审核项目，而非完全重新创建一个审核环节，固然会带来工作量的增加，但这种工作量的增加并不会达到无法承受的地步。此外，对于确实未投入使用的商标，一部分商标注册人可能会选择放弃续展。根据《中国商标品牌战略年度发展报告（2017）》的统计，依据 2007 年核准注册商标 23.4 万件及核准续展商标 6.8 万件计算，2017 年有 30.2 万件商标到期应续展，而实际只有 17.9 万件商标提交了续展申请，到期商标续展比例约为 59.28%。2017 年，原国家工商行政管理总局商标局依申请撤销三年不使用商标 2.8 万件，注销商标约 1.4 万件，期满未续展注销商标约 16.39 万件，全年共清理闲置商标约 33.19 万件。[1] 这就说明我国商标续展比例整体不高，且闲置商标量较多。可想而知，随着续展程序实质审查要求的增加，将有更多的未使用者放弃续展商标。如此一来，主管机关的工作压力反而会减少。所以，该制度给审核系统带来的工作压力问题是可以克服的。

其次，法律的不同规定来自商标注册和商标续展的不同定位。商标申请注册阶段与商标续展阶段存在区别。商标申请注册阶段由于鼓励注册的初衷以及注册制的特点，不宜要求严格审核使用证据，而商标续展阶段作为注册有效期的再度延伸则更关注商标保护的正当性。在商标注册制度下，虽然商标权通过注册而取得，但是对其进行保护的正当性却依赖商标使用。从商标续展的性质来看，商标续展是对商标的维持保护，如果商标未经使用，则无保护的必要性。未在市场上投入使用的注册商标，既无从产生识别性，更不可能产生市场价值，缺乏法律保护的正当性基础。对这样的商标提供法律保护不但没有必要，而且妨碍商业和竞争。[2] 至于可能出现的商标权利人主动撤销商标重新注册的情况，我国对于商标注册申请实施实质审查，在电子归

---

[1] 国家工商行政管理总局商标局，商标评审委员会．中国商标品牌战略年度发展报告（2017）［EB/OL］．（2018-05-13）［2022-01-20］．http：//sbj.cnipa.gov.cn/sbtj/201805/W020180513829986812509.pdf.

[2] 付继存．中国注册商标同一性规范的设计［J］．知识产权，2017（2）：76.

档的时代，查询核对申请人是否存在曾获得相同或近似的商标而未续展的情况，十分简便。如果存在上述情况，可以要求申请人述明理由并提交使用证明；如果不能提交则可以推定其不具备“使用目的”，驳回其注册申请。因此，看似两项规定将会前后矛盾，但事实上商标注册和续展具有极大不同，区分规定具有合理性，且对可能引起的投机行为也较易解决。

综上所述，在我国建立该制度虽然也会带来些许风险，但对比其解决我国商标囤积或闲置问题的优势，总体来说利大于弊，我国可以考虑建立商标续展时提交商标使用证明制度。具体修改建议如下。

（一）增改《商标法》第 39 条

为了符合国际条约中禁止在续展时提交使用证明的要求，如《商标法新加坡条约》第 13 条第 2 款：“二、[禁止其他要求] 除本条第一款及本条约第八条规定的要求外，任何缔约方不得就续展申请另行规定其他要求，尤其不得要求提供：(1) 该商标的任何表现物或其他证明；(2) 该商标已在任何其他商标注册簿注册或续展注册的证据；(3) 有关该商标使用的声明或证据。”可以将商标续展条款与提交使用证明条款分开规定，不应将相关条款直接表述为续展时提交使用证明，而应借鉴美国《兰哈姆法》第 1058 条的规定，要求在商标 10 年有效期届满前提交使用证明。

可以在现行《商标法》第 39 条增加第 2 款：“商标注册人应当自核准注册之日起每满十年之前的十二个月内，提交商标实际使用的证明。在此期间未能提交的，可以给予六个月的宽限期。”

具体而言，该款位于商标有效期条款之下，按照体系解释的方法，该款意在将提交使用证明作为维持商标存续期间有效性的条件，而非商标续展过程中的环节和要求，商标注册人应在商标核准注册之日起第 9～10 年以及上一个商标有效期满之日起第 9～10 年等期间提交商标使用证明，并被给予 6 个月的宽限期。使用证明提交时间与商标续展申请提交时间同步，在时间方面暗示商标续展与使用证明关系的同时，又可以符合《商标法新加坡条约》等国际条约的技术性规定。

（二）增改《商标法实施条例》第 33 条

将《商标法实施条例》第 33 条增改为："符合商标法第三十九条规定的注册商标需要续展注册的，应当向商标局提交商标续展注册申请书，商标局核准商标注册续展申请的，发给相应证明并予以公告。"

该条规定的意义在于将提交商标使用证明定义为确认商标效力存在、具有续展价值的前提，在续展申请时无须提交使用证明，但在规定期间内提交了使用证明的商标才具有有效性，可以获得续展。

（三）对国家知识产权局商标局申请指南的修改

更多的细节要求应规定于国家知识产权局商标局的申请指南之中，如商标使用证明的内容以及程序衔接等问题。

1."申请续展注册商标"的申请指南

本文认为续展时使用证据的审查应限于 3 年内，故为避免过于严苛而损害商标权人利益，应允许商标权人因合理理由不使用。故商标使用证明应当包括商标使用或正当理由不使用的说明以及相关证据材料。具体而言，可在国家知识产权局商标局官网提供的"申请续展注册商标"的申请指南中的第四部分"申请材料及办理流程"之中在原有的"（一）准备申请书件""（二）缴纳商标规费"之外，规定第三项："（三）合并提交商标使用证明：续展申请书件可与商标使用证明或者正当理由不使用证明合并提交。商标使用证明包括：1. 商标实际使用的说明，如商标使用商品或服务类别、商标使用方式等；2. 商标实际使用相关证据材料。商标正当理由不使用证明包括：1. 商标未实际使用的说明书，如商标未使用的商品或服务类别、商标最后使用的期限或者预计使用、恢复使用及正在采取的相关措施；2. 商标未实际使用的原因说明及相关证据。"

2."提供商标使用证据的相关说明"的申请指南

正如上文所述，由于"撤三"等制度的需要，我国已经建立了一套较为完善的商标使用证明体系，因此，商标续展时提交的使用证明或正当理由不使用证明应当与商标"撤三"制度采取同样的标准，且亦仅审查自续展申请提出之日向前 3 年内的商标使用行为。

在此基础上，为了减轻审查人员的审查负担，并减少商标权人在证据收集上投入的时间及人力、物力成本，依申请撤销与商标续展时提交的使用证据应当相互衔接，将商标申请指南第六条“当事人可以声明使用前案证据材料”增改为：“a. 当事人于在先的程序中，已经提交过使用证据，且相关使用证据能够证明自商标续展申请提出之日向前三年内的商标使用行为的，可不再重复提交，但是需要确保与前案使用证据在使用时间、使用的商品/服务、使用的商标标识三方面一致或重合。b. 当事人需要使用先前程序中使用证据的，应随《关于提供注册商标使用证据的通知》交回相关书面声明，说明先前程序中相关的申请号及商标注册号，以便审查员查阅。未予以说明或说明不清晰无法查阅的，视为本案未提交相关证据。c. 当事人在本次商标续展申请中合并提交了使用证据，同时声明使用先前程序中的证据材料的，如果先前程序中的证据材料与本次商标续展申请中合并提交的证据材料有冲突或不一致的，审理时以本次合并提交的证据材料为准。”

其　他

集成电路布图设计专有权保护与立法完善

王伟艳[1]

摘　要

面对集成电路设计快速发展的新形势、新要求，本文以集成电路布图设计的登记发证量为基础，剖析我国集成电路布图设计专有权在促进集成电路技术创新方面的作用。依据现有布图设计专有权撤销审查实践和司法实践反映出的亟须解决的关键性问题，分析如何优化集成电路布图设计的登记程序和撤销程序，希冀对我国集成电路布图设计法规的完善提供有用的建议。

关键词

集成电路布图设计　专有权　立法完善

---

[1] 作者单位：国家知识产权局专利局复审和无效审理部行政诉讼一处。

集成电路产业是信息技术产业的核心，是支撑经济社会发展和保障国家安全的战略性、基础性和先导性产业。为加快推进我国集成电路产业发展，国务院发布了《国家集成电路产业发展推进纲要》，强调要着力发展集成电路设计业。《中华人民共和国国民经济和社会发展第十四个五年规划和2035年远景目标纲要》亦将集成电路的发展纳入其中，旨在打好关键核心技术攻坚战，突破我国在集成电路领域的关键技术难关。面对集成电路设计快速发展的新形势、新要求，本文分析《集成电路布图设计保护条例》（以下简称《条例》）及其实施细则施行过程中出现的问题，探讨如何贯彻落实《知识产权强国建设纲要（2021—2035年）》中完善集成电路布图设计法规的要求，提供完善《条例》的思路和对策。

一、集成电路布图设计保护现有法律法规

在法律保护方面，2021年1月1日施行的《中华人民共和国民法典》第123条明确规定了知识产权的客体包括“集成电路布图设计”。在我国的民事法律体系中，能对集成电路布图设计给予保护的主要有《中华人民共和国专利法》《中华人民共和国反不正当竞争法》和《条例》，其分别对集成电路布图设计给予专利权、商业秘密、集成电路布图设计专有权保护。与其他两部法律不同，《条例》是我国对集成电路布图设计进行的专门立法，其于2001年10月1日起施行。《条例》的施行表明我国拥有自己的集成电路布图设计保护法规，为集成电路产业的发展构建了良好的法律环境。

根据《条例》的规定，布图设计专有权经国务院知识产权行政部门登记产生，即提交的申请材料符合规定，登记的布图设计即可获得集成电路专有权保护。尽管《条例》还规定受专有权保护的布图设计应当具有独创性，但登记授权程序并不审查独创性。根据国家知识产

权局公布[1]的年度报告显示，我国集成电路布图设计登记发证量自2001年的32件起逐年增加，2018年是3815件，2019年达到6614件，2020年增至11727件。

对于上述数量的分析总结，可以对比同时期的其他国家的布图设计登记量。根据美国版权局的年度报告[2]显示，美国布图设计的年度登记量由2001年的558件逐年递减，2014年以后（除2018年156件外）基本都在百件以下，2019年登记量为20件，2020年为0件，2021年9月底前为33件。德国专利商标局的年度报告[3]显示，德国布图设计的年度登记量由2001年的59件逐年递减，2018～2020年无布图设计登记。根据韩国知识产权局的统计数据[4]显示，2005年以来，韩国布图设计的年度登记量基本维持在几十件左右，2018年12件，2019年46件，2020年42件。

从上述数据可见，国外布图设计的登记量处于下降甚至是停滞的状态，即使在最早确立布图设计保护制度的美国亦是如此。对此，有学者分析认为：集成电路企业竭尽全力说服美国国会通过半导体芯片法案，却在法案通过之后将之束之高阁，主要原因是集成电路企业担心布图设计登记内容被其他企业用于芯片非法复制以及法案某些条款含义不明确带来判决结果不确定性。事实上，从后续的司法判例对法条的解释与判决结果来看，集成电路企业应该认识到半导体芯片法案对登记的布图设计可以有效地保护。相比较而言，我国的布图设计登记发证量在不断攀升，这说明我国集成电路企业想要布图设计专有权保护的意愿在不断增强，布图设计专有权保护制度具有活力，《条例》在保护集成电路布图设计、促进集成电路技术发展方面的作用在日益显现。

---

[1] 国家知识产权局年度报告：https：//www. cnipa. gov. cn/col/col94/index. html。

[2] 美国版权局年度报告：https：//www. copyright. gov/history/annual _ reports. html。

[3] 德国专利商标局年度报告：https：//www. dpma. de/english/our _ office/publications/annual _ reports/index. html。

[4] 韩国知识产权局数据统计：https：//www. kipo. go. kr/en/HtmlApp? c=97000 & catmenu=ek07 _ 03 _ 01。

尽管集成电路布图设计可以采取专利权和商业秘密的保护方式，但只有《条例》是保护布图设计的专门立法，并且在集成电路布图设计保护方面正显示其活力与作用，其确立的布图设计专有权保护方式具有可快速获得的特点，符合集成电路技术更新快的特点。

二、集成电路布图设计专有权保护实践中面临的问题

根据《集成电路布图设计保护条例实施细则》（以下简称《细则》）第29条的规定，布图设计登记公告后，发现登记的布图设计专有权不符合《条例》相关条款规定的，由原专利复审委员会（现为国家知识产权局专利局复审和无效审理部）撤销该布图设计专有权。可见，对于集成电路布图设计是否具有独创性，是否应该撤销布图设计专有权，是在撤销程序中进行判定。截至2021年底，复审和无效审理部受理的撤销案件已有24件，通过分析总结这些案件的审查实践，发现存在以下亟须解决的问题。

（一）撤销程序只能依职权启动

《条例》第20条规定："布图设计获准登记后，国务院知识产权行政部门发现该登记不符合本条例规定的，应当予以撤销，通知布图设计权利人，并予以公告。布图设计权利人对国务院知识产权行政部门撤销布图设计登记的决定不服的，可以自收到通知之日起3个月内向人民法院起诉。"上述规定包括三层含义：第一层含义，国务院知识产权行政部门是启动撤销程序的唯一主体；第二层含义，只有国务院知识产权行政部门发现获准登记的布图设计不符合《条例》的相关规定时才能启动撤销程序，撤销程序不是依请求而启动的；第三层含义，布图设计权利人不服撤销决定的，享有诉权。

如果社会公众发现布图设计不符合相关规定，是否可以请求国务院知识产权行政部门撤销其专有权？《条例》并没有相关规定。但在审查实践中，对布图设计专有权的效力的质疑通常是由社会公众提出的，尤其是布图设计侵权纠纷中的被控侵权方；目前进入撤销程序的

案件尚无通过行政机关主动发现缺陷而启动的。在布图设计名称为“FS9932”的布图设计专有权的撤销案件中，专有权人在答复意见书中质疑撤销意见人提出撤销请求的合法性，认为其无撤销请求权。对此，审查案件的合议组认为：《条例》没有排斥当事人对已授权布图设计的专有权提出撤销意见。布图设计专有权撤销程序启动的主体是国务院知识产权行政部门，但发现缺陷的过程既可以是国务院知识产权行政部门自行发现，也可是他人提出撤销意见后使国务院知识产权行政部门发现。可见，在实践中是对“国务院知识产权行政部门发现”作扩大化解释，但是这种扩大化解释存在的一个问题是：撤销意见提出人对国务院知识产权行政部门维持布图设计登记的决定不服是否可以向人民法院起诉？对此，《条例》并未规定。在司法实践中，无论是撤销意见提出人还是布图设计权利人对撤销决定不服而向人民法院起诉的，人民法院均对其进行了审理。例如：撤销意见提出人对于布图设计名称为“BCT001”的集成电路布图设计的登记撤销决定不服提起诉讼，人民法院受理并作出了判决❶。

（二）布图设计的复制件或者图样细节模糊不清，影响布图设计保护范围的确定

根据《条例》规定，在申请登记时，申请人应该提交的材料包括申请表、布图设计的复制件或者图样、含有受保护布图设计的集成电路样品（布图设计已投入商业利用）等。根据《细则》规定，申请人可以提交电子版本的复制件或图样。也就是说，在申请时纸件的布图设计复制件或图样是必须提交的，电子版本的复制件或图样可以选择性提交，样品在有商业利用的情况下需提交。在审查实务中，国务院知识产权行政部门近年来接受电子申请，但有格式的要求以及上传文件的大小在 150M 之内的限制。

实践中，纸件复制件或者图样不清楚的原因主要有两点。一是《细则》第 14 条要求的提交的“复制件或者图样的纸件至少放大到用

❶ 参见北京知识产权法院（2018）京 73 行初 2060 号行政判决书。

该布图设计生产的集成电路的20倍”，但按照现在的集成度来讲，放大20倍无法清楚地显示。二是申请时提交的纸件图样由于印刷条件以及纸张老化等原因，也会细节模糊不清。纸件复制件或者图样作为必须提交的申请文件，在确定保护范围时是重要的依据，如果其内容不清楚，必然会影响布图设计保护范围的确定。鉴于芯片样品只有在投入商业使用的情况下才提交，如果登记备案时提交芯片样品并且该芯片样品与纸件复制件或图样一致，则一般会以纸件复制件和图样为依据，以备案样品为补充来确定保护范围[1]。值得注意的是，芯片样品与纸件内容是否一致的判定，需要对样品进行剖片提取布图设计，并与专有权人主张的独创性说明进行比较，这无疑增加了确定布图设计保护范围的成本。

（三）专有权人主张的独创性部分数量和内容经常更改，评判独创性的时间节点不够明确，导致独创性的判定基础不确定

《条例》并不要求申请人在布图设计登记备案时提交独创性说明。从现有的撤销案件涉及的布图设计来看，申请文件几乎都没有独创性说明。在撤销程序中，撤销意见提出人通常以专有权人主张的一个或多个独创性部分不具有独创性作为撤销理由。在侵权诉讼中，专有权人通常以其布图设计的一个或多个独创性部分为基础主张权利。因此，在审理实践中，独创性判断的审理范围一般依据专有权人主张的独创性部分，对于专有权人不主张的部分则一般不予审理。在撤销程序中，为维持布图设计专有权，专有权人往往增加或者更改其主张的独创性部分的数量或内容，导致审理独创性的范围不确定。由于在申请登记阶段明确布图设计的独创性部分并非取得布图设计专有权的必要条件，一般来讲，对于专有权人主张的布图设计的独创性部分，如果申请文件都能清楚地显示，即使有变更，其主张也会被接受并进行独创性判断，但如果专有权人在各个程序中主张的独创性部分明显反复变化，超出了社会公众的合理预期，则其主张不应被接受。

---

[1] 国家知识产权局集成电路布图设计行政执法委员会集侵字〔2017〕001号行政处理决定书。

《条例》第 4 条第 1 款规定："受保护的布图设计应当具有独创性，即该布图设计是创作者自己的智力劳动成果，并且在其创作时该布图设计在布图设计创作者和集成电路制造者中不是公认的常规设计。"可见，在判断布图设计是否具有独创性时，是以备案登记的布图设计的"创作时"作为时间节点。对于备案登记的布图设计而言，其必然具有"申请日"，按《细则》的规定有"创作完成日"，已投入商业利用的会有"首次商业利用日"。那么，应该采用哪个日期作为"创作时"？理论上来说，上述日期均有可能被认定为该布图设计的"创作时"。实践中，"创作完成日"由申请人在申请表中自行填写该日期信息，不要求提供任何证明材料。"首次商业利用日"也是由申请人自行填写，同时需提交芯片样品备案。如果一份用于证明常规设计的证据的日期在登记的创作完成日之后，能否直接采信登记的创作完成日与证据日期进行比较判断？在撤销程序中，一般会要求专有权人举证证明其创作完成日，但撤销程序与申请日一般时隔较久，会出现证据缺失等情况，专有权人举证难度较大。

三、完善集成电路布图设计专有权法规的建议

"治国无其法则乱，守法而不变则衰。"《条例》和《细则》颁布实施已经 20 余年，但是并未作任何修改，在目前集成电路产业快速发展的情况下，其中的部分条款已不能很好地适应现实需求。上文梳理和总结了撤销程序审查实践、行政裁决和司法实践中反映出的一些问题，通过分析和研究，笔者提出如下优化集成电路布图设计的登记和撤销程序的建议，期望能对完善我国的集成电路布图设计法规提供参考意见。

（一）增加电子申请方式，明确纸件申请必须提交电子版本的布图设计复制件或者图样

目前实践中布图设计保护范围不确定的困惑主要源于纸件申请细

节不清楚，而纸件申请细节不清楚主要源于登记时对纸件申请的要求。有的学者建议将《细则》第 14 条对于放大倍数的要求修改为对清晰度的要求，即：复制件或者图样的纸件应当全部信息清晰可见。也有学者建议对于纸件申请，将包含复制件或者图样的电子版本的光盘作为必须要提供的申请文件，而将纸质图样作为可以选择性提交的申请文件。鉴于目前布图设计集成度高，笔者认为相对于提交纸件材料，提交电子版的复制件或者图样更具有可操性，载体可以不限于光盘。因此，有必要在《细则》中明确申请必须提交清晰的电子版本的布图设计复制件或者图样，纸质复制件或图样可以选择性提交。

电子申请可以解决纸件申请细节不清楚的问题。尽管电子申请已经在审查实践中应用，但在《条例》中并没有规定。随着科学技术的发展，电子申请也被越来越多的申请人接受，因此，有必要在《条例》中明确电子申请为一种法定的申请方式。申请人可以根据自身条件，纸件申请或者电子申请择一。这样既有利于解决纸件申请细节不清楚的问题，也与审查实践相一致。另外，可以在《细则》中同时明确电子申请的具体格式要求、清晰度要求等。

为了避免后续程序存在以哪种载体确定保护范围的困惑，可以在《条例》中明确以电子申请或者电子版本的布图设计复制件或者图样作为布图设计专有权保护范围的依据。

（二）布图设计登记备案时，应要求申请人提交布图设计的独创性部分简要说明，创作完成日、首次商业利用日的初步证明材料

审查实践中，独创性部分内容和数量经常更改的困惑主要源于登记时未要求提交独创性部分说明。因此，笔者建议《条例》应规定在登记时必须提交独创性部分简要说明，指出并说明其独创性部分。这样，社会公众能清晰地知道布图设计专有权的保护范围，从而在进行布图设计创作时能够合理地避让。当发生布图设计侵权纠纷案件时，专有权人很容易举证布图设计的独创性内容；如果被控侵权人认为其不构成侵权，也有利于被控侵权人有针对性地抗辩并举证其不构成侵

权的理由[1]。在撤销程序中，由于独创性部分已经固定，专有权人不会再扩大独创性部分数量或内容，从而使独创性审理范围清晰明确。

在申请登记时，要求申请人提交创作完成日、首次商业利用日（如果已投入商业利用）的初步证明材料，并不会过多地增加申请人的负累。由于时间间隔较短，申请人在申请日提供初步证明材料相对容易，也有利于减少后续程序中举证证明上述日期的成本。值得注意的是，初步证明材料并不要求具体形式和内容，在登记程序中也不需要审核，只要申请人认为是可以证明上述日期的材料即可，比如首次商业利用日的初步证明材料可以是芯片的销售合同、销售发票、发货单、进出口报关单、相关的公证文件等申请人现有的材料。另外，首次商业利用日与申请日是布图设计专有权保护期的起算依据，创作完成日、首次商业利用日是评判独创性时间节点的依据，这些日期都具有重要的法律作用，应要求申请人提供初步证明。

（三）增加“依请求启动撤销程序”

尽管现在撤销程序审查实践以及司法实践均允许社会公众提出撤销请求以及提起诉讼，但法律规定上并无明文规定，因此，有必要在《条例》中增加“依请求启动撤销程序”，让现有的审查实践与司法实践有明确的法律根据。再者，集成电路布图设计专有权申请量逐年增长，现有的审查资源难以实现主动地对每年上万件登记备案的布图设计进行审查，需要增加“依请求启动撤销程序”，根据撤销请求人提供的证据，查明布图设计专有权是否应该被撤销。出于公共利益考虑，保留依职权启动条款，允许国务院知识产权行政部门在必要的时候依法对不应给予登记的布图设计进行及时纠正。另外，为了使依请求启动的撤销程序更好地发挥作用，应明确请求人的法律地位，明确双方当事人提交证据和意见陈述的法定期限或者指定期限，明确双方当事人不服国务院知识产权行政部门撤销决定的救济途径等。

[1] 祝建军．集成电路布图设计登记备案制度存在的问题与修改建议［J］．知识产权，2019（9）：37-44.

类型化视角下网络游戏直播画面的著作权问题探究

张　婷[1]　丁　波[2]

摘　要

近年来，网络游戏直播产业的兴起，衍生出了关于著作权的相关法律问题。如何应对网络游戏直播发展给法律带来的挑战，是本文研究的核心内容。本文首先从网络游戏直播画面的可作品性出发，遵循类型化思维，把网络游戏直播分为两类，然后分别分析其著作权归属问题，最后讨论了网络游戏直播行为是否属于著作权法意义上的合理使用，以期为学术界提供新的观点，同时为司法实践提供更多的理论支撑。

关键词

网络游戏直播画面　著作权　合理使用

---

[1] 作者单位：重庆理工大学重庆知识产权学院。

[2] 作者单位："一带一路"知识产权与创新发展研究院。

一、引　言

在互联网时代，流量成为互联网企业的关键，拥有更多的流量就意味着拥有更大的收益。在上海举办的英雄联盟 2020 全球总决赛中，有超过 21 个直播平台进行全程直播，其使用的语言超过了 16 种。其中，冠亚军决赛的平均每分钟观众数量超过 2304 万，更是有梅赛德斯-奔驰、路易威登等全球 12 家知名品牌的合作支持。❶ 由此可见，网络游戏直播具有很大的发展前景和经济价值，在这种巨大利益的牵动下，游戏开发者、游戏主播、直播平台纷纷争夺网络游戏直播的著作权，商业纠纷和法律诉讼纠纷越来越多。即便在第三次修正的《著作权法》中引入了新的作品类型、侵权赔偿制度等，但是网络游戏直播画面侵权的案件却经常发生，引发了学界的广泛争议。争议焦点主要包括：①网络游戏直播画面的可作品性，也即网络游戏直播形成的画面是否属于我国著作权法意义上的作品；②在上述前提下，网络游戏直播画面的著作权归属问题；③网络游戏直播行为是否属于合理使用的范围。在此背景下，本文开展相关研究与具体问题分析。

二、类型化视角下网络游戏直播画面是否构成著作权法意义上的作品

（一）网络游戏直播画面的类型

本文的研究对象为网络游戏直播画面。首先要明确的是，网络游戏直播画面不同于网络游戏运行画面。网络游戏运行画面是指游戏制作者设计的人物、形象、游戏规则等通过计算机软件的形式表现出来的画面，而网络游戏直播画面是在网络游戏运行画面的基础上加入了

❶ 英雄联盟赛事官方 .2020 全球总决赛数据浅析：从 0 到 1051871885［DB/OL］.（2020-12-09）［2020-12-09］. https://lol.qq.com/news/detail.shtml? docid = 8539228826580565365.

其他元素组合形成的。当前，网络游戏直播的模式主要可分为两类。第一类是对操作性比较低的网络游戏而言，网络游戏直播画面与网络游戏运行画面二者相差无几，主播或者玩家只是简单地与观众进行日常的交流与互动。在这类直播画面中玩家的独创性很低，网络游戏直播画面就是对运行画面的“复制”（以下简称“复制性直播”）。第二类是在网络游戏运行的基础上加入了其他诸如专业解说、观众互动等元素（以下简称“表达性直播”）。

（二）类型化视角下网络游戏直播画面的可作品性

根据作品类型法定原则，超过我国《著作权法》所保护的作品范畴的作品类型不受《著作权法》的保护，这也是为什么网络游戏直播画面的可作品性会成为学者争议的焦点。在司法实践中也存在着两种观点：一种认为网络游戏直播画面缺乏独创性而否定了其可作品性；另一种认为直播画面具有独创性和可复制性，所以，网络游戏直播画面具有可作品性。下文将遵循类型化的视角对其可作品性进行讨论。

《著作权法》规定了构成作品所必须满足的三个要件，即合法性、独创性、可复制性。以下根据这三个要件，遵循类型化思维对网络游戏直播画面进行讨论。首先，对于第一个要件而言，无论是“复制性直播”还是“表达性直播”都落入了文学、艺术和科学领域的范围。其次，对于网络游戏直播是否具有独创性，要分别进行分析。“复制性直播”的主要内容是前述提到的网络游戏运行画面，虽然玩家加入了一些独创性不高的元素，但其仍然具有独创性，因为其体现了网络游戏开发者的智力性成果。网络游戏直播画面所呈现的剧情、人物形象，包括其背后的计算机软件都符合独创性要求。对于“表达性直播”而言，不仅游戏本身符合独创性的要求，而且专业的解说和现场的互动等都体现了玩家、解说者和观众的思想，当然也满足独创性要求。最后，对于第三个要件而言，尽管对玩家通过直播形成的画面不可能以相同的操作完全复制下来，但是可以通过一定的技术手段如录屏等方式对网络游戏直播画面进行复制。结合上文的分析，网络游戏直播画面可以被认定为作品。

（三）类型化视角下网络游戏直播画面的作品类型

关于网络游戏直播画面的作品类型也存在一些争议。有些学者认为网络游戏的直播画面属于以类似电影的方法创作的作品（以下简称“类电作品”）。[1][2] 在《著作权法》第三次修正以前，批判该观点的学者主要是认为当时的类电作品必须满足制作方式是摄制在一定的介质上，而从网络游戏直播画面的形成形式来看，明显不符合这一要件。但是，本文认为法律解释的手段有很多种，解释方法正确并不一定得到正确的结论，对此时的类电作品不能仅仅从文义解释入手，还要结合客观目的解释。类电作品的名词最早出现在《保护文学艺术作品伯尔尼公约》（以下简称《伯尔尼公约》），在科技快速发展的今天，显然不能囊括当今新兴的作品表现形式。再者，我国第三次修正的《著作权法》中用视听作品代替了原来的类电作品。视听作品这一概念与之前的类电作品的区别是其删除了原来类电作品“摄制在一定的介质上”这一构成要件。通过视听作品的定义可以看出，其构成要件主要包括两个。首先，网络游戏直播画面是一系列有伴音的连续画面。其次，网络游戏直播画面一般借助于计算机等服务设备，其声音和画面能够为观众所感知。结合立法者的主观目的解释，只要作品符合法律规定的特征，就能成为受保护的作品。综上所述，将网络游戏直播画面认定为视听作品更为合适。

三、类型化视角下网络游戏直播画面的著作权归属问题

著作权的归属问题将直接影响相关者的利益，所以在确定网络游戏直播画面构成作品的前提下，著作权归属存在分歧。有学者认为网络游戏直播画面的著作权应当归属游戏开发者所有。代表性观点有：从网络游戏本身入手，游戏开发者在网络游戏制作的过程中投入了大

---

❶ 李扬．网络游戏直播中的著作权问题［J］．知识产权，2017（1）：14-24.

❷ 刘名洋．游戏网络直播的著作权属性［J］．湖湘论坛，2020，33（5）：114-125.

量的资源，也体现了其独创性，而且，网络游戏开发者承担了各种责任，所以，网络游戏本身的著作权无疑归属游戏制造者享有。[1][2]“无论是从知识产权的利益平衡原则还是知识产权法鼓励创新的立法政策考虑，无论游戏玩家是表演者还是演绎作者，该画面的著作权都应属于游戏开发者”。[3]有学者认为网络游戏直播画面的著作权归属玩家所有，但其中多数学者都认为在网络游戏直播画面属于演绎作品的前提下，其著作权应归属玩家所有。代表性观点有：“游戏制作者获得收入的主要方式，是以良好的游戏体验吸引用户购买游戏光盘、服务和其中的虚拟道具，而不是播放画面。”[4]“著作权保护只需保证著作权人拥有足够的利益动力去制作游戏即可，由游戏本身衍生出来的游戏直播市场利益，不应当归属于游戏制作者。”[5]还有些学者提出即使构成演绎作品，对其著作权的归属也应该根据不同的情况进行分析。[6]笔者认为对于网络游戏直播画面的著作权归属问题不能一概而论，应该遵循类型化的思维，针对不同种类的网络游戏直播画面进行具体分析。分析思路应该是首先论证不同类型的网络游戏直播是否构成演绎作品：如果不构成演绎作品，则分析网络游戏运行画面的著作权归属问题；如果构成演绎作品，则分析演绎作品的著作权归属问题。

（一）“复制性直播”的著作权归属问题

对于“复制性直播”而言，其直播画面的元素几乎都来自游戏本身的画面和计算机软件运行的结果，玩家或主播只是通过一定的技术手段将画面直接“复制”下来进行使用。有些网络游戏直播虽然加入了主播的解说、评论和与观众的互动，但是相较于整个网络游戏直播画面而言，其作用微乎其微。简言之，观众观看网络游戏直播并不会

---

[1] 祝建军．网络游戏直播的著作权问题研究［J］．知识产权，2017（1）：25-31.

[2] 孙松．论网络游戏直播行为著作权侵权属性［J］．中国出版，2018（21）：37-40.

[3] 徐哲旻．网络游戏直播画面作品属性相关问题研究［J］．东南大学学报（哲学社会科学版），2019，21（S02）：53-57.

[4] 王迁．电子游戏直播的著作权问题研究［J］．电子知识产权，2016（2）：11-18.

[5] 谢琳．网络游戏直播的著作权合理使用研究［J］．知识产权，2017（1）：32-40，45.

[6] 焦和平．类型化视角下网络游戏直播画面的著作权归属［J］．法学评论，2019，37（5）：95-104.

在意主播说了什么、弹幕发布了什么内容，甚至很多观众在观看直播时会关闭弹幕，其注意力大部分被网络游戏画面和玩家的操作所吸引。此时，玩家或主播的创作行为显然与著作权法意义上的创作行为大相径庭，所产生的直播画面的著作权也应归游戏开发者享有。对于该种网络游戏直播画面，由于玩家或主播的活动缺乏独创性，因此其直播画面不能构成演绎作品。而网络游戏运行画面本身的著作权也存在一些争议：有学者认为网络游戏开发者只是设计了游戏元素，诸如角色、服装、动作等，但是网络游戏如何运行是玩家操作完成的，所以不应当认为网络游戏运行画面的著作权归属游戏开发者所有。笔者不赞同这一观点，即便网络游戏运行画面的实现最终通过玩家，但是玩家只不过是在游戏开发者设定好的程序里选择某些静态的画面组成游戏运行画面，而该运行画面完全是由游戏开发者设计，玩家的行为不具备独创性，所以网络游戏运行画面的所有权应当归属游戏公司所有，进而可知网络游戏直播画面的著作权当然应该归属游戏开发者所有。未经游戏开发者允许，玩家或者直播平台以牟利为目的擅自直播相关游戏的，显然落入了著作权的保护范围。

（二）“表达性直播”的著作权归属问题

对于“表达性直播”而言，这类网络游戏直播画面加入了专业的解说、现场的观众互动，甚至还有现场的表演等，明显属于在原有作品上的再创造。由于这些内容的独创性高，而且很多观众甚至因为喜欢某个解说的风格而选择自己喜欢的直播平台，所以，此时网络游戏直播画面构成演绎作品，其著作权应归属于玩家或直播平台。而具体是归属于玩家还是直播平台，可以参照职务作品的著作权归属原则确定。玩家与直播平台有约定的从约定。没有约定的，遵循利益平衡原则：如果直播平台有必要的投入，则网络游戏直播画面的著作权应当归属直播平台；否则，应当归属演绎作品的作者即玩家所有。

四、网络游戏直播行为是否构成著作权法意义上的合理使用

即便网络游戏直播行为在侵犯的权利类型上有争议，我国《著作权法》第10条也存在“应当由著作权人享有的其他权利”这一兜底性条款予以规制。未经游戏开发者允许，玩家或者直播平台以牟利为目的擅自直播相关游戏的，显然落入了著作权的保护范围。而想要追究责任还必须看该行为能否在主观阶层阻却侵权责任，也即网络游戏平台直播行为是否构成合理使用。学界的争议焦点表现在合理使用的衡量标准上，主流观点有以下几种：第一种是以美国版权法中规定的“四要素”来判定，即只要作品符合“四要素”，或者网络游戏的直播符合“转换性使用”就可以认定为合理使用[1][2]；第二种是以《伯尔尼公约》和《与贸易有关的知识产权协定》（TRIPS）中的“三步检测法”为认定标准，即在某种行为构成侵权的情况下，只要该行为没有损害原著作权人的利益、没有干扰原著作权人的正常使用就可能被认定为合理使用；第三种是以我国的《著作权法》第24条中的相关规定作为认定标准[3]。下文将结合以上不同的标准分别进行论证。

（一）美国版权法关于合理使用的认定标准

美国版权法第107条[4]规定了合理使用判断标准的“四要素”。对于第一个要素“该使用的目的与特性是否具有商业性质或者为了非营

[1] 崔国斌．认真对待游戏著作权［J］．知识产权，2016（2）：3-18，2.

[2] 王迁．电子游戏直播的著作权问题研究［J］．电子知识产权，2016（2）：11-18.

[3] 李扬．网络游戏直播中的著作权问题［J］．知识产权，2017（1）：14-24.

[4] 虽有第106条及第106条之二的规定，即为了批评、评论、新闻报道、教学（包括用于课堂的多件复制品）、学术或研究之目的而使用版权作品的，包括制作复制品、录音制品或以该条规定的其他方法使用作品，系合理使用，不视为侵犯版权的行为，但任何特定案件中判断对作品的使用是否属于合理使用时，应予考虑的因素包括：（1）该使用的目的与特性，包括该使用是否具有商业性质，或是为了非营利的教学目的；（2）该版权作品的性质；（3）所使用的部分的质与量与版权作品作为一个整体的关系；（4）该使用对版权作品之潜在市场或价值所产生的影响。

利的教学目的”而言，其核心问题是有没有“转换性”的目的。[1] 应当指出，网络游戏开发者的目的是通过抓住玩家的兴趣来获取经济利益。此时，不管开发者做了怎样的工作，游戏在开发者的眼里只是吸引用户的工具或者说是营利的工具。换言之，网络游戏运行画面的作用是吸引用户、获得经济利益。而在玩家眼里，玩游戏的作用在于满足自己的兴趣爱好。在网络游戏直播中，对于观众而言，网络游戏运行画面的作用绝不再是为了满足自己玩游戏的需求，其仅仅是作为一个载体，观众更看重的是主播对于游戏的理解、技术、直播风格和弹幕的互动，甚至包括抽奖、投票等活动。诸如斗鱼、虎牙这类直播平台，在同一款游戏的频道中，每个主播的人气天差地别，这也从侧面印证了主播独创性的元素在网络游戏直播画面中的重要性。有些学者认为网络游戏运行画面和网络游戏直播画面的目的都是获取经济利益，所以网络游戏直播行为不满足“转换性”使用的目的。笔者不赞同这种观点。从上面的分析中可以看出，观众观看直播产生的经济利益主要来源于主播的解说、评论、互动等，所以即便两者的目的都是获取经济利益，但是其产生价值的客体不同。综上，从这个要素的角度上来看，网络游戏直播画面更偏向于构成合理使用。关于第二个要素“该版权作品的性质”，即合理使用的客体原创性越多，则越倾向于可以构成合理使用。这里必须遵循类型化思维：对于“复制性直播”而言，其独创性显然较低，玩家的操作不具有独创性，所以这类网络游戏直播不能构成合理使用；而对于“表达性直播”而言，如前文所述，其显然独创性程度较高，符合该要件，应当被认定为构成合理使用。针对第三个要素“所使用的部分的质与量与版权作品作为一个整体的关系”，依照前文的观点，网络游戏直播画面的经济利益大都来自主播独创性的内容，所以从这个角度上来看，网络游戏直播更倾向于构成合理使用。对于第四个要素“该使用对版权作品之潜在市场或价值所产生的影响”而言，必须明确：网络游戏开发者获取经济

[1] MYERS G. Trademark Parody：Lessons from the Copyright Decision in Campbell v. Acuff-Rose Music，Inc. ［J］. Law and Contemporary Problems，1996，59（2）：181-212.

利益的来源主要是游戏本身的收入，比如皮肤、会员、抽奖等；而网络游戏直播的收入来源主要是流量、礼物、签约费等。二者之间不存在竞争关系，即使网络游戏直播有巨大的经济利益，但是二者属于不同的领域，网络游戏开发者的利益并不会因此受到损失。所以，从这个角度上来看，网络游戏直播明显可以构成合理使用。综上所述，如果按照美国版权法的规定，网络游戏“表达性直播”应该落入合理使用的范围。

（二）“三步检测法”对于合理使用的认定标准

“三步检测法”的前身始于《伯尔尼公约》第 9 条第 2 款[1]，其规定了在某些特定情形下复制受保护的作品，只要与作品的正常使用不冲突并且不损害作者的合法权益，即可被认定为合理使用。完整意义上的“三步检测法”出现在 TRIPS 第 13 条[2]，其中把仅保护复制权扩大到所有版权例外的限制。随后，一些国际公约或草案都对“三步检测法”进行了扩展，如 2013 年世界知识产权组织（WIPO）管理的国际版权条约中新增的《马拉喀什条约》[3]第 11 条[4]。所谓“三步检测法”即限定于某些特殊情形，不与作品的正常使用相冲突，不得不合理地损害权利人的正当利益。其本身是作为检验缔约方法律是否符合国际条约的标准，但是在司法实践中，也有以此作为具体版权合理使用的检验标准的情况。具体到网络游戏直播画面的著作权合理使用问题中，在假设网络游戏直播画面属于其规定的特定情形下，无论是“复制性直播”还是“表达性直播”都独立地满足所有要件。首先从技术角度而言，网络游戏直播并没有破坏游戏本身的完整性、流畅

---

[1] 该款规定如下：本联盟成员国法律有权允许在某些特殊情况下复制上述作品，只要这种复制不致损害作品的正常使用也不致无故危害作者的合作利益。

[2] 该条规定如下：各成员对专有权作出的任何限制或例外规定应限于某些特殊的情况，且不会与对作品的正常利用相冲突，也不会不合理地损害权利持有人的合法利益。

[3] 全称为《关于为盲人、视力障碍者或其他印刷品阅读障碍者获得已出版作品提供便利的马拉喀什条约》。

[4] 该条规定如下：缔约方在采取必要措施确保本条约的适用时，可以行使该缔约方依照《伯尔尼公约》《与贸易有关的知识产权协定》和《世界知识产权组织版权条约》，包括它们的各项解释性协议，所享有的权利，并应遵守其依照这些条约承担的义务……。

性、稳定性，对于整个游戏的运行不会产生不良的影响。其次，游戏和直播属于不同的行业，其商业模式大有不同，游戏通过本身精美的设计吸引用户购买游戏内的道具来获取经济利益，而直播则是通过观众的打赏获利。所以，如果严格按照 TRIPS 的“三步检测法”，网络游戏直播当然属于合理使用的范畴。

（三）我国《著作权法》对于合理使用的认定标准

我国《著作权法》第 24 条列举了合理使用的情形，其中并未明确涉及网络游戏直播行为，但是第 24 条第 13 款也规定了法律、行政法规规定的其他情形同样属于合理使用的范围。在司法实践中，“梦幻西游”网络游戏直播侵权纠纷案中，法院认为被诉游戏直播行为不能被认定为合理使用。该案中的网络游戏直播类型属于前文所述“复制性直播”，缺乏独创性，网络游戏直播画面仅仅是网络游戏运行画面的重现，当然侵犯了权利人的各项财产权利。无独有偶，在章某与广州网易计算机系统有限公司著作权许可使用合同纠纷案中，一审法院认为网络游戏直播行为不能构成合理使用，但是二审民事判决书指出：网络游戏直播主要是追求技巧的展示；从作品的性质角度来看，其符合转换性使用。正如前文所述，观众观看直播的焦点不是网络游戏本身，而是主播的技术以及各种抽奖活动，这种使用目的明显与网络游戏开发者的目的不同。而且，在大型游戏赛事直播的过程中，直播画面展示的游戏运行画面有限，更多是展示了现场的氛围和专业的解说。前文也提到，网络游戏直播并不会导致对游戏的直接替代，相反，由于直播的火爆，相关游戏还可能从中间接获取广告宣传效果。所以，应认定网络游戏直播行为构成合理使用。从上述司法实践可以看出，法院在认定是否构成合理使用时已经开始借鉴相关做法。如果严格按照我国《著作权法》的规定显然不足以包括合理使用的所有形式。

五、结　语

在当前的社会背景下，网络游戏盈利模式逐渐多样化，网络游戏直播的著作权问题凸显，尤其牵涉网络游戏直播画面的著作权归属问题以及网络游戏平台直播是否构成著作权法意义上的合理使用。由于网络游戏直播能带来巨大的经济利益，且无论是网络游戏的开发者还是直播平台都付出了巨大的成本，因此更需要法律来调整各方的利益冲突，达到利益的平衡。笔者认为，判断网络游戏直播画面是否构成作品应该遵循类型化的思维，对具体的直播画面进行具体分析。如果直播画面相较于网络游戏本身缺乏独创性和可复制性，则网络游戏直播画面的著作权当然归属游戏开发者所有；反之，当网络游戏直播画面的独创性较高时，可以构成演绎作品。在此前提下，如果主播或直播平台未经游戏著作权人允许进行直播，当然构成侵权。但是，有些网络游戏直播符合合理使用的构成要件，在司法实践中也有类似的判例，所以对网络游戏直播行为是否可以免责还要具体问题具体分析。